U0936333

政 协 委 员 手 册

（2018 年修订本）

全国政协办公厅编写组

中国文史出版社

图书在版编目（CIP）数据

政协委员手册 . 2018 / 全国政协办公厅编写组编 . -- 北京：中国文史出版社，2018.10

ISBN 978-7-5205-0604-5

Ⅰ . ①政… Ⅱ . ①全… Ⅲ . ①中国人民政治协商会议—工作—手册 Ⅳ . ① D627-62

中国版本图书馆 CIP 数据核字（2018）第 230789 号

封面题签：叶选平
特约编审：原冬平
责任编辑：詹红旗 梁 洁 刘 夏
封面设计：杨飞羊

出版发行：中国文史出版社
社　　址：北京市海淀区西八里庄路69号　　邮编：100142
电　　话：010-81136601　81136698　81136697（联络部）
传　　真：010-81136677
印　　装：廊坊市海涛印刷有限公司
经　　销：全国新华书店
开　　本：787 × 1092　1/16
印　　张：15.5
版　　次：2018 年 10 月 北京第 1 版
印　　次：2021 年 11 月 第 7 次印刷
定　　价：36.00 元

出版说明

为深入学习贯彻习近平新时代中国特色社会主义思想，推动和帮助广大政协委员和政协工作者了解、认识政协，增强履职能力，为新时代人民政协事业的发展，为中国特色社会主义建设贡献智慧和力量，我们修订出版了《政协委员手册》一书。

1997 年，全国政协办公厅组织力量编辑出版了《政协委员手册》，此后又于 2002 年、2006 年、2013 年分别做了修订，印发了几十万册，深受广大政协委员和政协工作者的欢迎。本次修订以习近平新时代中国特色社会主义思想为指导，按照习近平总书记关于加强和改进人民政协工作的重要思想要求，结合中共十八大以来人民政协在继承中发展、在发展中创新的实践经验，对原有内容进行了充实和增删调整。

《政协委员手册》坚持中国共产党对人民政协的领导和人民政协的性质定位，全面介绍了人民政协的概况，涉及人民政协的法律和规定，中央主要领导同志和历届全国政协主席论政协，人民政协的组织和会议，政协委员的权利、义务及相关政策，政协委员履行职责的主要方式，地方政协，全国政协工作机构与职责等内容。

《政协委员手册》的编辑出版工作一直得到全国政协领导同志的关怀和指导，得到全国政协办公厅研究室、各室局及直属单位的大力支持，在此谨致诚挚谢意！

全国政协办公厅编写组

2018 年 6 月

目　录

一、人民政协的概况

二、涉及人民政协的法律和规定

三、中央主要领导同志和历届全国政协主席论政协

四、人民政协的组织和会议

五、政协委员的权利、义务及相关政策

六、政协委员履行职责的主要方式

七、地方政协

八、加强新时代人民政协党的建设

九、全国政协工作机构与职责

一、人民政协的概况

1. 中国人民政治协商会议是何时建立的?

1949 年 9 月 21 日，中国人民政治协商会议第一届全体会议在北平中南海怀仁堂隆重开幕，中国人民政治协商会议正式建立。

这次会议从 21 日开始到 30 日闭幕一共举行了十天。会议通过了具有新中国临时宪法性质的《中国人民政治协商会议共同纲领》，通过了《中国人民政治协商会议组织法》和《中华人民共和国中央人民政府组织法》；选举产生了中华人民共和国中央人民政府委员会主席、副主席和委员；决定了中华人民共和国的国都、纪年、国歌和国旗；宣告了中华人民共和国的成立。会议还选出了中国人民政治协商会议第一届全国委员会。从此，人民政协与新生的人民共和国一起登上了历史舞台。

2. 中国人民政治协商会议的名称是怎样确定的?

在筹备召开新政协的过程中，有相当一段时间把即将召开的这次会议称为“新政治协商会议”，主要是为了同 1946 年 1 月召开的旧政协会议相区别。新政协与旧政协本质上的不同，在于它具有代表全国人民的性质，不容许国民党反动政府系统下一切反动分子参加。后来，为了充分体现新政协的人民性，就将其改称为中国人民政治协商会议。

对此，周恩来有过几次说明。一次是在新政协筹备会常务委员会第四次会议上，周恩来说：毛主席说过全体会议闭幕后要有一个经常的组织。既然是统一战线，名称要固定一下，用中华人民共和国人民政治协商会议的名称太长了。把人民政治协商会议作了组织名称，好像有点特殊。但印度有印度国民大会，也是个统一战线的名称。今天中国人民政治协商会议，也变为统一战线的名称。这曾经和新政协筹备会第二小组商量过，就用中国人民政治协商会议这个名称。现在把它这样肯定一下。

在人民政协第一届全体会议召开前夕，周恩来向政协代表作报告时又一次就政协的名称问题作了说明。他说，政协的名称有一改变，原来叫做新政治协商会议，在第一次筹备会全体会议中也这样叫过。后来经过新政协组织法起草小组讨论，觉得新政协和旧政协这两个名称的区别不够明确，便改成中国人民政治协商会议。他还指出，政协是沿用了旧的政治协商会议的名称，但以它的组织和性质来说，所以能够发展成为今天这样的会，决不是发源于旧的政协。他说，这一组织便是中国共产党过去所主张的民族民主统一战线的形式。它绝对不同于旧的政治协商会议，旧的政治协商会议已经让国民党反动派破坏了。可是大家都熟悉这一组织形式，所以今天我们沿用了这个名称，而增加了新的内容。

3. 人民政协建立的时代背景是什么？

人民政协是中国具体国情和时代发展进程的产物。它在20世纪中叶诞生于中国并在这块土地上发展起来，决不是一种偶然的现象。它是中国人民100多年来牺牲奋斗的必然结果，是新民主主义革命运动的一次总结。从根本上讲，它的产生与发展都是由我国人口众多、幅员辽阔、发展不平衡并且拥有多民族、多阶层、多党派这样一种具体国情所决定的。就其近因而言，它的直接的理论根据主要是毛泽东思想中关于新民主主义的学说，特别是毛泽东关于新民主主义历史阶段建立革命统一战线和各革命阶级联合专政的思想。而政协作为一个组织长期存在，其理论根据则主要是以毛泽东为代表的中国共产党人提出的同党外民主人士长期合作的思想。它的直接的实践准备是中国共产党领导的争取人民民主的斗争和抗日民族统一战线的建立，特别是毛泽东在中共七大作《论联合政府》的报告后中国共产党为此而进行的各种努力和人民民主统一战线的形成。它得以实现的前提是中国共产党领导的人民军队在战场上取得对国民党军队作战的决定性胜利，人民革命的全面胜利已成为不可逆转的趋势。它的国际背景是协商解决重大问题已经在世界上逐渐成为一种潮流，如苏美英三国先后举行德黑兰会议、雅尔塔会议和波茨坦会议，联合国的成立，关贸总协定组织的建立以及一些国家内部各派反法西斯力量的协商联合等。

人民政协建立的具体过程是，在接连粉碎国民党军队发动的进攻之后，从 1947 年 10 月起中国共产党领导的人民革命战争已经转入战略反攻。同年 10 月 10 日发布的《中国人民解放军宣言》中提出了“组成民族统一战线，打倒蒋介石独裁政府，成立民主联合政府”的主张。1948 年 4 月 30 日，在中国人民解放战争即将取得全面胜利的前夕，中共中央发出纪念“五一”国际劳动节口号，号召“全国劳动人民团结起来，联合全国知识分子、自由资产阶级、各民主党派、社会贤达和其他爱国分子，巩固与扩大反对帝国主义、反对封建主义、反对官僚资本主义的统一战线，为着打倒蒋介石建立新中国而共同奋斗”，正式提出“各民主党派、各人民团体、各社会贤达迅速召开政治协商会议，讨论并实现召集人民代表大会，成立民主联合政府”的号召。

中共中央的号召，得到各民主党派、各人民团体、各界民主人士、国内少数民族和海外华侨的拥护与响应。不久，各方面人士陆续来到解放区，就民主建国和召开新政协的一系列重大问题进行了充分的协商。在筹备新政协的过程中，各民主党派和党外民主人士在许多重大原则问题上同中国共产党的观点是一致的。但在要不要将革命进行到底、新中国将实行新民主主义还是旧民主主义的制度以及民主党派和民主人士的前途等问题上，不少人还有疑虑或持不同看法。为统一认识，中共中央做了大量深入细致的思想工作，毛泽东在此期间发表了一系列重要文章，如《将革命进行到底》《关于时局的声明》《在中国共产党第七届中央委员会第二次全体会议上的报告》《论人民民主专政》等，为统一认识和新政治协商会议的召开提供了理论基础和政策依据。在此期间，人民解放军又取得了辽沈战役和淮海战役的伟大胜利，使各方面民主人士更加明确了前途，坚定了信心。

1949 年 1 月底，平津战役结束，北平和平解放，应邀参加新政协的各界代表陆续到达北平。同年 6 月，新政协筹备会成立，为中国人民政治协商会议的召开拉开了序幕。

4. 人民政协会徽的含义是什么？

中国人民政治协商会议的会徽，象征着全国各族人民的大团结。会徽的整个图案庄严富丽，它以一颗红光闪闪的五角星、四面迎风飘扬的红旗和白色地球衬托的红色中国地图为中心，光芒四射的蔚蓝色天幕作背景，周围是红色缎带连接起来的瓦蓝色齿轮和金黄色麦穗。这个会徽是1949年7月由新政协筹备会制定、通过的。

政协会徽体现了“无产阶级领导的、以工农联盟为基础的各民主阶级大团结”的精神。这个会徽是由张仃和周令钊设计的。设计者对图案的原说明是：一、红星表示无产阶级领导；二、齿轮、嘉禾表示工农联盟为基础；三、四面红旗表示四个阶级（即当时的四大阶级：工人阶级、农民阶级、小资产阶级、民族资产阶级）的大联合；四、地图表示新中国，背景光芒四射。此外，红星下面的“1949”四个阿拉伯数字，表示中国人民政治协商会议诞生的年号；缎带上的“中国人民政治协商会议”10个金色仿宋字，标明了人民政协的全称。这个设计图案经周恩来批示交新政协筹备会常务委员们传阅后，认为较好地体现了筹备会提出的指导思想。后经筹备会常务委员会主任毛泽东批准，在1949年9月21日开幕的中国人民政治协商会议第一届全体会议上正式使用。

中共十一届三中全会以来，我国的阶级关系已经发生了根本的变化，但政协会徽所体现的我国各族人民大团结的精神，对我们的爱国统一战线工作仍然具有重要的意义。

5. 人民政协第一届全体会议有什么伟大历史意义？

人民政协第一届全体会议的召开，具有伟大的历史意义。它是中国100多年来革命运动特别是30多年来新民主主义革命运动历史积累的结果，是新民主主义运动的一次总结；它完成了建立新中国的伟大使命，揭开了新中国历史的第一篇章，中华民族从此进入了一个新的时代；它标志着中国人民民主统一战线在组织上的形成，中国人民的革命大团结更加巩固和扩大，中国共产党同各民主党派和党外各界爱国人士的团结合作更加密切，从而展示了具有中国特色的共产党领导的多党合作的广阔前景。

6. 人民政协第一届全体会议是如何协商制定共同纲领的？

《中国人民政治协商会议共同纲领》是新中国成立初期具有临时宪法性质的国家根本大法，是为新中国奠基的历史文件之一。它是经新政协筹备会充分讨论修改后，由中国人民政治协商会议第一届全体会议审议通过的。

1949 年 6 月 16 日新政治协商会议筹备会第一次全体会议决定制定共同纲领草案。同日，根据新政协筹备会常务委员会第一次会议通过的《各单位代表参加小组的办法》，在筹备会常务委员会下设六个小组，授权第三小组负责起草共同纲领。

第三小组组长周恩来，副组长许德珩。第三小组决定由中国共产党负责起草草案初稿。初稿写出来后，除各单位自己讨论外，又经过七次反复讨论和修改，包括由先后到达北平的政协代表五六百人分组讨论两次，第三小组本身讨论了三次。9 月 13 日，新政协筹备会常务委员会第五次会议讨论修改了《中国人民政治协商会议共同纲领（草案）》，并决定交筹备会全体代表与到达北平的新政治协商会议代表分组讨论。9 月 16 日常委会第六次会议在广泛吸收各方面意见的基础上，将共同纲领修改草案提交 9 月 17 日召开的新政协筹备会第二次全体会议审议，会议基本通过了这个草案，并授权常委会将此草案提交中国人民政治协商会议第一届全体会议审议。

9 月 22 日，筹备会第三小组组长周恩来在中国人民政治协商会议第一届全体会议上作《关于草拟中国人民政治协商会议共同纲领的经过及其特点的报告》，就协商过程中着重讨论到的问题逐一提出并加以说明。他指出，结成伟大的人民民主统一战线不仅是中共为之奋斗了 28 年的主张，也是各民主党派、各人民团体、各区域、军队、国内少数民族、国外华侨，以及一切爱国民主人士所拥护和赞同的。所以在筹备会讨论中，大家认为整个新民主主义时期，这样一个统一战线应当继续下去而且需要在组织上形成起来，以推动它的发展。大家同意：中国人民政治协商会议，就是它的最好的组织形式。

9 月 23 日至 25 日、27 日，中国人民政治协商会议第一届全体会议各单位代表在大会上发言，对中国人民政治协商会议共同纲领表示一致拥护。9 月 29 日，中国人民政治协商会议第一届全体会议通过了《中国人民政治协商会议共同纲领》。

《共同纲领》除“序言”外，分为“总纲”“政权机关”“军事制度”“经济政策”“文化教育政策”“民族政策”“外交政策”，共 7 章 60 条。它明确规定了中华人民共和国的国体和政体，中国人民政治协商会议的性质和职权，以及国家的军事制度，新民主主义的经济政策、文化政策、民族政策、外交政策。总之，《共同纲领》是全体代表在总结中国人民百年来反对帝国主义、封建主义和官僚资本主义的革命斗争经验的基础上，制定出来的一部新民主主义的建国纲领。

7. 人民政协第一届全体会议是如何协商制定人民政协组织法的？

《中国人民政治协商会议组织法》是为新中国奠基的历史文件之一。它是经新政协筹备会充分讨论修改后，由中国人民政治协商会议第一届全体会议审议通过的。

1949 年 6 月 16 日新政治协商会议筹备会第一次全体会议决定起草新政治协商会议组织条例。同日，新政协筹备会常务委员会授权筹备会第二小组负责起草新政治协商会议组织条例，后将起草新政治协商会议组织条例改为起草《中国人民政治协商会议组织法》。

第二小组由组长谭平山、副组长周新民及组员林伯渠、李德全、施复亮等 21 人组成。小组成立后，共开会四次。1949 年 6 月 18 日召开第一次会议，推定谭平山、周新民、王绍鏊、叶圣陶、沈兹九起草讨论提纲。6 月 28 日，小组召开第二次会议，按照讨论提纲，研讨政协组织的基本原则及其性质、职权与政府的关系等问题，决定推举谭平山、周新民、叶圣陶、蒋光鼐（秦元邦代）、沈兹九、史良、郭春涛、林伯渠、易礼容组成起草委员会。该委员会推举周新民、史良起草初稿。初稿完成后，曾多次征询各方意见，一再加以修改，并于 8 月 18 日提交小组第三次会议讨论，经文字修改后，于 8 月 26 日交筹备会常务委员会第四次会议讨论。9 月 15 日，小组召集第四次会议，将《中国人民政治协商会议组织法修改草案》文字稍加修改，于 9 月 16 日提交新政协筹备会常务委员会第六次会议通过。9 月 17 日，新政协筹备会第二次全体会议基本通过常务委员会提出的《中国人民政治协商会议组织法（草案）》，并授权常委会将此草案提交人民政协第一届全体会议审议。9 月 22 日，筹备会第二小组组长谭平山在人民政协第一届全体会议上作《关于草拟中国人民政治协商会议组织法的报告》。9 月 23 日至 25 日，人民政协第一届全体会议各单位代表在大会上发言，对人民政协组织法表示一致拥护。9 月 27 日，中国人民政治协商会议第一届全体会议通过了《中国人民政治协商会议组织法》。

该法包括“总则”“参加单位及代表”“全体会议”“全国委员会”“地方委员会”“附则”等共 6 章 20 条。它明确规定，人民政协全体会议在全国人民代表大会召开以前，执行全国人民代表大会的职权，不仅有立法权和选举权，并有提出决议权；在全国人民代表大会召开以后，则有向全国人民代表大会或中央人民政府委员会提出建议案的权力。全国委员会则可协商并提出对中央人民政府的建议案。第一届全体会议通过的人民政协组织法，标志着中国人民民主统一战线在组织上的形成。

8. 人民政协第一届全体会议是如何协商制定中央人民政府组织法的？

《中华人民共和国中央人民政府组织法》是为新中国奠基的历史文件之一。它是经新政协筹备会充分讨论修改后，由中国人民政治协商会议第一届全体会议审议通过的。

1949 年 6 月 16 日新政治协商会议筹备会第一次全体会议决定提出建立中华人民共和国政府方案。同日，新政协筹备会常务委员会授权筹备会第四小组负责拟定中华人民共和国政府方案。该组由组长董必武、副组长黄炎培及组员共 24 人组成，参加筹备会的 23 个单位除文化界的民主人士外，均有代表参加。

6 月 18 日起草小组第一次全体会议推举张志让等七人准备讨论提纲。7 月 8 日，小组第二次全体会议就政府组织法中的基本问题，如国家的名称、国家属性、政府的组织原则、国家最高政权机关的产生方法、人民政府委员会的组织、最高行政机构的名称等逐一进行讨论，并推定董必武、张奚若、阎宝航、王昆仑、张志让负责起草政府组织法的初步草案。起草委员会于 7 月 9 日、29 日、8 月 17 日先后开会三次，并征询了钱端升、王之相、邓初民等专家的意见，写成了政府组织法初稿。8 月 17 日，小组第三次全体会议修正了组织法的初步草案，并提交筹备会常务委员会讨论。8 月 26 日筹备会常务委员会第四次会议指定黄炎培、马叙伦、张奚若、李立三和董必武对初步草案再研究修改一次。9 月 13 日常务委员会第五次会议对草案进行了讨论修改，9 月 16 日常务委员会第六次会议，通过《中华人民共和国中央人民政府组织法修改草案》，并提交筹备会第二次全体会议讨论。9 月 17 日，第二次全体会议原则通过常务委员会提出的《中华人民共和国中央人民政府组织法（草案）》，并决定提请中国人民政治协商会议第一届全体会议审议。9 月 22 日，筹备会第四小组组长董必武在中国人民政治协商会议第一届全体会议上作《关于草拟中华人民共和国中央人民政府组织法的经过及其基本内容的报告》。9 月 23 日至 25 日、27 日，出席人民政协第一届全体会议的各单位代表在大会上发言，对中央人民政府组织法表示一致拥护。9 月 27 日，中国人民政治协商会议第一届全体会议通过了《中华人民共和国中央人民政府组织法》。

该法分为“总纲”“中央人民政府委员会”“政务院”“人民革命军事委员会”“最高人民法院及最高人民检察署”“本组织法的修改权及解释权”等共 6 章 31 条。它明确规定：中华人民共和国政府是基于民主集中原则的人民代表大会制的政府。在普选的全国人民代表大会召开前，由中国人民政治协商会议的全体会议执行全国人民代表大会的职权，制定中央人民政府组织法，选举中央人民政府委员会，并付之以行使国家权力的职权。

9. 人民政协第一届全体会议是如何协商决定国都的？

1949 年 6 月 16 日，新政协筹备会常务委员会授权筹备会第六小组研究草拟国旗、国徽、国歌等方案。在第六小组和筹备会全体会议讨论中，因征集的有关国旗、国徽、国歌方案较多，难以决断，9 月 17 日，筹备会第二次会议建议将确定国旗等方案的工作移交中国人民政治协商会议第一届全体会议。9 月 21 日，中国人民政治协商会议第一届全体会议开幕后，于 22 日设立了国旗、国徽、国歌、国都、纪年方案审查委员会，并在全体代表中进行分组讨论。在与会代表充分讨论的基础上，9 月 25 日，毛泽东、周恩来召开国旗、国徽、国歌、国都、纪年协商座谈会。关于国都，大家认为，由于北平作为中国的首都已有700多年的历史，政治上位于华北解放区，人民力量雄厚；经济上邻近重工业区的东北各省；文化上有几百年的文化积淀，是世界有名的历史都城之一，且五四运动以来一直是新文化思想的摇篮；地理上位于华北平原，将来有足够的扩充余地；交通上有平沈、平绥、平汉、平沪等铁路干线，海运邻近天津，十分便利，一致赞成建都北平，并将其改称北京。1949年9月27日，中国人民政治协商会议第一届全体会议作出决议：中华人民共和国的国都定于北平。自即日起，改名北平为北京。

10. 人民政协第一届全体会议是如何协商决定国旗的？

中华人民共和国国旗是由新政协筹备会向社会公开征集设计方案，并提出初选草案，由中国人民政治协商会议第一届全体会议审议通过的。

1949年6月16日，新政协筹备会常务委员会授权筹备会第六小组负责草拟国旗、国徽、国歌等方案。7月4日，第六小组举行第一次全体会议，决定以新政治协商会议筹备会名义向全国人民发表启事，公开征集国旗、国徽图案及国歌词谱，并草拟了征集条例呈送筹备会批准公布。其中，关于国旗图案的设计原则，要体现中国的地理、文化、民族、历史等特征；要体现出工人阶级领导的以工农联盟为基础的人民民主专政的特征；要体现出庄严简洁的特征。会议还决定，分别设立国旗、国徽图案和国歌词谱评选委员会，推选叶剑英、廖承志、李立三等人组成国旗、国徽评选委员会。该委员会还聘请徐悲鸿、梁思成、艾青等专家参加。

征求启事经周恩来审批后，7月10日送新政治协商会议筹备会批准，于7月15日至26日在《人民日报》等各大报纸连续刊登8天，定于8月20日为征求截稿日期。一个月内，共收到国内各界人士及海外华侨和港澳同胞应征稿件数千件，其中国旗应征稿件最多，达1920件，图案2992幅。为了便于本组组员及专家选阅应征来稿，8月16日至20日，在北京饭店特设临时选阅室，将所有应征来稿集中陈列。来稿大致分为四类，其中前三类基本上是突出工农联盟含义，以镰锤交叉、嘉禾齿轮组合或加五角星为主，第四类则以红旗上排列五角星图案。第六小组全体组员及评选专家，经多次认真的评议，一致认为，第四类来稿可供参考挑选，并从应征稿中选出38幅图案，编印出一册《国旗图案参考资料》，筹备会常委会经过审查，未作最后决定。9月17日，筹备会第二次全体会议通过决议："国旗、国徽、国歌工作移交人民政协第一届全体会议，并由原来负责的小组向人民政协第一届全体会议主席团提出报告。"

9月21日，中国人民政治协商会议第一届全体会议开幕后，设立了国旗、国徽、国歌、国都、纪年方案审查委员会，并在全体代表中进行分组讨论。9月25日，审查委员会召开第一次会议，决定对国旗、国徽、国歌、国都、纪年方案和争论的意见上报大会主席团。当日晚，毛泽东在勤政殿宴请各方面人士。宴请后，毛泽东举着放大了的五星红旗的国旗图案说：大家都说这个图案好，中国的革命胜利就是在共产党领导下以工农联盟为基础，团结了小资产阶级、民族资产阶级，共同斗争取得的，这是中国革命的历史事实，今后还要共同努力进行社会主义革命。我看这个图案反映了中国革命实际，反映了在中国共产党领导下，中国人民大团结进行革命斗争的方向。正如同志们所说的，是比较好的图案。这时有一位民主人士站起来表示完全同意主席意见，但对说明中大星、小星的提法提出修改意见。毛主席说，那就不提大星小星，只提五星的相互关系，我看就提在共产党领导下，我国人民的大团结。国旗是不是就选这个图案？大家热烈鼓掌表示赞同。被选定的国旗图案，其设计者是上海的曾联松。

1949年9月27日，中国人民政治协商会议第一届全体会议一致通过决议：中华人民共和国的国旗为五星红旗，象征中国革命人民大团结。

11. 人民政协第一届全体会议是如何协商决定国歌的？

中华人民共和国国歌是由新政协筹备会向社会公开征集设计方案，并提出审查意见，由中国人民政治协商会议第一届全体会议审定的。

1949年6月18日，新政协筹备会常委会决定由筹备会第六小组负责拟定国旗、国徽、国歌等方案。7月4日，第六小组举行第一次全体会议，决定分别设立国旗、国徽图案和国歌词谱评选委员会。国歌词谱评选委员会由郭沫若、田汉、沈雁冰、钱三强、欧阳予倩组成。8月5日，第六小组第二次全体会议又决定聘请马思聪、吕骥、贺绿汀、姚锦新等有关专家参加国歌词谱评选委员会。经新政协筹备会批准，从7月15日至8月20日，向社会公开征集国旗、国徽、国歌等的意见和方案。其中关于国歌征集的原则中强调，歌词应注意：中国特征；政权特征；新民主主义；新中国之远景；限用语体不宜过长。歌谱于歌词选定后再行征求，但应征国歌歌词者亦可同时附以乐谱（须用五线谱）。公开征集方案的一个月内，共收到应征国歌稿件632件，歌词694首。评选委员会进行了认真审查，还推选了一部分歌词、歌谱印发征求意见，有的还组织乐队演奏过，但大家普遍感到应征的600多件作品都不甚理想，认为短时间内创作出理想的国歌词谱是困难的。经过研究，倾向于接受一部分应征者的意见，采用由田汉作词，聂耳作曲的《义勇军进行曲》为国歌。同时也有人认为歌词中的“中华民族到了最危险的时候”一句已不适用于现在，应该修改。筹备会决定提请第一届全体会议决定，并请郭沫若等人修改一份歌词，同时送交大会主席团。

9月25日，毛泽东、周恩来召开国旗、国徽、国歌、国都、纪年协商座谈会。与会人士一致认为以《义勇军进行曲》作国歌最好，但仍有人要求修改歌词。周恩来认为，“要嘛，就要旧歌词，这样才能激励激情，修改了唱起来就不会有那种感情。”毛泽东也说，我国人民经过艰苦斗争，虽然全国解放了，但还是受帝国主义的包围，不能忘记帝国主义对我国的压迫，我们还要争取中国完全的独立、解放，还要进行艰苦卓绝的斗争，所以还是保持原有歌词好。经过协商，大家一致赞同毛泽东和周恩来的意见。

1949年9月27日，中国人民政治协商会议第一届全体会议一致通过决议：在中华人民共和国的国歌未正式制定前，以《义勇军进行曲》为代国歌。1982年第五届全国人民代表大会第五次会议通过决议，确定《义勇军进行曲》为中华人民共和国正式国歌。

12. 人民政协第一届全体会议是如何协商决定中华人民共和国纪年的?

中华人民共和国纪年的确定程序与确定国都的程序基本一致。1949年6月新政协筹备会常委会第一次会议决定成立第六小组，负责草拟国旗、国徽、国歌等方案。中国人民政治协商会议第一届全体会议开幕后，设立了国旗、国徽、国歌、国都、纪年方案审查委员会，并在全体代表中进行了充分讨论。9月25日，毛泽东、周恩来召开国旗、国徽、国歌、国都、纪年协商座谈会。会上，大家一致认为，应采用现代世界大多数国家公用的纪年制度，即用公元为新中国的纪年。9月27日，中国人民政治协商会议第一届全体会议一致通过决议：中华人民共和国的纪年采用公元。今年为1949年。

13. 人民政协第一届全国委员会是如何协商通过国徽图案的？

中华人民共和国国徽是由新政协筹备会向社会公开征集设计方案并提出审查意见，经中国人民政治协商会议第一届全国委员会第二次会议讨论通过，提请中央人民政府委员会核准公布的。

1949年6月16日，新政治协商会议筹备会常委会第一次会议决定授权筹备会第六小组草拟国旗、国徽、国歌等方案。7月4日，第六小组举行第一次全体会议，决定设立国旗国徽图案评选委员会，并以新政协筹备会名义向社会公开征集设计图案。征集启事关于国徽图案设计的原则是：要体现中国的地理、文化、民族、历史等特征；要体现出以工人阶级领导的以工农联盟为基础的人民民主专政的政权特征；要庄严而富丽。小组会还决定，聘请徐悲鸿、梁思成、艾青等有关专家参加国旗国徽图案评选委员会。截至8月20日的一个月中，第六小组共收到应征件112件，图案900幅。经评审委员会认真筛选，感到应征图案大多数不合体制，应征者多把国徽想象作普通的证章、纪念章或误以为国标，而绘成和国旗一样的图案。比较适合征集条例要求的来稿，其中又图案味太重，过于纤巧。比较可供参考的，仅四五种。后经讨论，决定请张仃、钟灵等重新设计了几个国徽图案，并印发了《国徽图案参考资料》。第六小组将审阅国徽图案的初步意见提请筹备会常委会审查，未作最后决定。9月17日，筹备会第二次全体会议通过决议：国旗、国徽、国歌工作移交人民政协第一届全体会议，并由原来负责的小组向人民政协第一届全体会议主席团提出报告。9月21日，中国人民政治协商会议第一届全体会议开幕后，设立了国旗、国徽、国歌、国都、纪年审查委员会，并在全体委员中进行分组讨论。9月25日，毛泽东、周恩来召开国旗、国徽、国歌、国都、纪年协商座谈会，与会人士认为，本次全体会议对国徽方案暂不作决定，留待大会以后，再组织人员进行研究设计。

一届全体会议后不久，全国政协决定邀请清华大学营建系和中央美术学院分别组织人力设计国徽方案。从1950年年初开始，两个设计组的专家学者经过各自努力，对数十个设计图案反复比较、精心研究，分别完成了一幅自己认为最满意的方案。两个国徽图案的主要内容是用齿轮、麦穗、五星、绶带为题材，体现中国共产党领导下的工农联盟为基础的政权和全国人民的大团结。其中清华大学设计的方案还把天安门正面图形作为题材的一部分设计进去。1950年6月20日，周恩来亲自主持全国政协国徽审查小组对国徽方案作最后一次讨论，采纳了李四光等绝大多数委员的意见，确定了清华大学设计的国徽图案。6月23日，政协第一届全国委员会第二次会议在毛泽东的主持下，讨论通过了这个国徽图案，提请中央人民政府委员会核准发布。6月28日，中央人民政府委员会第八次会议通过了全国政协一届二次会议提出的《中华人民共和国国徽图案及对设计图案的说明》。1950年9月20日，中央人民政府主席毛泽东发布颁发实行国徽的命令，至此庄严富丽的中华人民共和国国徽终于诞生了。

正式通过的国徽图案是集体创作的，形式和金红色彩庄严而富丽，内容具有中国特征。国旗既可以表示革命和工人阶级领导政权的意义，亦可省写国名。天安门则象征着中国人民自五四运动以来的新民主主义革命斗争和在此诞生的新中国。齿轮和麦稻穗象征工农，稻麦并用，亦寓地广物博的意义，以绶带紧结齿轮和麦稻穗象征工农联盟。

14. 人民政协是什么性质的组织？

人民政协的性质，是由我国的国体、政体及自身的宗旨所决定的，其经历了一个不断明确、拓展和深化的过程。1949年制定的《中国人民政治协商会议组织法》规定："中国人民政治协商会议为全中国人民民主统一战线的组织。"1954年制订的政协章程规定："中国人民政治协商会议全体会议代行全国人民代表大会职权的任务已经结束，但是中国人民政治协商会议作为团结全国各民族、各民主阶级、各民主党派、各人民团体、国外华侨和其他爱国民主人士的人民民主统一战线组织，仍然需要存在。正如宪法序言中所说，今后在动员和团结全国人民完成国家过渡时期总任务和反对内外敌人的斗争中，我国的人民民主统一战线将继续发挥它的作用。”1982 年人民政协首次入宪，宪法序言规定：“中国人民政治协商会议是有广泛代表性的统一战线组织。”1982 年修订的政协章程规定：“中国人民政治协商会议是中国人民爱国统一战线的组织。”同时在总纲中规定：“中国人民政治协商会议是我国政治生活中发扬社会主义民主的一种重要形式。”1993 年，宪法修正案将“中国共产党领导的多党合作和政治协商制度将长期存在和发展”写进宪法序言，1994 年修订的政协章程规定：“中国人民政治协商会议是中国人民爱国统一战线的组织，是中国共产党领导的多党合作和政治协商的重要机构。”2004 年修订的政协章程将政协性质规范为：“中国人民政治协商会议是中国人民爱国统一战线的组织，是中国共产党领导的多党合作和政治协商的重要机构，是我国政治生活中发扬社会主义民主的重要形式。”2018 年修订的政协章程进一步将政协性质明确、拓展和深化为：“中国人民政治协商会议是中国人民爱国统一战线的组织，是中国共产党领导的多党合作和政治协商的重要机构，是我国政治生活中发扬社会主义民主的重要形式，是国家治理体系的重要组成部分，是具有中国特色的制度安排。”在总纲中有关部分规定：“中国人民政治协商会议是实行中国共产党领导的多党合作和政治协商制度的重要政治形式和组织形式。”“中国人民政治协商会议是社会主义协商民主的重要渠道和专门协商机构。”

15. 人民政协设有哪些界别？

政协章程规定：中国人民政治协商会议全国委员会由中国共产党、各民主党派、无党派人士、人民团体、各少数民族和各界的代表，香港特别行政区同胞、澳门特别行政区同胞、台湾同胞和归国侨胞的代表以及特别邀请的人士组成，设若干界别。中国人民政治协商会议地方委员会的组成，根据当地情况，参照全国委员会的组成决定。

按照政协章程的规定，政协第十二届全国委员会共设 34 个界别。它们是：中国共产党、中国国民党革命委员会、中国民主同盟、中国民主建国会、中国民主促进会、中国农工民主党、中国致公党、九三学社、台湾民主自治同盟、无党派人士、中国共产主义青年团、中华全国总工会、中华全国妇女联合会、中华全国青年联合会、中华全国工商业联合会、科学技术协会、中华全国台湾同胞联谊会、中华全国归国华侨联合会、文化艺术界、科学技术界、社会科学界、经济界、农业界、教育界、体育界、新闻出版界、医药卫生界、对外友好界、社会福利和社会保障界、少数民族界、宗教界、特邀香港人士、特邀澳门人士和特别邀请人士。

地方政协的组成根据当地情况，参照全国政协的组成决定，但一般规模要小一些，参加单位也少一些，主要反映当地社会各界构成的特点。

16. 人民政协的主要职能是什么？

人民政协的主要职能是政治协商、民主监督、参政议政。它有一个逐步明确和拓展的过程。1949 年制定实施的人民政协组织法中就规定，政协全国委员会的职权之一是协商并提出对中央人民政府的建议案；强调地方委员会为该地方各民主党派及人民团体的协商并保证实行决议的机关。1954 年制定的政协章程规定：“中国人民政治协商会议全国委员会根据中国人民政治协商会议章程的总纲，就有关国家政治生活和人民民主统一战线的重要事项，进行协商和工作。”政协地方委员会“协商和进行地方的人民民主统一战线工作。”民主监督职能源于 20 世纪 50 年代毛泽东提出的中国共产党与各民主党派之间的互相监督，以及各级政协接受和反映人民群众的意见、对政府提出建议和批评的实践。1982 年全国政协五届五次会议通过的政协章程规定：人民政协“对国家大政方针和群众生活的重要问题进行政治协商，并通过建议和批评发挥民主监督作用”。1994 年修订的政协章程规定“中国人民政治协商会议的主要职能是政治协商和民主监督，组织参加本会的各党派、团体和各族各界人士参政议政”。2004 年修订的政协章程规定：“中国人民政治协商会议全国委员会和地方委员会的主要职能是政治协商、民主监督、参政议政”。2018 年修订的政协章程进一步明确规定：“政治协商是对国家大政方针和地方的重要举措以及经济建设、政治建设、文化建设、社会建设、生态文明建设中的重要问题，在决策之前和决策实施之中进行协商。中国人民政治协商会议全国委员会和地方委员会可根据中国共产党、人民代表大会常务委员会、人民政府、民主党派、人民团体的提议，举行有各党派、团体的负责人和各族各界人士的代表参加的会议，进行协商，亦可建议上列单位将有关重要问题提交协商。民主监督是对国家宪法、法律和法规的实施，重大方针政策、重大改革举措、重要决策部署的贯彻执行情况，涉及人民群众切身利益的实际问题解决落实情况，国家机关及其工作人员的工作等，通过提出意见、批评、建议的方式进行的协商式监督。参政议政是对政治、经济、文化、社会生活和生态环境等方面的重要问题以及人民群众普遍关心的问题，开展调查研究，反映社情民意，进行协商讨论。通过调研报告、提案、建议案或其他形式，向中国共产党和国家机关提出意见和建议。”

17. 人民政协是根据什么方针促进参加政协的各党派团结的？

《中国人民政治协商会议章程》总纲规定：中国共产党领导的多党合作和政治协商制度是我国的一项基本政治制度。中国人民政治协商会议根据中国共产党同各民主党派和无党派人士长期共存、互相监督、肝胆相照、荣辱与共的方针，促进参加中国人民政治协商会议的各党派、无党派人士的团结合作，充分体现和发挥我国社会主义政党制度的特点和优势。

长期共存、互相监督、肝胆相照、荣辱与共的方针，是中国共产党同各民主党派合作的基本方针。这个方针是在毛泽东 1956 年提出的“长期共存，互相监督”方针的基础上，根据我国阶级关系发生的根本变化，结合社会主义建设新时期的新形势和新任务，加以补充完善而成的。这个方针充分体现了我国新型的社会主义政党关系。

18. 人民政协的共同政治基础是什么？

《中国人民政治协商会议章程》总纲中，把“热爱中华人民共和国、拥护中国共产党的领导、拥护社会主义事业、共同致力于中华民族伟大复兴”，明确规定为人民政协的共同政治基础。

具体地讲，政协是中国人民最广泛的爱国统一战线组织，包括新时期爱国统一战线两个联盟中各个方面的代表。对于大陆范围内工人阶级领导的以工农联盟为基础的全体社会主义劳动者、社会主义事业的建设者和拥护社会主义的爱国者这个联盟而言，它既是爱国主义的又是社会主义的，必须在社会主义的旗帜下，坚持邓小平提出的四项基本原则，即 1980 年 9 月 29 日邓小平在政协章程修改委员会第一次全体会议上的讲话中指出的“坚持社会主义道路，坚持无产阶级专政，坚持共产党的领导，坚持马克思列宁主义、毛泽东思想”，以马克思列宁主义、毛泽东思想、邓小平理论和“三个代表”重要思想为指导；对于包括广大香港特别行政区同胞、澳门特别行政区同胞、台湾同胞和海外侨胞在内的第二个联盟而言，其政治基础是热爱祖国、拥护祖国统一，是团结在爱国主义旗帜下的广泛联盟。在这个联盟的范围内，只要承认一个中国、赞成祖国统一，愿意为实现中华民族的伟大复兴贡献智慧和力量，即使不赞成社会主义的人，也要努力团结。正如邓小平指出的，爱国者的范围是很宽广的，包括蒋经国在内，只要台湾归回祖国，他就做了爱国的事。统一战线工作的任务，就是要把一切能够联合的力量都联合起来，范围以宽为宜，宽有利，不是窄有利。

19. 人民政协第一届全国委员会协商了哪些重要法案?

新中国成立初期，凡属对国家政治生活和社会生活影响较大的法案，都经政协全国委员会及其常务委员会协商或向全国政协各工作组征求意见，然后由中央人民政府委员会或政务院通过并公布施行。政协第一届全国委员会期间，经过全国委员会及其常务委员会协商审议的重要法案有：

《中华人民共和国土地改革法》《中华人民共和国婚姻法》《各界人民代表会议组织通则》《农民协会组织通则》《人民法庭组织条例》《关于划分农村阶级成分的决定》《新解放区农业税暂行条例》《农村债务纠纷处理办法》《中华人民共和国劳动保险条例》《中华人民共和国合作社法》《中华人民共和国私营企业暂行条例》《中华人民共和国惩治反革命条例》《中华人民共和国惩治贪污条例》《中华人民共和国惩治毒犯条例》《公私合营工业企业暂行条例》等草案，以及《中华人民共和国人民法院暂行组织条例》《中央人民政府最高人民检察署暂行组织条例》《各级地方人民检察署组织通则》的草案等。

另外，还有一些法案是由政务院各委、部将草案提交全国政协政治法律组或其他有关组征询意见的。如：《社会团体登记暂行办法》《中国工会暂行条例》《省市劳动局暂行组织通则》《关于开展业余职工教育的指示》《私营企业投资暂行条例》《关于在私营企业中设立劳资协商会议的指示》《中华人民共和国海关法》《中华人民共和国兵役法》的草案等。

20. 人民政协是怎样对《公私合营工业企业暂行条例（草案）》进行协商的？

1954 年 8 月 23 日，政协第一届全国委员会第五十九次常委（扩大）会议对政务院财政经济委员会草拟的《公私合营工业企业暂行条例（草案）》进行协商。这个条例草案的提出，是在我国国民经济基本恢复，中共中央提出过渡时期总路线以后，为对资本主义企业进行社会主义改造而制定的。当时已经确定对私人资本主义工商业采取和平赎买的政策，并用公私合营这一国家资本主义的高级形式来完成私营企业从资本主义到社会主义的过渡。这个条例草案的基本精神是确立社会主义成分对公私合营企业的领导地位，同时保护私营工商业者的合法利益，对公私合营企业的股份、经营管理、盈余分配、董事会和股东会议等都作了明确的规定。为了做好这个重要法案的协商工作，广泛听取各方面的意见，政协常委会邀请了在京的全国政协委员，中央人民政府委员、政务委员，民建中央、全国工商联负责人，各省、自治区、直辖市协商委员会和民主党派、工商联地方组织负责人，工商界代表人士及公私合营企业有关部门负责人列席会议。在讨论过程中，许多民族资产阶级代表人士、工商业者都提出了积极的意见，并认为制定这个条例非常适时，它不仅给资本主义工商业发展指明了方向，而且对进一步推动资本主义工商业的社会主义改造必将发挥重要作用。会议经协商同意这个条例草案。1954 年 9 月 5 日，此条例由政务院公布施行。

21. 人民政协是如何对农业合作化问题进行协商的？

中国农业生产资料所有制的社会主义改造是通过合作化道路实现的。这是我国具有伟大历史意义的一件事情。1950 年土地改革完成后，全国农村立即开展了互助合作运动。1952 年开始，在互助合作的基础上，有计划地发展农业生产合作社。过渡时期总路线公布以后，农业合作化的进程开始加快。人民政协对规范农业合作化的两个重要文件即《农业生产合作社示范章程（试行草案）》和《高级农业生产合作社示范章程（草案）》进行了协商，发挥了重要作用。

1955年10月22日，中国人民政治协商会议第二届全国委员会常务委员会召开第七次（扩大）会议，所有在京的全国政协委员、全国人大代表及有关方面人士列席了会议。全国政协主席周恩来作了关于目前时局的报告，农业部长廖鲁言作了《农业生产合作社示范章程（试行草案修正稿）》的说明。会议对中共中央提出的《农业生产合作社示范章程（试行草案）》进行了为期5天的协商讨论。与会者对该草案表示同意。这个示范章程经国务院第二十次会议最后通过，并于1955年11月7日公布施行。

根据农业合作社发展的情况，中共中央于1956年提出了《农业生产合作社示范章程（草案）》。同年6月11日，政协第二届全国委员会常务委员会召开第二十四次会议，对这一草案进行协商，全国人民代表大会常务委员会委员列席了会议。与会人员经过认真讨论，对草案提出了一些修改意见，随后经第一届全国人民代表大会第三次会议批准并公布施行。

22. 人民政协是如何参与对《一九五六年至一九六七年全国农业发展纲要（修正草案）》协商的？

《一九五六年至一九六七年全国农业发展纲要（修正草案）》主要是通过全国政协常委会和全国人大常委会联席会议进行协商的。1956年1月，中共中央提出并经最高国务会议讨论通过的《一九五六年至一九六七年全国农业发展纲要（草案）》，是规定中国农村未来12年经济、文化、教育、卫生等各方面发展目标的一个重要文献。同年1月25日，《纲要（草案）》全文向全国人民公布，在广大农村进行广泛讨论。1957年9月，中共八届三中全会根据全国农业生产的发展情况，对《纲要（草案）》作了修正，并于10月16日提交政协第二届全国委员会常务委员会第四十六次会议和第一届全国人大常务委员会第八十次会议联席会议进行协商。中共中央书记处书记谭震林在联席会上对修改后的全国农业发展纲要草案作了说明。政协常委和人大常委对发展山区经济、农村文化教育、畜牧业和农产品加工工业，以及保护农村妇女儿童权益问题等提出不少意见。10月22日，政协第二届全国委员会常务委员会第四十七次会议和第一届全国人大常务委员会第八十一次会议再次举行联席会议，原则通过了这个修正草案，建议这个纲要草案经中共中央考虑修改后提交全国人民讨论，而后再由全国人民代表大会通过施行。12月7日和9日，全国政协组织部分在京委员，分组座谈《一九五六年至一九六七年全国农业发展纲要（修正草案）》。1960年4月，第二届全国人民代表大会第二次会议通过了《一九五六年至一九六七年全国农业发展纲要》，并由国家主席刘少奇发布命令公布施行。

23. 人民政协是如何就文字改革问题进行协商的?

政协协商文字改革问题，集中体现在对汉字简化方案和汉语拼音方案的协商。新中国成立初期，在中国共产党倡导下，成立了中国文字改革协会（后改为中国文字改革委员会），确定文字改革的任务是“简化汉字，推广普通话，制定和推行汉语拼音方案”；汉字改革的方针是“约定俗成，稳步前进”；汉语拼音的字母形式则采用国际通用的拉丁字母并加以必要的补充。

1955年3月15日，全国政协举行报告会，请中国文字改革委员会主任吴玉章作关于汉字简化问题的报告，文改会委员胡乔木作关于文字简化和改革问题的报告。3月22日，全国政协组织在京的委员、副秘书长以及全国人大常委会和中国文字改革委员会等有关方面人士，分组座谈汉字简化方案草案。与会人士认为，汉字简化是中国文字发展的必然趋势，但简化必须统一和法定化，以免随意造字，造成文字混乱。4月15日，政协第二届全国委员会常委会举行第五次会议，文改会副主任胡愈之报告各地讨论文字改革问题的情况。文改会吸收了政协委员的意见，对方案草案进行了修改。1956年1月，国务院作出了《关于公布汉字简化方案的决议》。

1956年3月5日，政协第二届全国委员会常委会第十八次会议，讨论《汉语拼音方案（草案）》，文改会主任吴玉章作了关于草案的报告。会上通过了政协全国委员会和各省、自治区委员会及北京、天津、上海、沈阳、西安、武汉、广州、重庆八市委员会组织讨论《汉语拼音方案（草案）》的计划。

当日，全国政协向上述地方委员会发出了关于组织讨论《汉语拼音方案（草案）》的通知。3月12日，全国政协又组织在京的委员和副秘书长、全国人大常委会委员和副秘书长、中国文字改革委员会、文化部、高等教育部、教育部和科学院有关负责人，分别座谈《汉语拼音方案（草案）》。各地讨论中除对草案提出一些具体意见外，总的认为，推行汉语拼音十分必要，它对克服中国方言的音差，促进汉语语言和语音的统一具有重要意义。但同时必须肯定，汉语拼音不是文字拼音，汉字本身不能废止。经过广泛讨论，汉语拼音方案审订委员会对草案作了修正。1957年10月24日，政协第二届全国委员会常委会第四十八次会议，对汉语拼音方案修正草案进行分组讨论，郭沫若代表汉语拼音方案审订委员会作了说明。10月29日，政协第二届全国委员会常委会第四十九次会议经过协商，取得一致意见，同意《汉语拼音方案修正草案》。11月1日，国务院通过了《汉语拼音方案》，并于12月公布推行。

1958年1月10日，全国政协举办有3000余人参加的大型报告会，周恩来主席作《当前文字改革的任务》的报告，文改会委员胡乔木作关于汉语拼音方案草案的几点说明。会后，全国政协又组织了六个宣传组，分别赴华东、西北、中南、西南、东北、京津地区的各大城市进行文字改革和汉语拼音方案的宣传工作。1月11日，全国政协组织在京的委员、在京的人大代表、国务院参事和中央文史研究馆馆员，分组听取汉语拼音方案草案的讲解。人民政协的这些活动对在全国推行文字改革和汉语拼音工作起了很大的作用。

24. 人民政协对建立宁夏、广西两个民族自治区发挥了什么作用?

在各少数民族聚居地区实行民族区域自治是我国解决民族问题的一项基本政策。从1956年至1958年，人民政协协助政府在建立宁夏回族自治区和广西壮族自治区过程中做了大量卓有成效的工作，发挥了统一战线组织的作用。

1956年2月，中共中央提出在甘肃地区建立省一级回族自治区的意见，同年10月又提出了在广西建立民族自治区的意见。全国政协根据中共中央的精神，从1957年5月27日至31日，连续召开第四十一次、第四十二次、第四十三次常委会议，协商关于建立省级壮族自治区和回族自治区问题。全国人民代表大会常务委员会委员、来京参加协商的广西代表团和甘肃代表团及其他有关人士列席了会议。经过讨论，会议一致赞同建立广西壮族自治区和在甘肃东北部建立省级回族自治区以及两个自治区的区划方案，并在紧接着召开的第四十四次常委会议上作出决定，成立研究小组，对建立两个民族自治区的问题进行专门研究。6月，全国政协关于建立壮族和回族两个民族自治区问题研究小组成立，随即展开专题调查研究工作。

关于建立回族自治区问题，中共甘肃省委和省人民政府委员会在原先拟定的几种方案的基础上，经过与各方讨论协商，建议以甘肃省的原宁夏地区（蒙古族地区除外）为基础，再划入毗连的银川专区、吴忠回族自治州、平凉专区的泾原回族自治县、德隆县作为新的省级民族自治区，称宁夏回族自治区，首府银川。1957年6月，第一届全国人民代表大会第四次会议通过了建立宁夏回族自治区的决议。1958年10月，宁夏回族自治区正式成立。

关于广西壮族自治区，中共广西省委在1956年12月召开的政协广西省委员会第三次会议上，提出了建立广西壮族自治区的意见，经过协商提出了两套方案：第一套方案是将广西省全境改建为省一级的民族自治区；第二套方案是将广西省划为两部分，东半部为广西省，西半部建立省级民族自治区。1957年3月17日至26日，全国政协邀请由广西省各界人士组成的代表团37人，广西籍及有关的政协委员和在北京、上海、广州、武汉、长春等地的广西籍各界人士91人，在北京举行座谈会，就建立广西壮族自治区问题进行协商。全国政协副主席李济深、李维汉、陈叔通、章伯钧、包尔汉和全国人大民族委员会、国家民委、全国政协民族组等单位的负责人参加了座谈。周恩来主持并讲了话。会议经过反复研究讨论，一致同意采取第一套方案。会后，广西代表团根据会议协议和周恩来主席的讲话精神，向全省各州、市、县的各界人士进行了广泛的传达和讨论。1957年6月，第一届全国人民代表大会第四次会议通过了建立广西壮族自治区的决议。1958年3月，广西壮族自治区正式成立。

25. 哪些人担任过政协全国委员会主席？

人民政协诞生以来，其全国委员会的主席和名誉主席，一直由中国共产党和国家在各个时期的杰出领导人担任。其中，一届政协主席是毛泽东（1949年10月—1954年12月），时任中共中央主席、中央人民政府主席和中央军委主席；二、三、四届名誉主席是毛泽东（1954年12月—1976年9月），主席是周恩来（1954年12月—1976年1月），时任中共中央副主席、国务院总理、中央军委副主席；五届政协主席是邓小平（1978年2月—1983年6月），他是中国共产党第二代中央领导集体的核心，我国改革开放和社会主义现代化建设的总设计师；六届政协主席是邓颖超（1983年6月—1988年4月），时任中共中央政治局委员；七届政协主席是李先念（1988年4月—1992年6月），曾任中共中央副主席、国家主席；八届和九届政协主席是李瑞环（1993年3月—2003年3月），时任中共中央政治局常委；十届、十一届政协主席是贾庆林（2003年3月—2013年3月），时任中共中央政治局常委；十二届政协主席是俞正声（2013年3月—2018年3月），时任中共中央政治局常委；十三届政协主席是汪洋（2018年3月至今），现任中共中央政治局常委。

26. 参加人民政协的八个民主党派和全国工商联是何时成立的？历届主要领导人是谁？

中国国民党革命委员会

1948年1月1日在香港正式成立。它是由抗日战争胜利前后形成的“三民主义同志会”和“中国国民党民主促进会”以及国民党其他爱国民主分子联合组成的，成员主要是原国民党员和与国民党有关系、同台湾各界有关系的、致力于祖国统一事业的有代表性的人士和中高级知识分子。民革中央历届主要领导人为李济深、何香凝、朱蕴山、王昆仑、屈武、朱学范、李沛瑶、何鲁丽、周铁农，现任中央主席万鄂湘。

中国民主同盟

1941年3月19日在重庆成立。当时的名称是中国民主政团同盟，是由中国青年党、国家社会党（后改名民主社会党）、中华民族解放行动委员会

（后改名中国农工民主党）、救国会、中华职业教育社、乡村建设派和其他人士联合组成。1944年9月改名为中国民主同盟，由团体会员制改为个人参加。1946年，中国青年党和民主社会党出席伪国民大会，投靠国民党，被民盟清除出去。成员主要是从事文化教育和其他方面工作的中上层知识分子。民盟中央历届主要领导人为黄炎培、张澜、沈钧儒、史良、楚图南、费孝通、丁石孙、蒋树声、张宝文，现任主席丁仲礼。

中国民主建国会

1945年12月16日在重庆成立。成员主要是经济界人士及有关专家学者。民建中央历届主要领导人为黄炎培、胡厥文、孙起孟、成思危、陈昌智，现任中央主席郝明金。

中国民主促进会

1945年12月30日在上海成立。成员主要是从事教育、文化、出版和其他工作的知识分子。民进中央历届主要领导人为马叙伦、周建人、叶圣陶、雷洁琼、许嘉璐、严隽琪（女），现任中央主席蔡达峰。

中国农工民主党

1930年8月9日在上海成立。当时的名称是中国国民党临时行动委员会，后改名为中华民族解放行动委员会，1947年2月改名为中国农工民主党。成员主要是医药卫生和科学技术、文化教育界的中、高级知识分子。农工党中央历届主要领导人为邓演达、黄琪翔、章伯钧、季方、卢嘉锡、蒋正华、桑国卫，现任中央主席陈竺。

中国致公党

由华侨社团美洲致公堂发起，于1925年10月10日在美国旧金山成立。1947年5月举行第三次全国代表大会，实行改组，健全了领导机构，进一步明确了政治纲领。成员主要是归侨、侨眷和与海外有联系的代表人士、专家学者。致公党中央历届主要领导人为陈其尤、黄鼎臣、董寅初、罗豪才，现任中央主席万钢。

九三学社

1946年5月4日正式成立，前身是一部分从事爱国民主运动的文教科技界人士在1944年年底组织的民主科学座谈会，后为纪念1945年9月3日抗日战争和国际反法西斯战争胜利，在座谈会基础上正式成立九三学社。成员主要是科学技术和文化教育、医药卫生界的高、中级知识分子。九三学社历届主要领导人为许德珩、周培源、吴阶平、韩启德，现任中央主席武维华。

台湾民主自治同盟

1947 年 11 月 12 日在香港成立，由一部分从事爱国民主运动的台湾省籍人士发起组成。台盟中央（总部）历届主要领导人为谢雪红、蔡啸、苏子蘅、林盛中、蔡子民、张克辉、林文漪（女），现任中央主席苏辉（女）。

中华全国工商业联合会

是中国共产党领导的中国工商界组成的人民团体和民间商会。1953 年 10 月 23 日至 11 月 12 日，中华全国工商业联合会第一届会员代表大会在北京举行，全国工商联正式建立。它是以私营工商业者为主体，有国营企业和合作社、公私合营企业等各类工商业者参加的人民团体。全国工商联历届主要领导人为陈叔通、胡子昂、荣毅仁、经叔平、黄孟复、王钦敏，现任主席高云龙。

27. 人民政协的各级委员会每届任期几年？

《中国人民政治协商会议章程》规定，中国人民政治协商会议全国委员会每届任期五年。如遇非常情况，由常务委员会以全体组成人员的三分之二以上的多数通过，得延长任期。中国人民政治协商会议的省、自治区、直辖市、自治州、设区的市、县、自治县、不设区的市和市辖区的地方委员会每届任期五年。

28. 中国人民政治协商会议应如何简称？

由于工作上的需要，各级政协的名称经常要使用简称。这些简称可根据不同场合而有所区别，但应当有统一的规范。

中国人民政治协商会议可以简称为“人民政协”或“政协”。中国人民政治协商会议全国委员会可以简称为“政协全国委员会”或“全国政协”，在对外交往中也可根据情况使用“中国政协”的名义。

中国人民政治协商会议各级地方委员会的名称，可以简称为“政协 ××

省（市）委员会”、“政协 ×× 省 ×× 县委员会”，也可简称为“×× 省（市）政协”、“×× 省 ×× 县政协”。中国人民政治协商会议各级地方委员会会议的名称，可以简称为“政协第 × 届 ×× 省委员会第 × 次会议”，“政协第 × 届 ×× 省委员会常务委员会第 × 次会议”，也可简称为“×× 省政协 × 届 × 次会议”，“×× 省政协 × 届 × 次常委会议”。市、县级政协的简称亦与此同。

中国人民政治协商会议各级地方组织的全称是中国人民政治协商会议之后加上各该地方的名称再加上委员会，即“中国人民政治协商会议 ×× 省委员会”、“中国人民政治协商会议 ×× 省 ×× 县委员会”。在举行政协全会时的会标、各级政协的印章和政协机关的会牌上，均应使用全称。

中国人民政治协商会议的英文缩写是 CPPCC。

29. 人民政协历史上发表过哪些重要宣言、口号和声明？

人民政协成立以来，发表过许多重要的宣言、口号和声明。比如：

1949 年 9 月 30 日，中国人民政治协商会议第一届全体会议发表宣言，庄严宣告：中华人民共和国现已宣告成立，中国人民业已有了自己的中央政府，这个政府将遵照中国人民政治协商会议共同纲领在全中国境内实施人民民主专政。宣言还阐明了中央人民政府对内对外的各项方针政策。

1950 年 11 月 14 日，政协全国委员会根据广大人民的要求，经参加政协的各党派充分协商后，由中共、民革、民盟、民建、无党派民主人士、民进、农工、致公、九三、台盟、新民主主义青年团联合发表了抗美援朝、保家卫国的《各民主党派联合宣言》，指出：中国各民主党派誓以全力拥护全国人民的正义要求，拥护全国人民在志愿基础上为着抗美援朝、保家卫国的神圣任务而奋斗。

1951 年至 1954 年期间，每逢“五一”国际劳动节和国庆节，政协全国委员会都要发表庆祝“五一”国际劳动节口号。口号内容涉及政治、经济、文化、军事、外交、民族、宗教等各个方面的政策，是当时我国团结和动员全国人民为实现国家各项任务共同奋斗的重要形式。

1952 年 3 月 8 日，政协全国委员会会同各民主党派、无党派民主人士和新民主主义青年团联合发表了《中国各民主党派对于美帝国主义进行细菌战的抗议》，严正指出：“为了人类的尊严，为了世界的和平，我们必须奋起，对美帝国主义者一致声讨，并对细菌战犯们加以最严厉的制裁。”

1952 年 12 月 16 日，政协全国委员会会同各民主党派、无党派民主人士和新民主主义青年团联合发表了《中国各民主党派反对联合国大会关于朝鲜问题非法决议的联合声明》，表示全力地一致地拥护我国政府在公平合理基础上和平解决朝鲜问题的严正立场和正义主张，要求联合国取消非法决议，责成美国政府立即恢复在朝鲜板门店的谈判，根据朝鲜停战协定草案首先实行全面停战。

1954 年 8 月 22 日，政协全国委员会在举行扩大的常务委员会充分协商讨论后，发表了《中华人民共和国各民主党派各人民团体为解放台湾联合宣言》，向全世界庄严宣告：“台湾是中国领土不可分割的一部分，决不允许美国侵占”，“解放台湾是中国的内政，决不容许任何外国干涉”，“中国人民解放台湾的斗争就是保卫世界和平的斗争。”

1989 年 7 月 23 日、11 月 23 日和 1990 年 2 月 3 日，政协全国委员会外事委员会先后三次发表严正声明，谴责美国国会通过制裁中国的修正案，指出任何制裁都阻止不了中国人民胜利前进的步伐。

1992 年 9 月 4 日，政协全国委员会常务委员会发表严正声明，抗议美国政府向台湾出售 F–16 战斗机。1992 年 11 月 29 日，政协全国委员会外事委员会发表声明，抗议法国政府允许向台湾出售幻影——2000 战斗机。

1993 年 8 月，外事委员会邀请参加全国政协的各党派负责人发表谈话，就美国无中生有地指控中国远洋运输总公司所属的全集装箱“银河号”货轮将所谓制造化学武器的原料运往伊朗并要求强行登船检查一事，谴责美国政府的霸权主义行径。

1995 年 5 月 24 日，政协全国委员会外事委员会就美国政府宣布允许李登辉到美国进行所谓“私人访问”发表严正声明，对美国政府损害中国主权，破坏中国和平统一大业的恶劣行径表示极大的愤慨和强烈的谴责。

1999 年 5 月 9 日，政协全国委员会外事委员会发表严正声明，对以美国为首的北约袭击我驻南联盟使馆表示最强烈的谴责，强烈要求以美国为首的北约对此造成的严重后果承担全部责任。

1999年5月25日，政协全国委员会外事委员会负责人发表谈话，就日本国会通过新日美防卫合作指针相关法案一事，强烈要求日本信守中日联合声明和中日友好条约的原则，继续遵守和平宪法，切实执行专守防卫政策，走和平发展道路，以实际行动履行承诺，不要做干涉中国内政、妨碍中国统一大业、破坏中日友好关系的事情。

2000年2月2日，政协全国委员会外事委员会负责人发表谈话，强烈反对美国众议院通过所谓《加强台湾安全法》法案，对这一违反中美三个联合公报，严重侵犯中国主权，粗暴干涉中国内政的严重事件表示十分强烈的愤慨。

2001年4月4日，政协全国委员会外事委员会负责人发表谈话，就日本政府审定并通过日右翼学者编纂的历史教科书一事，表示外事委员会以及参加全国政协的各党派团体、各界别人士对此极为愤慨和强烈谴责。

2001年8月14日，政协全国委员会外事委员会负责人发表谈话，对日本首相小泉纯一郎参拜供奉着侵华战犯牌位的靖国神社表示强烈愤慨和谴责。

2002年7月25日，政协全国委员会外事委员会负责人发表谈话，对美国国会众议院7月24日通过了由极少数反华议员提出的有关“法轮功”邪教组织的决议案，表示强烈愤慨。

2003年3月21日，政协全国委员会外事委员会就美国等国家对伊拉克发起军事行动发表声明，代表参加全国政协的各党派团体和各族各界人士对此表示震惊和关切。

30. 人民政协对外交往的特点和主要方式是什么？

人民政协对外交往的特点与政协自身的特点密切相连。政协所具有的广泛代表性、党派合作性、民主协商性和人才荟萃的特点，使它在对外交往中融官方外交与民间外交于一体，灵活多样；层次高，影响大，渠道多，范围广；包容性强，亲和力大。人民政协对外交往的对象和范围，一般侧重于高层以及有代表性、有影响力的组织和人士。人民政协对外交往的主要方式有：按照国家外交工作总体部署，不断开辟对外交往渠道、拓展对外交往领域、完善对外交往机制，积极营造有利于我国发展的良好外部环境。开展高层互访，加强与相关国家机构、有关国际组织的多双边交流。丰富人民政协公共外交实践，加大对外国议会、媒体、智库和公众工作力度。发挥包括“21 世纪论坛”在内的重要平台作用，支持中国经济社会理事会和中国宗教界和平委员会在对外交往中发挥积极作用。

二、涉及人民政协的法律和规定

31. 我国涉及人民政协的法律法规有哪些?

人民政协是我国政治体制的重要组成部分，在国家政治、经济和社会生活中具有重要的作用。从它建立的时候起，其组织的设立和工作的开展就有着坚实的法律依据。

中华人民共和国成立以来，与人民政协有关的国家法律或法规主要有：

《中国人民政治协商会议共同纲领》（1949 年 9 月 29 日政协第一届全体会议通过）。这是新中国成立时期最重要的法律，具有临时宪法的作用。共同纲领是新中国建国的政治基础，是中央人民政府的施政大纲，也是人民政协各参加单位、各级人民政府和全国人民均应共同遵守的政治准则。共同纲领对人民政协的性质、组成、政协全体会议的职权等作了明确的规定。

《中国人民政治协商会议组织法》（1949 年 9 月 27 日政协第一届全体会议通过）。这是新中国最早的重要法律之一。政协组织法规定了人民政协的性质和宗旨，组织构成、参加条件和纪律，全体会议的会期、召集和职权，全国委员会及其常务委员会的职权、产生与召集，地方委员会的性质等。

《中华人民共和国中央人民政府组织法》（1949 年 9 月 27 日政协第一届全体会议通过）。这是新中国最早的重要法律之一。政府组织法中与人民政协直接有关的内容有：规定在普选的人民代表大会召开之前，由政协的全体会议执行全国人大的职权；中央人民政府委员会由人民政协全体会议选举产生；中央人民政府委员会依据人民政协全体会议制定的共同纲领行使职权；政务院根据并为执行人民政协共同纲领、国家的法律、法令和中央人民政府委员会规定的施政方针行使职权；政府组织法的修改权属于人民政协全体会议，其闭会期间属于中央人民政府委员会。

《中华人民共和国宪法》（1982 年 12 月 4 日五届全国人大五次会议通过）。这是我国进入新的历史时期后首次以国家根本大法的形式，规定了人民政协的性质及其在国家政治生活、社会生活和对外友好活动中，在国家现代化建设、维护国家的统一和团结的斗争中的重要作用。在1993年3月通过的宪法修正案中，又充实了中国共产党领导的多党合作和政治协商制度将长期存在和发展的内容。

《中华人民共和国国旗法》（1990年6月28日七届全国人大常委会十四次会议通过）。在国旗法中，对政协全国委员会和各级地方委员会升挂国旗及全国委员会主席逝世下半旗等作了规定。

此外，在1990年4月七届全国人大三次会议通过的《关于香港特别行政区第一届政府和立法会产生办法的决定》、1997年3月八届全国人大五次会议通过的《中华人民共和国香港特别行政区选举第九届全国人民代表大会代表的办法》两部法规中，对香港地区的全国政协委员参加香港特别行政区第一届政府推选委员会和第九届全国人大代表选举会议的有关事项作出明确的规定。在1993年3月八届全国人大一次会议通过的《中华人民共和国澳门特别行政区基本法》附件一《澳门特别行政区行政长官的产生办法》《关于澳门特别行政区第一届政府、立法会和司法机关产生办法的决定》两部法规中，对澳门地区的全国政协委员参加澳门特别行政区行政长官选举委员会和第一届政府推选委员会的有关事项作出明确的规定。

2004年3月14日第十届全国人民代表大会第二次会议通过的《中华人民共和国宪法修正案》，在宪法序言中有关爱国统一战线的表述中增加了“社会主义事业的建设者”，即“在长期的革命和建设过程中，已经结成由中国共产党领导的，有各民主党派和各人民团体参加的，包括全体社会主义劳动者、社会主义事业的建设者、拥护社会主义的爱国者和拥护祖国统一的爱国者的广泛的爱国统一战线，这个统一战线将继续巩固和发展。”

32. 我国宪法对人民政协的性质和作用是如何规定的?

1982年12月4日，第五届全国人民代表大会第五次会议通过的《中华人民共和国宪法》，首次以国家宪法的形式，规定了人民政协的性质和作用。宪法序言指出：“社会主义的建设事业必须依靠工人、农民和知识分子，团结一切可以团结的力量。在长期的革命和建设过程中，已经结成由中国共产党领导的，有各民主党派和各人民团体参加的，包括全体社会主义劳动者、拥护社会主义的爱国者和拥护祖国统一的爱国者的广泛的爱国统一战线，这个统一战线将继续巩固和发展。中国人民政治协商会议是有广泛代表性的统一战线组织，过去发挥了重要的历史作用，今后在国家政治生活、社会生活和对外友好活动中，在进行社会主义现代化建设、维护国家的统一和团结的斗争中，将进一步发挥它的重要作用。”

1993 年 3 月 29 日，第八届全国人民代表大会第一次会议，通过了《中华人民共和国宪法修正案》，增加了“中国共产党领导的多党合作和政治协商制度将长期存在和发展”的重要内容。

2004 年 3 月 14 日第十届全国人民代表大会第二次会议通过的《中华人民共和国宪法修正案》，在宪法序言中有关爱国统一战线的表述中增加了“社会主义事业的建设者”，即“在长期的革命和建设过程中，已经结成由中国共产党领导的，有各民主党派和各人民团体参加的，包括全体社会主义劳动者、社会主义事业的建设者、拥护社会主义的爱国者和拥护祖国统一的爱国者的广泛的爱国统一战线，这个统一战线将继续巩固和发展。”

33. 国旗法对人民政协驻地升降国旗有何规定？

1990 年 6 月全国人大常委会通过、同年 10 月 1 日起施行的《中华人民共和国国旗法》中与人民政协有关的内容，集中在第二条、第五条、第六条和第十四条中。主要有：

中华人民共和国国旗按照中国人民政治协商会议第一届全体会议主席团公布的国旗制法说明制作。

下列场所或机构所在地，应当每日升挂国旗：

（1）北京天安门广场、新华门；（2）全国人民代表大会常务委员会，国务院，中央军事委员会，最高人民法院，最高人民检察院；中国人民政治协商会议全国委员会；（3）外交部；（4）出入境的机场、港口、火车站和其他边境口岸，边海防哨所。

国务院各部门，地方各级人民代表大会常务委员会、人民政府、人民法院、人民检察院，中国人民政治协商会议地方各级委员会，应当在工作日升挂国旗。

下列人士逝世，下半旗志哀：（1）中华人民共和国主席、全国人民代表大会常务委员会委员长、国务院总理、中央军事委员会主席；（2）中国人民政治协商会议全国委员会主席；（3）对中华人民共和国作出杰出贡献的人；（4）对世界和平或人类进步事业作出杰出贡献的人。发生特别重大伤亡的不幸事件或者严重自然灾害造成重大伤亡时，可以下半旗志哀。

34. 有关香港特别行政区的法规中涉及政协委员的有哪些规定？

1990 年 4 月七届全国人大三次会议通过的《中华人民共和国香港特别行政区基本法》附件一《香港特别行政区行政长官的产生办法》规定：行政长官由一个具有广泛代表性的选举委员会根据本法选出，由中央人民政府任命。选举委员会委员共 800 人，由下列各界人士组成：工商、金融界 200 人；专业界 200 人；劳工、社会服务、宗教等界 200 人；立法会议员、区域性组织代表、香港地区全国人大代表、香港地区全国政协委员的代表 200 人。选举委员会每届任期 5 年。香港特别行政区政府颁布的《行政长官选举条例》附表规定，香港地区全国政协委员的代表 41 人。

2002 年 3 月九届全国人大五次会议通过的《中华人民共和国香港特别行政区选举第十届全国人民代表大会代表的办法》中规定：香港特别行政区成立第十届全国人民代表大会代表选举会议。选举会议由参加过香港特别行政区第九届全国人民代表大会代表选举会议的人员，以及不是上述人员的香港特别行政区居民中的中国人民政治协商会议第九届全国委员会委员和香港特别行政区第二任行政长官选举委员会委员中的中国公民组成。但本人提出不愿参加的除外。

35. 有关澳门特别行政区的法规中涉及政协委员的有哪些规定？

1993 年 3 月八届全国人大一次会议通过的《中华人民共和国澳门特别行政区基本法》附件一《澳门特别行政区行政长官的产生办法》规定：行政长

官由一个具有广泛代表性的选举委员会依照本法选出，由中央人民政府任命。选举委员会委员共300人，由下列各界人士组成：工商、金融界100人；文化、教育、专业等界80人；劳工、社会服务、宗教等界80人；立法会议员的代表、市政机构成员的代表、澳门地区全国人大代表、澳门地区全国政协委员的代表40人。选举委员会每届任期5年。

2004年4月澳门特别行政区立法会通过的《行政长官选举法》规定：选举委员会中立法会议员的代表及澳门地区全国政协委员的代表，分别由该届立法会议员或该届澳门地区全国政协委员自行选举产生。附件一规定：澳门地区全国政协委员的代表12人。

36. 新时期以来中共历次全国代表大会有关人民政协的重要论述有哪些?

中共十一届三中全会以来，中国共产党召开的历次全国代表大会，就坚持和完善共产党领导的多党合作和政治协商制度，充分发挥人民政协的作用，作了一系列重要的论述。

1982年9月，邓小平在中共第十二次全国代表大会上所致的开幕词中指出："我国各民主党派在民主革命时期同我们党共同奋斗，在社会主义时期同我们党一道前进，一道经受考验。在今后的建设中，我们党还要同所有的爱国民主党派和爱国民主人士长期合作。"胡耀邦代表中共第十一届中央委员会向大会所作的题为《全面开创社会主义现代化建设的新局面》的报告中强调："在民主革命时期，统一战线是使我国革命得到胜利的一个重要'法宝'；在社会主义建设时期，它仍然发挥着十分重大的作用。我们党要继续坚持'长期共存、互相监督、肝胆相照、荣辱与共'的方针，加强同各民主党派、无党派民主人士、少数民族人士和宗教界爱国人士的合作。必须尽一切努力，进一步巩固和加强由全体社会主义劳动者、拥护社会主义的爱国者和拥护祖国统一的爱国者组成的，包括台湾同胞、港澳同胞和国外侨胞在内的最广泛的爱国统一战线。"

1987年10月中共第十三次全国代表大会批准的题为《沿着有中国特色的社会主义道路前进》的报告，充分肯定"人民政治生活日趋活跃。爱国统一战线空前扩大。共产党领导下的多党合作和协商制度发挥了积极作用。”报告强调指出：“人民代表大会制度，共产党领导下的多党合作和政治协商制度，按照民主集中制的原则办事，是我们的特点和优势，决不能丢掉这些特点和优势，照搬西方的‘三权分立’和多党轮流执政。”“人民政协是包括各民主党派、各人民团体和社会各方面代表的爱国统一战线组织。要加强政协自身的组织建设，逐步使国家大政方针和群众生活重大问题的政治协商和民主监督经常化。要坚持‘长期共存、互相监督，肝胆相照、荣辱与共’的方针，完善共产党领导下的多党合作和协商制度，进一步发挥民主党派和无党派爱国人士在国家政治生活中的作用。”11 月 1 日，中共十三大还通过了《中国共产党章程部分条文修正案》，修正案规定“在中央和地方各级人民代表大会、政治协商会议、人民团体和其他非党组织的经选举产生的领导机关中，可以成立党组。”

1992 年 10 月，江泽民在中共第十四次全国代表大会上代表中共十三届中央委员会作了题为《加快改革开放和现代化建设步伐夺取有中国特色社会主义事业的更大胜利》的报告。报告在概括建设有中国特色社会主义理论的主要内容时指出：“政治体制改革的目标，是以完善人民代表大会制度、共产党领导的多党合作和政治协商制度为主要内容，发展社会主义民主政治。”“必须依靠广大工人、农民、知识分子，必须依靠各民族人民的团结，必须依靠全体社会主义劳动者、拥护社会主义的爱国者和拥护祖国统一的爱国者的最广泛的统一战线。”在讲到积极推进政治体制改革，使社会主义民主和法制建设有一个较大的发展时，报告指出：“同经济体制改革和经济发展相适应，必须按照民主化和法制化紧密结合的要求，积极推进政治体制改革。我们的政治体制改革，目标是建设有中国特色的社会主义民主政治，绝不是搞西方的多党制和议会制。”“进一步完善人民代表大会制度，加强人民代表大会及其常委会的立法和监督等职能，更好地发挥人民代表的作用。完善共产党领导的多党合作与政治协商制度，巩固和发展新时期的爱国统一战线，充分发挥人民政协在政治协商和民主监督中的作用。坚持‘长期共存、互相监督、肝胆相照、荣辱与共’的方针，加强同民主党派协商议事，支持民主党派和无党派人士在国家机关担任领导职务，进一步巩固我们党同党外人士的联盟。”十四大还通过了关于党章修正案的决议，在修改后的党章总纲中补充了“坚持人民代表大会制度，坚持共产党领导的多党合作和政治协商制度”等内容。

1997 年 9 月，江泽民在中共第十五次全国代表大会上代表第十四届中央委员会作了题为《高举邓小平理论伟大旗帜，把建设有中国特色社会主义事业全面推向二十一世纪》的报告。报告在提出党在社会主义初级阶段的基本路线和纲领时指出：“建设有中国特色社会主义的政治，就是在中国共产党领导下，在人民当家作主的基础上，依法治国，发展社会主义民主政治。这就要坚持和完善工人阶级领导的、以工农联盟为基础的人民民主专政；坚持和完善人民代表大会制度和共产党领导的多党合作、政治协商制度以及民族区域自治制度；发展民主，健全法制，建设社会主义法治国家。实现社会安定，政府廉洁高效，全国各族人民团结和睦，生动活泼的政治局面。”报告在第六部分关于“政治体制改革和民主法制建设”中强调：“坚持和完善共产党领导的多党合作和政治协商制度。坚持‘长期共存、互相监督、肝胆相照、荣辱与共’的方针，加强同民主党派合作共事，巩固我们党同党外人士的联盟。继续推进人民政协政治协商、民主监督、参政议政的规范化、制度化，使之成为党团结各界的重要渠道。巩固和发展广泛的爱国统一战线。”

2002 年 11 月 8 日，江泽民在中共第十六次全国代表大会上代表第十五届中央委员会作了题为《全面建设小康社会开创中国特色社会主义事业新局面》的报告。

江泽民在报告中阐述了党领导人民建设中国特色社会主义必须坚持的基本经验。在论述“坚持四项基本原则，发展社会主义民主政治”时指出：“四项基本原则是立国之本。坚持中国共产党的领导，巩固和完善人民民主专政的国体和人民代表大会制度的政体，坚持和完善共产党领导的多党合作和政治协商制度以及民族区域自治制度。推进政治体制改革，发展民主，健全法制，依法治国，建设社会主义法治国家，保证人民行使当家作主的权利。”在论述“坚持团结一切可以团结的力量，不断增强中华民族的凝聚力”时指出：“高举爱国主义、社会主义的旗帜，加强全国各族人民的大团结，巩固和发展最广泛的爱国统一战线。加强同民主党派和无党派人士的团结，做好民族工作、宗教工作和侨务工作，坚持‘一国两制’方针，调动一切积极因素，为完成祖国统一大业和实现中华民族的伟大复兴而共同奋斗。”

江泽民在报告中阐述了“政治建设和政治体制改革”问题。在论述“坚持和完善社会主义民主制度”时指出：“要健全民主制度，丰富民主形式，扩大公民有序的政治参与，保证人民依法实行民主选举、民主决策、民主管理和民主监督，享有广泛的权利和自由，尊重和保障人权。坚持和完善人民代表大会制度，保证人民代表大会及其常委会依法履行职能，保证立法和决策更好地体现人民的意志。坚持和完善共产党领导的多党合作和政治协商制度。坚持‘长期共存、互相监督、肝胆相照、荣辱与共’的方针，加强同民主党派合作共事，更好地发挥我国社会主义政党制度的特点和优势。保证人民政协发挥政治协商、民主监督和参政议政的作用。巩固和发展最广泛的爱国统一战线。”在论述“改革和完善党的领导方式和执政方式”时指出：“按照党总揽全局、协调各方的原则，规范党委与人大、政府、政协以及人民团体的关系，支持人大依法履行国家权力机关的职能，经过法定程序，使党的主张成为国家意志，使党组织推荐的人选成为国家政权机关的领导人员，并对他们进行监督；支持政府履行法定职能，依法行政；支持政协围绕团结和民主两大主题履行职能。加强对工会、共青团和妇联等人民团体的领导，支持他们依照法律和各自章程开展工作，更好地成为党联系广大人民群众的桥梁和纽带。”

2007年10月15日，胡锦涛在中共第十七次全国代表大会上代表第十六届中央委员会作了题为《高举中国特色社会主义伟大旗帜为夺取全面建设小康社会新胜利而奋斗》的报告。报告在论述“坚定不移发展社会主义民主政治”的主要内容时指出：“政治体制改革作为我国全面改革的重要组成部分，必须随着经济社会发展而不断深化，与人民政治参与积极性不断提高相适应。要坚持中国特色社会主义政治发展道路，坚持党的领导、人民当家作主、依法治国有机统一，坚持和完善人民代表大会制度、中国共产党领导的多党合作和政治协商制度、民族区域自治制度以及基层群众自治制度，不断推进社会主义政治制度自我完善和发展。”

胡锦涛在报告中阐述了“深化政治体制改革，必须坚持正确政治方向，以保证人民当家作主为根本，以增强党和国家活力、调动人民积极性为目标，扩大社会主义民主，建设社会主义法治国家，发展社会主义政治文明”。强调“要坚持党总揽全局、协调各方的领导核心作用，提高党科学执政、民主执政、依法执政水平，保证党领导人民有效治理国家；坚持国家一切权力属于人民，从各个层次、各个领域扩大公民有序政治参与，最广泛地动员和组织人民依法管理国家事务和社会事务、管理经济和文化事业；坚持依法治国基本方略，树立社会主义法治理念，实现国家各项工作法治化，保障公民合法权益；坚持社会主义政治制度的特点和优势，推进社会主义民主政治制度化、规范化、程序化，为党和国家长治久安提供政治和法律制度保障。”在阐述“扩大人民民主，保证人民当家作主”时，胡锦涛强调：“人民当家作主是社会主义民主政治的本质和核心。要健全民主制度，丰富民主形式，拓宽民主渠道，依法实行民主选举、民主决策、民主管理、民主监督，保障人民的知情权、参与权、表达权、监督权。支持人民代表大会依法履行职能，善于使党的主张通过法定程序成为国家意志；保障人大代表依法行使职权，密切人大代表同人民的联系，建议逐步实行城乡按相同人口比例选举人大代表；加强人大常委会制度建设，优化组成人员知识结构和年龄结构。支持人民政协围绕团结和民主两大主题履行职能，推进政治协商、民主监督、参政议政制度建设；把政治协商纳入决策程序，完善民主监督机制，提高参政议政实效；加强政协自身建设，发挥协调关系、汇聚力量、建言献策、服务大局的重要作用。坚持各民族一律平等，保证民族自治地方依法行使自治权。推进决策科学化、民主化，完善决策信息和智力支持系统，增强决策透明度和公众参与度，制定与群众利益密切相关的法律法规和公共政策原则上要公开听取意见。加强公民意识教育，树立社会主义民主法治、自由平等、公平正义理念。支持工会、共青团、妇联等人民团体依照法律和各自章程开展工作，参与社会管理和公共服务，维护群众合法权益。”

胡锦涛在论述“始终不渝走和平发展道路”时指出：“我们将继续开展同各国政党和政治组织的交流合作，加强人大、政协、军队、地方、民间团体对外交往，增进中国人民和各国人民的相互了解和友谊。”

2012 年 11 月 8 日，胡锦涛在中共第十八次全国代表大会上代表第十七届中央委员会作了题为《坚定不移沿着中国特色社会主义道路前进为全面建成小康社会而奋斗》的报告。

胡锦涛在报告中阐述了“坚持走中国特色社会主义政治发展道路和推进政治体制改革”，提出：“人民民主是我们党始终高扬的光辉旗帜。改革开放以来，我们总结发展社会主义民主正反两方面经验，强调人民民主是社会主义的生命，坚持国家一切权力属于人民，不断推进政治体制改革，社会主义民主政治建设取得重大进展，成功开辟和坚持了中国特色社会主义政治发展道路，为实现最广泛的人民民主确立了正确方向。”

在论述“政治体制改革是我国全面改革的重要组成部分”时，胡锦涛强调：“必须继续积极稳妥推进政治体制改革，发展更加广泛、更加充分、更加健全的人民民主。必须坚持党的领导、人民当家作主、依法治国有机统一，以保证人民当家作主为根本，以增强党和国家活力、调动人民积极性为目标，扩大社会主义民主，加快建设社会主义法治国家，发展社会主义政治文明。要更加注重改进党的领导方式和执政方式，保证党领导人民有效治理国家；更加注重健全民主制度、丰富民主形式，保证人民依法实行民主选举、民主决策、民主管理、民主监督；更加注重发挥法治在国家治理和社会管理中的重要作用，维护国家法制统一、尊严、权威，保证人民依法享有广泛权利和自由。要把制度建设摆在突出位置，充分发挥我国社会主义政治制度优越性，积极借鉴人类政治文明有益成果，绝不照搬西方政治制度模式。”

胡锦涛在重申“支持和保证人民通过人民代表大会行使国家权力”的同时，强调“健全社会主义协商民主制度”。指出：“社会主义协商民主是我国人民民主的重要形式。要完善协商民主制度和工作机制，推进协商民主广泛、多层、制度化发展。通过国家政权机关、政协组织、党派团体等渠道，就经济社会发展重大问题和涉及群众切身利益的实际问题广泛协商，广纳群言、广集民智，增进共识、增强合力。坚持和完善中国共产党领导的多党合作和政治协商制度，充分发挥人民政协作为协商民主重要渠道作用，围绕团结和民主两大主题，推进政治协商、民主监督、参政议政制度建设，更好协调关系、汇聚力量、建言献策、服务大局。加强同民主党派的政治协商。把政治协商纳入决策程序，坚持协商于决策之前和决策之中，增强民主协商实效性。深入进行专题协商、对口协商、界别协商、提案办理协商。积极开展基层民主协商。”

胡锦涛在谈到“继续促进人类和平与发展的崇高事业”时指出：“我们将开展同各国政党和政治组织的友好往来，加强人大、政协、地方、民间团体的对外交流，夯实国家关系发展社会基础。”

2017年10月18日，习近平在中共第十九次全国代表大会上代表第十八届中央委员会作了题为《决胜全面建成小康社会夺取新时代中国特色社会主义伟大胜利》的报告。习近平在论述新时代中国特色社会主义思想和基本方略时指出，“坚持党的领导、人民当家作主、依法治国有机统一是社会主义政治发展的必然要求。必须坚持中国特色社会主义政治发展道路，坚持和完善人民代表大会制度、中国共产党领导的多党合作和政治协商制度、民族区域自治制度、基层群众自治制度，巩固和发展最广泛的爱国统一战线，发展社会主义协商民主，健全民主制度，丰富民主形式，拓宽民主渠道，保证人民当家作主落实到国家政治生活和社会生活之中。”

习近平在谈到“健全人民当家作主制度体系，发展社会主义民主政治”时强调：“我国是工人阶级领导的、以工农联盟为基础的人民民主专政的社会主义国家，国家一切权力属于人民。我国社会主义民主是维护人民根本利益的最广泛、最真实、最管用的民主。发展社会主义民主政治就是要体现人民意志、保障人民权益、激发人民创造活力，用制度体系保证人民当家作主。

中国特色社会主义政治发展道路，是近代以来中国人民长期奋斗历史逻辑、理论逻辑、实践逻辑的必然结果，是坚持党的本质属性、践行党的根本宗旨的必然要求。世界上没有完全相同的政治制度模式，政治制度不能脱离特定社会政治条件和历史文化传统来抽象评判，不能定于一尊，不能生搬硬套外国政治制度模式。要长期坚持、不断发展我国社会主义民主政治，积极稳妥推进政治体制改革，推进社会主义民主政治制度化、规范化、法治化、程序化，保证人民依法通过各种途径和形式管理国家事务，管理经济文化事业，管理社会事务，巩固和发展生动活泼、安定团结的政治局面。”

在谈到“坚持党的领导、人民当家作主、依法治国有机统一”时指出：“党的领导是人民当家作主和依法治国的根本保证，人民当家作主是社会主义民主政治的本质特征，依法治国是党领导人民治理国家的基本方式，三者统一于我国社会主义民主政治伟大实践。在我国政治生活中，党是居于领导地位的，加强党的集中统一领导，支持人大、政府、政协和法院、检察院依法依章程履行职能、开展工作、发挥作用，这两个方面是统一的。要改进党的领导方式和执政方式，保证党领导人民有效治理国家；扩大人民有序政治参与，保证人民依法实行民主选举、民主协商、民主决策、民主管理、民主监督；维护国家法制统一、尊严、权威，加强人权法治保障，保证人民依法享有广泛权利和自由。巩固基层政权，完善基层民主制度，保障人民知情权、参与权、表达权、监督权。健全依法决策机制，构建决策科学、执行坚决、监督有力的权力运行机制。各级领导干部要增强民主意识，发扬民主作风，接受人民监督，当好人民公仆。”

在论述“发挥社会主义协商民主重要作用”时强调：“有事好商量，众人的事情由众人商量，是人民民主的真谛。协商民主是实现党的领导的重要方式，是我国社会主义民主政治的特有形式和独特优势。要推动协商民主广泛、多层、制度化发展，统筹推进政党协商、人大协商、政府协商、政协协商、人民团体协商、基层协商以及社会组织协商。加强协商民主制度建设，形成完整的制度程序和参与实践，保证人民在日常政治生活中有广泛持续深入参与的权利。

人民政协是具有中国特色的制度安排，是社会主义协商民主的重要渠道和专门协商机构。人民政协工作要聚焦党和国家中心任务，围绕团结和民主两大主题，把协商民主贯穿政治协商、民主监督、参政议政全过程，完善协商议政内容和形式，着力增进共识、促进团结。加强人民政协民主监督，重点监督党和国家重大方针政策和重要决策部署的贯彻落实。增强人民政协界别的代表性，加强委员队伍建设。”

37. 政协章程是怎样制定和修订的？

1954 年，第一届全国人民代表大会第一次会议召开，代行全国人民代表大会职权的代表制的政协全体会议不复存在，保留下来的委员会制的全国政协是由各民主党派、各人民团体为基础组成的人民民主统一战线的组织，为了避免同国家权力机关所通过的具有强制性的法律效力的“法”相混淆，1954 年全国政协二届一次会议决定废止政协组织法，如同党派和人民团体的组织规章一样，另行起草中国人民政治协商会议章程。首部章程设总纲和组织总则、全国委员会、地方委员会三章。1978 年全国政协五届一次会议对章程做过修订，增加了第二章工作总则。由于这部章程沿袭了“文化大革命”的错误理论和提法，1982 年 12 月全国政协五届五次会议再次对政协章程进行修订。这次会议通过的政协章程，由总纲和工作总则、组织总则、全国委员会、地方委员会、附则共五章组成。为了尊重 1982 年章程作为现行政协章程的地位，1994 年、2000 年、2004 年、2018 年作过四次部分条款的修订。其中 2018 年全国政协第十三届一次会议修订的章程，由总纲和工作总则、组织总则、委员、全国委员会、地方委员会、会徽共六章组成，共计 63 条。

38.《中共中央关于全面深化改革若干重大问题的决定》就推进协商民主广泛多层制度化发展提出了哪些新观点、新论断、新要求?

2013 年 11 月 12 日中共十八届三中全会通过的《中共中央关于全面深化改革若干重大问题的决定》，就推进协商民主广泛多层制度化发展做出新部署。

《决定》强调协商民主是我国社会主义民主政治的特有形式和独特优势，是党的群众路线在政治领域的重要体现。在党的领导下，以经济社会发展重大问题和涉及群众切身利益的实际问题为内容，在全社会开展广泛协商，坚持协商于决策之前和决策实施之中。

《决定》要求构建程序合理、环节完整的协商民主体系，拓宽国家政权机关、政协组织、党派团体、基层组织、社会组织的协商渠道。深入开展立法协商、行政协商、民主协商、参政协商、社会协商。加强中国特色新型智库建设，建立健全决策咨询制度。

《决定》强调发挥统一战线在协商民主中的重要作用。完善中国共产党同各民主党派的政治协商，认真听取各民主党派和无党派人士意见。中共中央根据年度工作重点提出规划，采取协商会、谈心会、座谈会等进行协商。完善民主党派中央直接向中共中央提出建议制度。贯彻党的民族政策，保障少数民族合法权益，巩固和发展平等团结互助和谐的社会主义民族关系。

《决定》强调发挥人民政协作为协商民主重要渠道作用。重点推进政治协商、民主监督、参政议政制度化、规范化、程序化。各级党委和政府、政协制定并组织实施协商年度工作计划，就一些重要决策听取政协意见。完善人民政协制度体系，规范协商内容、协商程序。拓展协商民主形式，更加活跃有序地组织专题协商、对口协商、界别协商、提案办理协商，增加协商密度，提高协商成效。在政协健全委员联络机构，完善委员联络制度。

39.《中共中央关于坚持和完善中国共产党领导的多党合作和政治协商制度的意见》中对人民政协提出了哪些要求？

1989年12月中共中央发布了《关于坚持和完善中国共产党领导的多党合作和政治协商制度的意见》。《意见》明确指出："中国共产党领导的多党合作和政治协商制度是我国的一项基本政治制度。"这个重要文件的基本精神、基本原则和基本内容，对于人民政协的工作具有重要的指导意义。

《意见》对"进一步发挥民主党派在人民政协中的作用"作了规定，主要内容包括：

（1）人民政协是我国爱国统一战线组织，也是共产党领导的多党合作和政治协商的一种重要组织形式。人民政协应当成为各党派、各人民团体、各界代表人物团结合作、参政议政的重要场所。人民政协要对国家大政方针、地方重要事务、政策法令的贯彻、群众生活和统一战线中的重大问题，加强政治协商和民主监督。政协全国委员会制定的《关于政治协商、民主监督的暂行规定》，应当认真贯彻执行。

（2）在政协的各种会议上，要切实保障政协委员提出批评的自由和发表不同意见的自由。

在政协会议上，民主党派可以本党派名义发言、提出提案。

（3）要保证民主党派和无党派人士在政协常委和政协领导成员中占有

一定比例。政协各专门委员会要有民主党派和无党派人士参加，政协机关中应有一定数量的民主党派和无党派人士担任专职领导干部，并真正做到有职、有权、有责。政协机关要更好地为民主党派开展活动创造条件。注意安排民主党派和无党派人士参加有关的出国访问和国际活动。

（4）尊重民主党派和无党派政协委员的视察、举报及参与调查和检查活动的权利。对他们的提案和举报，有关部门应认真研究处理，及时答复。

（5）中共和政府有关部门应同政协及其有关专门委员会建立联系，发挥它们在决策咨询中的作用。

（6）政协要根据政协章程的规定，组织和推动政协委员在自愿的基础上学习马克思列宁主义、毛泽东思想，学习中国共产党和国家的方针政策，学习时事政治，以利于统一认识，增进共同政治基础上的团结合作。

40.《政协全国委员会关于政治协商、民主监督、参政议政的规定》的主要内容是什么?

1995 年 1 月政协第八届全国委员会常委会第九次会议通过的关于政治协商、民主监督、参政议政的《规定》，是依据政协章程制定的、对政协履行主要职能加以规范的重要文件。中共中央对这个文件十分重视，正式发出通知，要求各地区、各部门结合实际认真贯彻执行。

《规定》全文共 15 条，主要内容有：

（1）政协的主要职能是政治协商、民主监督和参政议政，政协履行三项主要职能的目的是发扬社会主义民主，反映社会各方面的意见和要求，为参加政协的民主党派、无党派爱国人士、人民团体和各族各界人士发挥作用开辟畅通的渠道，为社会主义建设事业和实现祖国统一大业服务。

（2）政治协商的主要内容是国家和地方的大政方针及政治、经济、文化和社会生活中的重要问题，政治协商在决策之前进行和在决策执行的过程中进行；政治协商的主要形式是政协全体会议、常委会议、主席会议、专委会议、常委专题座谈会和根据需要召开的协商座谈会等。

（3）规定民主监督的主要内容是国家宪法、法律、法规、重大方针政策的贯彻实施和国家机关及其工作人员的工作情况；民主监督的性质是提出建议和批评；民主监督的主要形式是政协组织向中共中央或国务院提出建议案、建议或有关报告，委员视察、提案、举报或提出批评和建议，参加党政部门组织的调查和检查活动。

（4）规定参政议政是政治协商、民主监督的拓展和延伸。它的形式与内容除政治协商、民主监督所规定的以外，还包括选择群众关心、党政重视、政协可做的课题，组织调查研究，提出建设性的意见，以及通过多种方式广开言路才路，充分发挥委员作用，积极献计献策等。

（5）规定了政治协商的主要程序：政协主席会议可根据党政机关、有关部门和参加政协的党派团体的提议安排协商活动并决定协商的形式和参加范围，也可建议他们把问题提交政协协商；进行协商时政协可视情况邀请党政机关及有关部门负责人参加，并请有关负责人就协商的问题作出说明；协商的议题和会期确定后应提前一周将会议通知和有关文件送达与会人员。

（6）规定应保护委员的民主权利，在政协会议上各种意见都可充分发表。

（7）规定了专委会的主要工作内容，规定了专委会重要建议和委员重要提案转化为政协建议案的程序，以及政协建议、意见和批评的办理方式等。

（8）为切实履行好主要职能，对政协组织和政协委员提出了要求。

41.《中共中央关于进一步加强中国共产党领导的多党合作和政治协商制度建设的意见》对发挥人民政协作用提出了哪些要求？

2005年2月颁布的《中共中央关于进一步加强中国共产党领导的多党合作和政治协商制度建设的意见》明确指出：“中国共产党领导的多党合作和政治协商制度是我国的一项基本政治制度，是具有中国特色的社会主义政党制度。1949年人民政协的成立，标志着这项制度的确立。”《意见》强调：“人民政协是中国人民爱国统一战线的组织，是中国共产党领导的多党合作和政治协商的重要机构，是我国政治生活中发扬社会主义民主的重要形式。人民政协要围绕团结和民主两大主题，认真履行政治协商、民主监督、参政议政的职能。要围绕中心、服务大局，突出特点、发挥优势，努力促进参加政协的各党派、无党派人士开展协商，团结合作。要广泛联系社会各界人士，畅通反映社情民意的渠道，广开言路、广求良策、广谋善举，为巩固和发展民主团结、生动活泼、安定和谐的政治局面发挥积极作用。”

《意见》在对完善中国共产党同各民主党派的政治协商作出部署的同时，指出：“要完善人民政协的政治协商。中国共产党在人民政协同各民主党派和各界代表人士的协商，主要采取政协全体会议、常务委员会会议、主席会议、常务委员专题座谈会、各专门委员会会议等形式。要按照《中国人民政治协商会议章程》的要求，推进人民政协政治协商的制度化、规范化和程序化。”

《意见》在明确充分发挥民主党派成员和无党派人士在国家政权中的参政作用的同时，强调：“充分发挥民主党派和无党派人士在人民政协中的作用。要保证民主党派可以以本党派的名义在政协大会上发表意见和主张，可以提出代表本党派组织的提案，可以自主开展调查研究等活动。要保证民主党派成员和无党派人士等在各级政协中占有较大比例。其中，在换届时，政协委员不少于60%，政协常委不少于65%，政协副主席不少于50%（此项要求不包括民族自治地方）。民主党派成员和无党派人士在政协各专门委员会负责人中应有适当数量，在委员中应占有适当比例。政协机关中要有一定数量的民主党派成员和无党派人士担任专职领导职务。其中在全国政协至少有1位专职副秘书长。”

《意见》指出：“民主党派民主监督的形式主要是：在政治协商中提出意见；在深入调查研究的基础上，向党委及其职能部门提出书面意见；人大及其常委会和各专门委员会在组织有关问题的调查研究时，可邀请民主党派成员和无党派人士参加；通过在政协大会发言和提出提案、在视察调研中提出意见或其他形式提出批评和建议；参加有关方面组织的重大问题调查和专项考察等活动；应邀担任司法机关和政府部门的特约人员等。”

《意见》提出：要“拓宽党外干部的选配领域。除做好人大、政府、政协及司法机关党外干部的选配工作外，高等院校领导班子中一般应有民主党派成员和无党派人士担任领导职务；注意在人民团体、科研院所和国有企业领导班子中配备民主党派成员和无党派人士担任领导职务。”

《意见》强调："加强和改善中国共产党对多党合作和政治协商的领导。坚持中国共产党的领导是多党合作的首要前提和根本保证。各级党委要从提高党的执政能力、发展社会主义民主、构建社会主义和谐社会、推进改革开放和现代化建设胜利发展的战略高度，进一步提高认识，加强和改善对多党合作和政治协商的领导，充分发挥民主党派在国家政治生活中的作用。要加强对同级政协的领导，及时研究并统筹解决人民政协工作中的重大问题，支持人民政协依照章程开展工作。充分发挥政协党组的领导核心作用和党员干部的先锋模范作用，贯彻党的理论和路线方针政策，贯彻党委的重大决策和工作部署。"

42.《中共中央关于加强人民政协工作的意见》颁布的重大意义是什么？

中国共产党历来高度重视和关心人民政协事业的发展。《意见》是以胡锦涛同志为总书记的中共中央从党和国家事业发展的全局出发，加强人民政协工作的一项重要部署。《意见》坚持以邓小平理论和"三个代表"重要思想为指导，贯彻中共十六大和十六届四中全会精神，概括了中国共产党三代中央领导集体关于人民政协事业的重要论述和以胡锦涛同志为总书记的中共中央对人民政协工作的新思想、新要求，肯定了人民政协成立以来在我国政治、经济和社会生活中作出的重大贡献，阐明了人民政协的性质、地位和作用，规定了新世纪新阶段人民政协肩负的历史任务和工作原则，规范了人民政协履行职能的程序和机制，明确了搞好人民政协自身建设的任务，提出了加强和改善党对人民政协领导的要求，是指导新世纪新阶段人民政协事业发展的纲领性文件。学习贯彻《意见》，对于加强和改善中国共产党对人民政协的领导、提高党的执政能力，对于坚持中国共产党领导的多党合作和政治协商制度、发展社会主义民主政治，对于最广泛最充分地调动一切积极因素、构建社会主义和谐社会，对于全面建设小康社会、加快推进社会主义现代化，对于巩固和发展最广泛的爱国统一战线、促进祖国统一和中华民族伟大复兴，都具有十分重要的意义。

《意见》内涵丰富、思想深刻，有许多新提法和新精神。比如：《意见》第一次鲜明地提出了人民政协事业是中国特色社会主义事业的重要组成部分，强调在全面建设小康社会、加快推进社会主义现代化的新的发展阶段，要从提高党的执政能力、发展社会主义民主政治、构建社会主义和谐社会、推进中国特色社会主义伟大事业的战略高度，大力加强人民政协工作，充分发挥人民政协的作用。比如：《意见》第一次明确提出了人民政协是中国共产党把马克思列宁主义统一战线理论、政党理论和民主政治理论同中国具体实践相结合的伟大创造，指明了人民政协产生、存在和发展的理论依据。比如：《意见》第一次明确提出了人民通过选举、投票行使权利和人民内部各方面在重大决策之前进行充分协商是我国社会主义民主的两种重要形式。强调发展社会主义民主政治、建设社会主义政治文明，要善于运用人民政协这一政治组织和民主形式。比如：《意见》第一次明确提出了人民政协与构建社会主义和谐社会的内在的本质的联系，提出人民政协的基本属性、主要职能、组织构成、工作原则和活动方式，与构建社会主义和谐社会的要求是完全一致的，同构建社会主义和谐社会的各项工作是紧密相连的，强调构建社会主义和谐社会，必须充分发挥人民政协的作用。还比如：《意见》明确提出了人民政协工作必须坚持的七条原则，明确规范了政治协商、民主监督、参政议政的内容、形式和程序，明确了人民政协自身建设的内涵和要求，明确提出了加强和改善党对人民政协领导的基本内容和要求等。《意见》还有不少新内容、新精神，需要深刻理解和全面把握。

43.《中共中央关于巩固和壮大新世纪新阶段统一战线的意见》对人民政协提出了哪些要求？

2006 年 7 月，中共中央发布了《关于巩固和壮大新世纪新阶段统一战线的意见》。《意见》对发挥人民政协在社会主义民主政治建设中的作用做出了明确规定，主要内容包括：

（1）人民政协要围绕团结和民主两大主题，认真履行政治协商、民主监督、参政议政的职能，充分运用这一政治组织和民主形式为实现党的总目标总任务服务。

（2）充分发挥港澳地区各级政协委员在促进港澳长期繁荣稳定中的

作用。

（3）适当增加新的社会阶层代表人士在各级政协委员中的数量。

（4）各级政协委员中的党外人士是党外代表人士队伍建设的一个重点。

（5）认真贯彻执行中央关于党外人士在各级政协中占有比例和数量的规定。

（6）把多党合作、人民政协、“一国两制”等知识列入国民教育内容。

44.《中共中央关于加强社会主义协商民主建设的意见》是如何进一步完善政协协商的?

《中共中央关于加强社会主义协商民主建设的意见》明确了社会主义协商民主的本质属性和基本内涵，阐述了加强社会主义协商民主建设的重要意义、指导思想、基本原则和渠道程序，对新形势下开展政党协商、人大协商、政府协商、政协协商、人民团体协商、基层协商、社会组织协商等作出全面部署，是指导社会主义协商民主建设的纲领性文件。

文件对进一步完善政协协商做出明确部署，强调充分发挥人民政协作为协商民主重要渠道和专门协商机构的作用，坚持团结和民主两大主题，推进政治协商、民主监督、参政议政制度建设，不断提高人民政协协商民主制度化、规范化、程序化水平。

明确政协协商的主要内容。主要包括国家和地方的大政方针以及政治、经济、文化和社会生活中的重要问题，各党派参加人民政协工作的共同性事务，政协内部的重要事务，以及有关爱国统一战线的其他重要问题等。

完善政协会议及其他协商形式。改进政协通过会议进行协商的形式，适当增加专题议政性常委会议和专题协商会次数，完善协商座谈会制度。更加灵活、更为经常地开展专题协商、对口协商、界别协商、提案办理协商，探索网络议政、远程协商等新形式。增加集体提案比重，提高提案质量，建立交办、办理、督办提案协商机制。通过协商会议、建议案、视察、提案、反映社情民意信息等形式提出意见和建议，积极履行民主监督职能。

加强政协协商与党委和政府工作的有效衔接。规范协商议题提出机制，认真落实由党委、人大、政府、民主党派、人民团体等提出议题的规定，探索由界别和委员联名提出议题。规范年度协商计划的制定，由党委常委会会议专题讨论并列入党委年度工作要点。健全知情明政制度，相关部门定期通报有关情况，为政协委员履职提供便利、创造条件。规范党委和政府领导及部门负责人参加政协协商活动。完善协商成果采纳、落实和反馈机制。

加强人民政协制度建设。政协全国委员会研究制定规范政治协商、民主监督、参政议政的具体意见。深入开展调查研究，在条件成熟时对政协界别适当进行调整。完善委员推荐提名工作机制，优化委员构成。研究制定政协委员管理的指导性意见。在政协建立健全委员联络机构，完善委员联络制度。

45. 中共中央办公厅印发的《关于加强人民政协协商民主建设的实施意见》的主要特点和新规定？

2015年6月15日中共中央办公厅印发了《关于加强人民政协协商民主建设的实施意见》（以下简称《实施意见》）。《实施意见》深入贯彻中央关于加强社会主义协商民主建设的重要部署，主要精神和内容与《意见》保持一致，同时紧密结合政协实际，对政协协商民主作了进一步明确和规范。一是认真学习把握中央有关文件和领导同志重要讲话精神，在文件中对人民政协协商民主的基本内涵、发展历程、重要原则等作了一些新的概括，对政协协商的内容和形式等作了新的规范。二是将重点放在加强政协协商的具体化、程序化上。比如，在完善政协全体会议、专题议政性常委会议、专题协商会、双周协商座谈会等协商形式中，对参会人员、协商内容和程序等作了进一步细化，增强文件可操作性。同时，对政协协商与党委政府工作的衔接、协商能力和制度建设等，都提出了具体落实举措。三是注意总结各级政协协商民主的成熟经验，努力上升为制度规范，同时鼓励各级政协根据中央精神进行新的实践探索。

在协商内容方面，《实施意见》明确政协协商的主要内容是：国家大政方针和地方的重要举措以及政治、经济、文化和社会生活中的重要问题，各党派参加人民政协工作的共同性事务，政协内部的重要事务，以及有关爱国统一战线的其他重要问题等。对党委会同政府、政协制定年度协商计划等作出规定，并鼓励各级政协根据形势发展，结合实际丰富协商内容。在协商形式方面，对政协全体会议、专题议政性常委会会议、专题协商会等重要协商形式进行了细化，首次在文件中对双周协商座谈会的议题选择、会议组织、会前调研、成果运用等环节作出明确规定，对对口协商、界别协商、提案办理协商等形式也进行了规范。在协商制度建设方面，要求适时制定民主监督的专项规定，建立健全参政议政各项工作制度，推进履行职能的制度化、规范化、程序化。研究制定规范委员履职工作的指导性意见，完善委员联络制度。《实施意见》还对建立健全政协专门委员会与有关部门的对口联系工作机制、政协办公厅(室)和专门委员会服务界别协商的工作机制和保障机制、提案办理协商制度等提出了要求。

《实施意见》在加强政协协商与党委和政府工作的有效衔接方面提出了一些新举措。在规范协商议题提出机制方面，规定建立党委同政府、政协重点协商议题会商机制，议题既可由党委和政府交办，也可由党委召开的秘书长联席会议研究提出，还可由政协与党委和政府及有关部门沟通协商提出，并对建立政协内部选题机制提出明确要求。在健全知情明政制度方面，明确党委、政府及有关部门的重要会议，可视情邀请政协领导同志或有关方面负责同志参加。政协全体会议召开前，根据需要可组织情况通报会，请有关部门通报年度工作情况。协商活动举办前，有关部门应提供需要协商的相关材料。组织委员视察调研，可邀请有关部门同志介绍情况、交换意见。在完善协商成果采纳、落实和反馈机制方面，规定党委会同政府、政协制定协商成果采纳、落实和反馈办法。协商后形成的视察报告、调研报告、政协信息、大会发言专报、重要提案摘报等成果，党政领导同志作出批示的，应及时告知政协办公厅（室）；对领导同志要求有关部门落实的，应将落实情况抄送政协办公厅（室）。

《实施意见》的颁发是人民政协制度建设的一件大事，认真贯彻落实好《实施意见》是人民政协当前的一项重要任务。政协党组肩负着实现党对人民政协领导的重大政治责任，要发挥领导核心作用，坚定不移贯彻执行党关于人民政协的方针政策，把党的有关重大决策和工作部署贯彻到政协全部工作中去。人民政协的各级组织和各参加单位要高度重视，认真落实坚持党的领导，坚持宪法和政协章程确定的人民政协性质定位，坚持协商于决策之前和决策之中，坚持民主协商、平等议事、求同存异、体谅包容的重要原则，采取有力措施，抓好学习宣传，在把握精神实质、提高思想认识上下功夫，在指导履职实践、推动工作创新上下功夫，不断把贯彻落实工作推向深入。

46. 中共中央办公厅颁发的《加强和改进人民政协民主监督工作的意见》主要内容是什么？

我们党历来高度重视人民政协民主监督。党的十八大以来，以习近平同志为核心的党中央，着眼完善和发展中国特色社会主义制度、推进国家治理体系和治理能力现代化，从建设社会主义政治文明的高度，对人民政协事业发展作出新的重大部署，对加强和改进人民政协民主监督工作提出新的要求。党的十八届三中全会《决定》、《中共中央关于加强社会主义协商民主建设的意见》及《关于加强人民政协协商民主建设的实施意见》，都强调要推进人民政协民主监督制度化、规范化、程序化。习近平总书记多次指出，要强化政协民主监督，完善制度规范，适时制定改进办法，增强监督实效。党的十八届六中全会审议修订的《中国共产党党内监督条例》进一步要求，各级党委支持和保证人民政协依章程进行民主监督。在党的领导下，各级政协积极探索创新，认真履行职能，民主监督工作取得新的进展。总结近年来的实践经验，制定人民政协民主监督专项规定，是贯彻落实党中央部署和习近平总书记重要指示精神，更好发挥人民政协民主监督独特优势的重要举措。按照党中央要求，全国政协在广泛征求各方面意见的基础上，组织起草了《意见（代拟稿）》，经全国政协党组会议审议后上报党中央，经党中央同意，中共中央办公厅印发了《意见》。这是党中央颁发的第一个关于加强和改进人民政协民主监督工作的专门文件，各地区各部门要结合实际认真贯彻落实。

人民政协民主监督是在坚持中国共产党的领导、坚持中国特色社会主义基础上，参加人民政协的各党派团体和各族各界人士在政协组织的各种活动中，依据政协章程，以提出意见、批评、建议的方式进行的协商式监督。民主监督与政治协商、参政议政职能相互关联，又有所区别。民主监督的重点是党和国家重大方针政策和重要决策部署的贯彻落实情况，监督目的是协助党和政府解决问题、改进工作、增进团结、凝心聚力。

在人民政协开展民主监督工作，源自中国共产党与各民主党派、无党派人士团结合作、互相监督的理论和实践，是我国社会主义民主政治的独特创造和一项重要制度安排，在国家政治生活中发挥着不可替代的重要作用，并随着社会主义建设和改革开放事业不断发展而发展。当前，我们党正在团结带领全国各族人民为实现“两个一百年”奋斗目标、实现中华民族伟大复兴的中国梦而努力奋斗。面对新形势新任务，进一步发挥人民政协民主监督的独特优势和重要作用，对于推进党和政府科学决策、民主决策、依法决策，推动党和国家大政方针、重大改革举措和重要决策部署贯彻落实，促进国家机关及其工作人员转变作风、改进工作、反腐倡廉，推动解决人民群众关心的实际问题，加强中国共产党同各民主党派、各人民团体、各族各界人士的团结合作，具有重要意义。

《意见》强调，加强和改进人民政协民主监督工作，必须高举中国特色社会主义伟大旗帜，全面贯彻党的十八大和十八届三中、四中、五中、六中全会精神，以马克思列宁主义、毛泽东思想、邓小平理论、“三个代表”重要思想、科学发展观为指导，深入学习贯彻习近平总书记系列重要讲话精神和治国理政新理念新思想新战略，围绕统筹推进“五位一体”总体布局和协调推进“四个全面”战略布局，坚持和完善中国共产党领导的多党合作和政治协商制度，牢牢把握人民政协性质定位，坚持团结和民主两大主题，明确监督内容，完善监督形式，规范监督程序，健全监督机制，提高监督实效，为党和国家事业发展作出积极贡献。

《意见》提出加强和改进人民政协民主监督工作的基本原则：坚持中国共产党的领导，坚定正确的政治方向，围绕中心、服务大局，依照宪法法律和政协章程有序开展；坚持问题导向，深入调查研究，实事求是反映情况，认真负责开展批评，务实提出建议，确保监督聚焦关键内容和环节；坚持平等协商，坦诚相见，畅所欲言，尊重不同意见表达，把协商民主贯穿于监督全过程；坚持增进团结，融协商、监督、参与、合作于一体，广泛凝聚共识、凝聚智慧、凝聚力量。

《意见》规定了人民政协民主监督的主要内容有八个方面：一是国家宪法法律和法规实施情况；二是党和国家大政方针、重大改革举措、重要决策部署贯彻执行情况；三是国民经济和社会发展规划、年度计划落实情况，财政预算执行情况；四是涉及人民群众切身利益的实际问题解决落实情况；五是国家机关及其工作人员遵纪守法、加强作风建设、密切联系群众、开展反腐倡廉等情况；六是政协提案、建议案和其他重要意见建议办理情况；七是参加政协的单位和个人贯彻统一战线方针政策、遵守政协章程、执行政协决议情况；八是党委交办的其他监督事项。

《意见》明确人民政协民主监督的主要形式：一是会议监督。政协有关会议应增加民主监督内容，加大民主监督力度。政协大会发言应增加监督性内容比重，全体会议视情安排界别小组（联组）专题讨论监督性议题。二是视察监督。对于涉及改革发展稳定重大问题的监督性议题，政协应组织委员视察团，着重发现工作中的问题和不足。三是提案监督。政协重点提案中应有民主监督性提案。四是专项监督。政协要围绕法律法规实施和党委、政府重要工作落实确立专项监督议题，开展监督性专题调研，必要时应持续跟踪监督。五是其他形式监督。政协可应有关部门邀请，推荐特约监督员或组织民主监督小组。重视发挥政协社情民意信息、委员来信来访、委员举报和民主评议等在民主监督中的作用。各级政协要结合实际积极探索创新民主监督方式方法。加强人民政协民主监督同党内监督、人大监督、行政监督、司法监督、社会监督、舆论监督等监督形式的协调配合。

《意见》注重突出人民政协民主监督工作的程序化和可操作性。一是确定监督议题。重点监督议题纳入政协年度协商计划，征求政府意见后，报党委讨论确定。二是组织监督活动。重点监督议题应安排政协主席会议成员牵头负责。三是报送监督意见。重点监督意见根据需要由政协主席会议研究审议后报送。四是办理监督意见。对于政协会议监督意见等报告，党委和政府应专题研究，或交相关部门办理；党政督查部门要加强对办理情况的督查。

《意见》明确要求健全人民政协民主监督工作机制。一是知情明政机制。政协应组织相关委员认真学习党和国家重大决策部署，有关方面应认真做好情况通报，重点通报工作中存在的问题、主要困难和薄弱环节。二是协调落实机制。由党委办公厅（室）、政府办公厅（室）、政协办公厅（室）会商，统筹协调政协民主监督议题、工作安排等重要问题。政协办公厅（室）应及时将重点监督活动具体安排提前告知有关方面，加强协调配合，认真组织实施，积极跟进落实。三是办理反馈机制。办理单位应及时以书面、会议通报等形式反馈政协民主监督意见办理、采纳和落实情况。政协主席会议或常务委员会会议根据需要，听取重点监督意见办理情况通报。政协应将办理回复情况通报参加监督的有关单位和政协委员。四是权益保障机制。尊重和保障政协委员在参加民主监督工作中的知情权、参与权、表达权、监督权。

《意见》明确了加强党对人民政协民主监督工作领导的要求。人民政协依章程进行民主监督，关键是坚持党的领导，这是政治原则，也是政治规矩。《意见》强调要加强党对人民政协民主监督工作的领导。一是要强化党委统一领导。各级党委要把加强和改进人民政协民主监督工作纳入党委工作总体部署，完善民主监督的组织领导机制。政协党组向党委汇报工作时，应把开展民主监督情况作为重要内容。各级党委和政府负责同志要自觉接受、积极支持和保证人民政协依章程进行民主监督，认真倾听批评和建议，并督促有关方面办理监督意见。二是要发挥政协党组领导核心作用。政协党组负责领导重点监督议题的组织实施，坚持正确方向和原则，把握好监督节奏和力度，研究监督工作中的重要事项，及时向党委报告监督工作进展情况和遇到的重大问题，做到开展监督有计划、有题目、有载体、有成效。三是要营造人民政协民主监督良好环境。提倡热烈而不对立的讨论、真诚而不敷衍的交流、尖锐而不极端的批评，营造畅所欲言、各抒己见、理性有度、合法依章的民主氛围。加强人民政协民主监督理论研究。在社会主义协商民主教育培训工作中把人民政协民主监督列为重要内容。把对人民政协民主监督的宣传列入各级党委宣传部门工作计划，宣传党中央关于人民政协民主监督的新部署新要求，宣传各地政协开展民主监督的经验、做法和成效，加大对重点监督活动宣传报道力度，营造良好舆论环境。

三、中央主要领导同志和历届全国政协主席论政协

47. 毛泽东是如何论述人民政协的五大任务的?

1954 年一届全国人大召开后，毛泽东同参加政协二届一次会议的部分党内外人士座谈时，专门谈了人民政协的五大任务。周恩来在政协二届一次会议上所作的政治报告中，又就这五大任务作了进一步的阐述。

毛泽东提出的五大任务是：

一是协商国际问题，如对外发表宣言，反对侵略，保卫和平等。

二是协商候选名单。周恩来解释为协商全国人大代表或地方同级人大代表的候选名单，同时要对政协本身的名单进行协商。

三是提意见。周恩来解释为协助国家机关，推动社会力量，解决社会生活中的相互关系问题，比如阶级关系中的问题；并联系群众，向国家有关机关反映群众意见和提出建议。

四是调整关系。周恩来解释为协商和处理政协内部和党派团体之间的合作问题，就是代表阶级的党派、团体相互之间内部合作的问题。

五是学习马列主义。学习是自愿的，马列主义也要自愿学习，而不应强迫。强迫、压迫乃是对敌对阶级的手段。周恩来解释为学习马列主义和努力思想改造。学习不等于信仰，学习马列主义与宗教信仰自由并存，不然，在政协的学习成员中就有宗教界，有的少数民族也有宗教信仰，是不是就发生矛盾了呢？这并不矛盾，学习不等于信仰，同时又是自愿的思想改造。这项任务主要在知识分子中进行。

周恩来还指出，毛主席所归纳的这五项任务，是政协工作的主要任务，并不是除此之外就没有其他任务了。我们执行这五大任务，将更使政协有事可做，而不是无事可做。政协将继续发挥它的作用，负起它的光荣使命。

48. 毛泽东是如何提出长期共存、互相监督方针的？

1956 年，我国社会主义改造基本完成，各民主党派的社会基础也发生了根本变化。毛泽东在《论十大关系》一文中指出：究竟是一个党好，还是几个党好？现在看来，恐怕是几个党好。不但过去如此，而且将来也可以如此，就是长期共存，互相监督。

1957 年 2 月 27 日，毛泽东在《关于正确处理人民内部矛盾的问题》的讲话中进一步指出，“长期共存、互相监督”这个口号，也是我国具体的历史条件的产物。这个口号并不是突然提出来的，它已经经过了好几年的酝酿，长期共存的思想已经存在很久了。到去年，社会主义制度已基本建立，这些口号就明确地提出来了。为什么要让资产阶级和小资产阶级的民主党派同工人阶级政党长期共存呢？这是因为凡属一切确实致力于团结人民从事社会主义事业的、得到人民信任的党派，我们没有理由不对它们采取长期共存的方针。所谓互相监督，当然不是单方面的，共产党可以监督民主党派，民主党派也可以监督共产党。为什么要让民主党派监督共产党呢？这是因为一个党同一个人一样，耳边很需要听到不同的声音。大家知道，主要监督共产党的是劳动人民和党员群众。但是有了民主党派，对我们更为有益。

49. 周恩来对政协的性质和作用是如何论述的？

1949 年 9 月 7 日，周恩来在《关于人民政协的几个问题》中指出，中国人民政治协商会议是一个包含了工人阶级、农民阶级、城市小资产阶级、民族资产阶级和一切爱国民主人士的统一战线组织。既然是这样一个组织，就不应该开一次会议就结束，而应该长期存在。中国人民政治协商会议是个长期性的组织。全国人民代表大会召开后，中国人民政治协商会议不再代行全国人民代表大会的职权，但是它仍将以统一战线的组织形式而存在，国家大政方针，仍要经过人民政协进行协商。

1949 年 9 月 22 日，他在《人民政协共同纲领草案的特点》中指出，就是在普选的全国人民代表大会召开以后，政协会议还将对中央政府的工作起协商、参谋和推动作用。

1954 年 12 月 21 日，他在政协第二届全国委员会第一次会议上指出，曾经有两种错误想法：一种想法是，以为人大已经召开了，宪法已经公布了，人民政协就没有存在的必要了；另一种想法是，仍然把政协看作是政权机关。这两种想法出于同一来源，就是不懂得政协本身是统一战线的组织，也就是党派性的联合组织。

50. 周恩来是如何论述统一战线中的团结的？

1949年6月16日，周恩来在新政治协商会议筹备会第一次全体会议上的讲话中指出：到了开全体会议的时候，还应该允许有不同的意见提出来，这使我们的会场在讨论中更和谐，更知道各方面的意见。这个和谐一致不是大家都说一种相同的话，而是大家说出不同的话，然后取得一致。这是最有力的一致，是最有力的团结。

1949年9月7日，他在中国人民政治协商会议第一届全体会议召开前向政协代表作的报告中指出，政协作为统一战线组织，它的任务是团结工人阶级、农民阶级、小资产阶级、民族资产阶级以及一切爱国民主人士、国内少数民族和海外华侨，共同反对帝国主义、封建主义和官僚资本主义，建设新民主主义的新中国。要很好地组织起来、团结起来，团结一切人民力量，来完成建国使命。

他在1950年4月13日第一次全国统一战线工作会议上的第二次讲话中指出，同资产阶级有团结还要有斗争，但以团结为主，斗争是为了团结。而今天的团结，又是为了明天实现社会主义。同年6月14日，他在政协一届二次会议第一次党组会上指出："对党外人士的意见，哪怕只有一分是对的都应接受，然后再对不正确的部分加以分析批评。这就是以斗争求团结的方法。对愿意同我们合作的朋友，应实行'言者无罪'。对别有阴谋者，则应揭穿。"

1954年12月4日，在中国人民政治协商会议第一届全国委员会常务委员会第六十二次会议上，周恩来在谈到有人批评政协名单里面什么人都有时指出：好处就在这里。政协不是一盆清水，如果是一盆清水就没有意思了。政协就是要团结各个方面的人。只要他拥护宪法，立场站过来，我们就欢迎。当然也有立场还不是那么稳定的，不一定能百分之百地执行七项准则，我们可以考察和帮助。我们要吸收不同意见的人在一起，要善于和这些人一起协商，团结他们。这样，政治协商会议才能前进，才能有利于国家建设。

1957 年 4 月 24 日，在中共浙江省委扩大会议上，周恩来在谈到与各民主党派的关系时指出，各民主党派同共产党长期共存，为一个共同的目标奋斗，求大同存小异，这并没有坏处。我们这样的大国，多一点党派去联系各个方面的群众，对国家、对人民的事业，有好处。以共产党为核心，为领导，各党派团结合作，有什么不好？

51. 周恩来对人民政协要发扬民主问题有何重要论述？

周恩来对人民政协要充分发扬社会主义民主问题有许多重要论述，其中比较集中的几处论述有：

1949 年 6 月 16 日，他在新政治协商会议筹备会第一次全体会议上指出，凡是重大的议案不只是在会场提出，事先就应提出来或在各单位讨论。新民主的特点就在于此。因此不是只重形式，只重多数与少数。凡是重大的议案提出来总是事先有协商的，协商这两个字非常好，就包括这个新民主的精神。1949 年 9 月 7 日他在政协第一届全体会议召开前向政协代表作的报告中指出：新民主主义的议事精神不在于最后的表决，主要是在于事前的协商和反复的讨论。

1950 年 6 月 14 日，周恩来在政协第一届全国委员会第二次会议第一次党组会上指出，对党外人士要和蔼真诚，不要虚伪。要让党外人士做到“知无不言，言无不尽”，使他们在各种会议上敢于说话。

1958 年 11 月 29 日，周恩来在各民主党派和无党派民主人士座谈会上指出，许多朋友有事愿和共产党商量，就是因为他们感到自己没有把握。对社会发展规律，共产党也不能说都认识到了。尽管大的原则方面掌握了，但是具体问题还常常难于掌握。所以我们大家遇事总是要多商量。他还要求各党派朋友间也要互相商量。彼此要推心置腹，要有最基本的信任。

1962 年 4 月，周恩来在全国政协三届三次会议上的讲话中对发扬民主问题作了系统的阐述。他指出：为着更好地实行民主集中制，我们首先要扩大和发扬民主生活，这也是我们人民民主统一战线要担当的任务。

我们不可能设想，人民民主统一战线是铁板一块，大家都是一个想法，对任何问题的看法都一样。如果我们的统一战线是这样，它就不能发展，就会停止不前，甚至要后退。

正确处理人民内部矛盾，是指导我们统一战线民主生活的原则。因此，我们应该肯定统一战线的任务是加重了，有了新的发展。同时，我们应该在统一战线的内部，提倡在“六条标准”的原则下发表各种不同的意见，彼此讨论、研究、切磋，以求得更好的认识，求得更符合于真理，不断推动我们的事业前进。

我们这个统一战线，要动员广大的力量来发扬民主生活，参加建设。不单是政协应该做，各民主党派、各人民团体、各民族、各方面都要把它所联系的人们动员起来参加，这才是把统一战线的全部成员动员起来了。

他提出全国政协应该更多地进行学术性的报告和讨论，我们是政协机关，可以同时提出各种不同的意见，争论的结果，不一定得出一致的结论，可将不同的意见提交有关方面，如政府机关、科学研究机关、教育机关或者其他学术团体。这些不同意见的提出，表现了“百花齐放、百家争鸣”的方针在这里的贯彻。多有些不同的意见，就使执行机关能从多方面去考虑，利于选择比较更恰当的方案来执行。

他要求中共党员领导干部要划清个人意见同党的领导、党的政策的界限，指出：个人平常讲点意见，只能作为建议供大家参考研究。在政协里边，在我们个人的来往当中，没有领导与被领导的关系，只有领导机关和政策才是代表领导的。不然的话，我们的民主生活、民主风气就不能够发扬，我们之间就有隔阂，中间本来没有墙，就会有一座精神的墙隔着，妨碍民主集中制的贯彻。

周恩来还指出：要实现民主生活，还要求共产党员多交党外的朋友。我们党员应该把许多党外的意见集中起来，集中到党的领导机关来。这就要和党外的朋友来往，就要听到一些不同的意见。每个共产党员都得有几个党外朋友来往，可以多交新朋友，也可以有些固定的朋友，能够反映一些意见，敢于提出意见的。要有畏友，就是说，他敢于提出不同意见，敢于批评对方的短处，习惯了就不是畏友而是诤友了。

52. 邓小平对新时期人民政协的任务是如何论述的？

1979 年 6 月 15 日，邓小平在政协第五届全国委员会第二次会议的开幕词中明确指出："新时期统一战线和人民政协的任务，就是要调动一切积极因素，努力化消极因素为积极因素，团结一切可以团结的力量，同心同德，群策群力，维护和发展安定团结的政治局面，为把我国建设成为现代化的社会主义强国而奋斗。"邓小平这段话所阐述的基本精神，在 1982 年 12 月通过的政协章程总纲中作为各级政协的任务被明确规定下来。

53. 邓小平是如何论述新时期统一战线两个联盟思想的？

邓小平在政协第五届全国委员会第二次会议上所致的开幕词中指出：在这 30 年中，我国的社会阶级状况发生了根本的变化。我国工人阶级的地位已经大大加强，我国农民已经是有 20 多年历史的集体农民。工农联盟将在社会主义现代化建设的新的基础上更加巩固和发展。我国广大的知识分子，包括从旧社会过来的老知识分子的绝大多数，已经成为工人阶级的一部分，正在努力自觉地为社会主义事业服务。

我国各兄弟民族经过民主改革和社会主义改造，早已陆续走上社会主义道路，结成了社会主义的团结友爱、互助合作的新型民族关系。各民族的不同宗教的爱国人士有了很大的进步。在实现四个现代化进程中，各民族的社会主义一致性将更加发展，各民族的大团结将更加巩固。我国的资本家阶级原来占有的生产资料早已转到国家手中，定息也已停止 13 年之久。他们中有劳动能力的绝大多数人已经改造成为社会主义社会中的自食其力的劳动者。我国资本主义工商业社会主义改造的胜利完成，是我国和世界社会主义历史上最光辉的胜利之一。这个胜利的取得，是由于中国共产党领导全体工人阶级执行了毛泽东同志根据我国情况制定的马克思主义政策，同时，资本家阶级中的进步分子和大多数人在接受改造方面也起了有益的配合作用。现在，他们作为劳动者，正在为社会主义现代化建设事业贡献力量。

我国各民主党派在民主革命中有过光荣的历史，在社会主义改造中也作了重要的贡献。这些都是中国人民所不会忘记的。现在他们都已经成为各自所联系的一部分社会主义劳动者和一部分拥护社会主义的爱国者的政治联盟，都是在中国共产党领导下为社会主义服务的政治力量。

台湾同胞、港澳同胞和国外侨胞心向祖国，爱国主义觉悟不断提高，他们在实现统一祖国大业、支援祖国现代化建设和加强国际反霸斗争方面，日益发挥着重要的积极作用。

上述各个方面的变化表明，我国的统一战线已经成为工人阶级领导的、工农联盟为基础的社会主义劳动者和拥护社会主义的爱国者的广泛联盟。

54. 邓小平是如何论述共产党领导的多党合作和政治协商制度的？

邓小平在1956年中国共产党第八次全国代表大会《关于修改党的章程的报告》中指出，党外民主人士能够对于我们党提供一种单靠党员所不容易提供的监督，能够发现我们工作中的一些我们所没有发现的错误和缺点，能够对于我们的工作作出有益的帮助……因此，我们的任务就是继续扩大同党外人士的合作，使他们在我们的反对官僚主义的斗争中，和在国家各方面的事务中，发挥更大的作用。他在1957年4月西安干部会上指出，我们党是执政的党，威信很高。我们大量干部居于领导地位。在中国来说，谁有资格犯大错误？就是中国共产党。犯了错误影响也最大。因此，我们党应该特别警惕。党要领导得好，就要不断地克服主观主义、官僚主义、宗派主义，就要受监督，如果我们不受监督，不注意扩大党和国家的民主生活，就一定要脱离群众，犯大错误。

1979年6月15日，他在政协第五届全国委员会第二次会议上的开幕词中，深刻分析了新中国成立30年中我国社会阶级状况发生的根本变化，指出各民主党派现在都已经成为各自所联系的一部分社会主义劳动者和一部分拥护社会主义的爱国者的政治联盟，都是在中国共产党领导下为社会主义服务的政治力量。

1979年10月19日，邓小平在全国政协、中共中央统战部宴请出席各民主党派和全国工商联代表大会代表时的讲话中指出，在中国共产党的领导下，实行多党派的合作，这是我国具体历史条件和现实条件所决定的，也是我国政治制度中的一个特点和优点。这是他第一次对我国的多党合作使用政治制度的概念。

他在1980年全国政协五届三次会议上的讲话中对人民政协的性质作了进一步的阐述，指出：人民政协是在共产党领导下实现各民主党派和无党派人士团结合作的重要组织，也是我们政治体制中发扬社会主义民主、实行互相监督的重要形式。这一论述，在以后新修订的章程和中共中央批转的《政协全国委员会关于政治协商、民主监督、参政议政的规定》中都得到了体现。

1987年6月，他在与外宾的一次谈话中正式提出了“实行中国共产党领导的多党合作、政治协商制度”这一概念。

1989年1月，邓小平在一份民主党派成员的建议上批示：可组织一个专门小组（成员要有民主党派的），专门拟定民主党派成员参政和履行监督职责的方案，并在一年内完成，明年开始实行。根据这一批示，在各民主党派中央和全国工商联的共同参与下，中共中央制定了《关于坚持和完善中国共产党领导的多党合作和政治协商制度的意见》。

《意见》明确指出：“中国共产党领导的多党合作和政治协商制度是我国的一项基本政治制度。”

55. 邓小平对发挥人民政协重要作用有何论述?

邓小平是新时期人民政协事业的奠基人，他对发挥人民政协重要作用有许多论述，其中主要的有：

1979年6月他在全国政协五届二次会议上指出，人民政协是发扬人民民主、联系各方面人民群众的一个重要组织。中国的社会主义现代化建设事业，继续需要政协就有关国家的大政方针、政治生活和四个现代化建设中的各项社会经济问题，进行协商、讨论，实行互相监督，发挥对宪法和法律实施的监督作用。我们要广开言路，广开才路，坚持不抓辫子、不扣帽子、不打棍子的“三不主义”，让各方面的意见、要求、批评和建议充分反映出来，以利于政府集中正确的意见，及时发现和纠正工作中的缺点、错误，把我们的各项事业推向前进。

1980年8月他在全国政协五届三次会议上指出：人民政协是在共产党领导下实现各党派和无党派人士团结合作的重要组织，也是我们政治体制中发扬社会主义民主、实行互相监督的重要形式，它在我国各族人民中享有很高的威信。今后人民政协要广泛联系各界人士，充分发挥民主协商和监督的作用。要继续推动各界人士学习马列主义、毛泽东思想，学习专业知识。要组织视察参观和专题调查，深入实际，开展多方面的活动。要积极主动地开展国际友好往来。我们相信，人民政协在为发展我国社会主义现代化建设，实现台湾回归祖国和反对霸权主义、维护世界和平的事业中，必将发挥更重大的作用。

56. 江泽民对新世纪坚持和完善中国共产党领导的多党合作和政治协商制度有何论述？

2000 年 12 月 4 日，江泽民在全国统战工作会议上发表重要讲话时指出：中国共产党领导的多党合作和政治协商制度是我国的一项基本政治制度。我们必须充分认识这项基本政治制度的优越性，把它坚持好、完善好、落实好。这项制度，是中国人民长期奋斗的成果，也是中国人民政治经验和智慧的结晶。我国政党制度的显著特征在于：共产党领导、多党派合作，共产党执政、多党派参政，各民主党派不是在野党和反对党，而是同共产党亲密合作的友党和参政党，共产党和各民主党派在国家重大问题上进行民主协商、科学决策，集中力量办大事，共产党与各民主党派互相监督，促进共产党领导的改善和参政党建设的加强。

江泽民强调，要建立健全配套措施，使多党合作进一步规范化、制度化。各级党委进行重大决策，要同民主党派、无党派人士进行协商。要扩大民主党派的知情范围和参与程度，进一步搞好参政议政。特别是要完善民主监督机制，畅通下情上达的渠道，加大民主监督力度。我们党是执政党，必须自觉倾听人民群众和民主党派的意见，自觉接受人民群众和民主党派的监督，始终保持清醒的头脑，始终兢兢业业工作而不致懈怠。没有监督，就难以有效防止腐败。坚持“长期共存、互相监督、肝胆相照、荣辱与共”的方针，主要是民主党派监督共产党。要鼓励各民主党派当我们的诤友，能够说心里话，敢于讲不同意见。各级党委和领导干部要主动接受民主党派的监督，闻过则喜，从善如流，特别要听得进逆耳之言，容得下尖锐批评，有则改之，无则加勉。广纳群言，以收众益，这应成为我们党的各级领导干部的座右铭。江泽民指出，充分发挥人民政协政治协商、民主监督和参政议政的重要作用，是坚持与完善共产党领导的多党合作和政治协商制度的必然要求。各级党委要把人民政协的政治协商，作为共产党领导的多党合作和政治协商的一个重要形式，作为科学决策的一个重要环节和发扬社会主义民主的一条重要渠道，在工作中认真加以落实。

57. 江泽民是怎样论述人民政协两大主题的？

1991 年 3 月，江泽民在一次重要会议上的讲话中指出，人民政协工作涉及范围很广，但主题是两个，这就是团结和民主。这两方面的工作做好了，政协工作就做出了成效。

政协是由各方面的代表人物组成的。政协委员都有一定的社会影响，代表着不同的党派、团体、阶层和方面，有着不同的经历，不同的社会背景，甚至不同的信仰。政协中存在着不同的声音和思想差异是正常的。特别是随着我国改革开放的深化，经济结构的变动，利益关系的调整，各种错综复杂的社会矛盾必然反映到统一战线中来。这就更加需要我们加强统一战线内部的相互沟通和思想交流，形成一种党领导的团结、民主、和谐的合作共事关系。

发扬社会主义民主，是政协工作的又一个主题。我们既要堵住资产阶级自由化的口子，又必须畅通社会主义民主的渠道，使其不断完善。加强社会主义民主，一个是国家权力机关的民主，即人民代表大会制度的建设，一个是统一战线范围内的民主，这两者都是至关重要的，不可缺少的。我们要在加强各级人民代表大会制度建设的同时，通过政协和其他渠道，广泛听取各民主党派以及其他各方面的意见、建议，接受各方面的批评监督，真正做到集思广益，做到国家的大事大家来出主意，想办法，大家来办。

1999 年 9 月 22 日，江泽民在庆祝中国人民政治协商会议成立 50 周年大会上的讲话中指出：人民政协 50 年不平凡的发展历程，可以归结为两大主题：团结和民主。在中国共产党领导下实行团结和民主，是人民政协性质的集中体现，是人民政协产生和发展的历史根据，是人民政协继往开来的方向和使命。这两大主题应继续贯穿于人民政协的全部工作中。实现紧密团结，发展民主才更有基础；发扬广泛民主，加强团结才更有力量。人民政协要在国家和民族的发展中不负使命，必须继续坚持中国共产党的领导，不断完善自身的组织机制，努力改进工作方法，按照团结和民主的要求履行职能、发挥优势。

58. 江泽民总结人民政协的四条基本经验是什么？

1999年9月22日，江泽民在庆祝中国人民政治协商会议成立50周年大会上的讲话中指出，经过半个世纪的发展，人民政协工作积累了许多宝贵的经验，形成了优良的传统。

在我国社会阶级关系和主要矛盾发生根本变化的历史条件下，在建设社会主义的历史进程中，统一战线仍然是中国共产党的总路线、总政策的重要组成部分，仍然是我们排除万难、夺取胜利的一大法宝。人民政协作为最广泛的爱国统一战线组织，在实现社会主义现代化、维护祖国统一和促进各民族人民团结的伟大事业中，肩负着光荣的历史使命。

中国共产党领导的多党合作，是适合中国国情、具有中国特色的社会主义新型政党制度。在当代中国，共产党处于执政地位，需要始终接受人民群众的监督和批评，当然也需要始终接受一直与自己保持密切合作的民主党派的监督与批评。我们要坚持中国共产党同民主党派“长期共存、互相监督、肝胆相照、荣辱与共”的方针，充分发挥民主党派的参政党作用，继续加强同民主党派和无党派人士的合作共事。

人民政协是我国社会主义民主政治的重要形式，它人才集聚，联系广泛，具有广泛的代表性和包容性，实行以协商讨论和批评建议为主要形式的民主监督，具有自己独特的优势和作用。在我们这个幅员辽阔、人口众多的社会主义国家里，关系国计民生的重大问题，在中国共产党的领导下进行广泛协商，体现了民主与集中的统一。坚持并不断完善这种民主形式，是发展社会主义民主政治的必然要求和重要内容。

人民政协始终与人民共和国的成长，与全体人民的奋斗紧密联系在一起，风雨同舟、荣辱与共。这也是它不断发展、充满活力的根本原因。人民政协只有自觉服从和服务于国家改革、发展、稳定的大局，坚持把自身的工作融入维护祖国统一和实现祖国现代化的宏伟事业之中，才能不断以新的光荣业绩走向未来。

59. 江泽民对人民政协提出的四点希望是什么?

1999 年 9 月 22 日，江泽民在庆祝中国人民政治协商会议成立 50 周年大会上的讲话中，对人民政协提出了四点希望。

他说，第一，希望人民政协继续围绕党和国家的中心任务开展工作，更好地为社会主义现代化建设服务。围绕中心、服务大局，是人民政协履行职能必须遵循的原则，是政协工作不断开创新局面的基础。各级政协应该充分运用自己的优势，继续为改革和发展献计出力，多提建设性的意见和建议。

第二，希望人民政协坚持发扬民主，在推进有中国特色社会主义民主政治建设中发挥积极作用。人民政协要围绕改革和建设的重大问题倾听各方面的意见，积极参政议政，对宪法法律的实施和国家机关的工作进行民主监督，进一步推进履行职能的规范化、制度化。

第三，希望人民政协积极协助党和政府进一步做好协调关系、化解矛盾的工作，维护社会政治稳定。随着改革开放的深入发展，出现了经济成分和经济利益多样化，社会生活方式多样化，社会组织形式多样化，这些新情况带来了经济结构和社会关系的新变化。对各种人民内部矛盾和其他社会矛盾，必须高度重视并正确处理，以防矛盾激化，影响社会稳定。对于各种社会矛盾，要区分不同情况，通过改革和发展，通过加强思想政治工作，通过综合运用法律的、经济的、行政的、教育的各种手段，妥善地加以解决。人民政协作为广泛联系社会各界的重要组织，在协调关系、化解矛盾方面要进一步发挥积极作用。各级政协要保持反映社情民意渠道的畅通，加强同社会各界的联系，做好通报情况、沟通思想的工作，努力维护安定团结的社会政治局面。

第四，希望人民政协广泛团结海内外一切热爱祖国的中华儿女，为实现祖国的完全统一和振兴中华共同奋斗。人民政协应充分运用自身的优势，积极促进中华民族的大团结，为早日完成祖国的统一，为实现中华民族的伟大复兴，作出更大的贡献。

60. 江泽民是如何阐述既要保证中国共产党的领导核心作用又要充分发挥人大、政府、政协职能作用的？

2001年7月1日，江泽民在庆祝中国共产党成立80周年大会上所作的重要讲话中指出，要按照总揽全局、协调各方的原则，进一步加强和完善党的领导体制，改进党的领导方式和执政方式，既保证党委的领导核心作用，又充分发挥人大、政府、政协以及人民团体和其他方面的职能作用。党委要通过科学化、规范化、制度化的机制，加强对人大、政府、政协、人民团体的领导，人大、政府、政协、人民团体的党组以及担任领导职务的党员干部，在依法进行职责范围的工作中，必须坚决贯彻党的路线方针政策和党委的决定。各级领导干部都必须坚决贯彻中央的大政方针和工作部署。

61. 江泽民对人民政协中的中共党组和共产党员提出了哪些要求？

以江泽民为核心的中共中央对充分发挥政协党组和政协中的共产党员作用提出了明确的要求。主要有：

（1）在统一战线组织中设党组并使其成为坚强有力的班子，是确保党对统一战线领导的重要一环。各级政协党组是同级党委的派出机构，在同级党委领导下工作，并代表党委在政协中起领导核心作用，保证党的路线方针政策的贯彻执行。

（2）政协党组的任务，就是保证党的路线方针政策的贯彻执行，团结各民主党派和党外各方面人士为实现党提出的任务共同奋斗。

（3）政协党组要注意加强自身的建设，在政治上始终同中央保持一致，在工作上要积极主动，勇于开拓，不负党和人民的重托。

（4）政协中的共产党员要发挥先锋模范作用。政协委员中的共产党员以及政协机关中的共产党员，都是受党组织的委派从事统一战线工作的。党内同志安排为政协委员，是走上一个新的重要岗位，应该尽快进入政协委员的“角色”，尽职尽责，努力把政协工作做好。

（5）政协中的每个共产党员，都必须身体力行地贯彻党的路线方针政策，真心实意地搞好同党外朋友的团结合作。在团结合作中，一定要旗帜鲜明地坚持党的原则，坚持真理，采取平等协商的办法，以诚恳的态度做好沟通思想、增进共识的工作。要满腔热情地同党外人士交朋友，做合作共事的模范、廉洁奉公的模范和保持民主作风的模范。

（6）要尊重各民主党派所享有的宪法和政协章程所规定的政治上、组织上的各项民主权利。要充分尊重和支持担任领导职务的党外人士，使他们心情愉快地发挥所长，有职、有责、有权地开展工作。

62. 胡锦涛是如何论述推进人民政协事业发展必须坚持的宝贵经验的?

2009 年 9 月 20 日，胡锦涛在庆祝中国人民政治协商会议成立 60 周年大会上的讲话中指出，经过 60 年的实践，人民政协积累了丰富经验，形成了优良传统，为我们继续推进人民政协事业提供了重要启示。

必须坚持把人民政协事业作为中国特色社会主义事业的重要组成部分，放在党和国家事业发展全局中部署和推进。中国特色社会主义事业是全国各族人民在中国共产党领导下创造自己美好生活的事业。人民政协的命运始终与党和人民事业紧密相连。我们要始终着眼于坚持和发展中国特色社会主义，更加自觉地坚持党关于人民政协的一系列方针政策，支持人民政协依照章程独立负责、协调一致地履行职能、开展工作，更好发挥在党和国家工作全局中的重要作用。围绕中心、服务大局是人民政协履行职能必须始终遵循的重要原则。人民政协要自觉围绕党和国家中心工作开展工作，自觉围绕党和国家决策部署谋划工作，始终做到同党和国家方向一致、目标一致、工作一致，为党和国家各项工作顺利开展作出贡献。

必须坚持发挥人民政协作为中国共产党领导的多党合作和政治协商的重要机构作用，不断巩固和发展我国多党合作的政治格局。中国共产党领导的多党合作和政治协商制度作为我国的一项基本政治制度，是符合我国国情、具有鲜明中国特色的社会主义新型政党制度，能够在中国特色社会主义共同目标下把中国共产党领导和多党派合作有机结合起来，实现广泛参与和集中领导的统一、社会进步和国家稳定的统一、充满活力和富有效率的统一。人民政协对促进参加政协各党派和无党派人士团结合作，充分发挥各民主党派和无党派人士作用，推动党和国家决策科学化、民主化，改善中国共产党领导和加强各民主党派建设，巩固坚持和发展中国特色社会主义的共同政治基础具有重要作用。只有认真贯彻中国共产党同各民主党派长期共存、互相监督、肝胆相照、荣辱与共的方针，才能把中国共产党领导的多党合作和政治协商制度坚持好、完善好、发展好。

必须坚持发挥人民政协作为大团结大联合组织的作用，不断为中华民族伟大复兴增添新力量。实现中华民族伟大复兴，必须紧紧依靠全国各族人民、紧紧依靠全体中华儿女。统一战线是中国共产党不断夺取革命、建设、改革事业胜利的重要法宝，也是实现祖国完全统一和中华民族伟大复兴的重要法宝。人民政协作为中国共产党领导的各党派、各团体、各民族、各阶层、各界人士大团结大联合的组织，是党和政府联系群众、团结各界的重要桥梁和纽带，是中华民族强大凝聚力的重要实现形式。要坚定不移支持人民政协高举爱国主义、社会主义旗帜，按照团结和民主两大主题履行职能、发挥优势，充分调动各方面积极性和主动性、广泛凝聚各方面智慧和力量，共同为实现党和国家奋斗目标而不懈努力。

必须坚持以改革创新精神推进人民政协事业，永葆人民政协生机活力。中国特色社会主义事业需要一代又一代人继往开来、接力奋斗，人民政协事业也需要随着中国特色社会主义事业发展而发展。人民政协事业发展壮大是我们党不断着眼于新实践新发展、不断进行探索和创新的结果。只有牢牢把握时代脉搏，始终保持蓬勃朝气，不断推进人民政协理论创新、制度创新、工作创新，人民政协事业才能保持旺盛活力，在坚持和发展中国特色社会主义中发挥更大作用。

63. 胡锦涛是如何论述在新的历史条件下人民政协工作的方针原则和基本要求的?

2009 年 9 月 20 日，胡锦涛在庆祝中国人民政治协商会议成立 60 周年大会上的讲话中指出，历史充分证明，人民政协这一中国特色政治组织和民主形式，是我国社会主义民主政治建设的伟大创造，既顺应世界民主发展潮流，又体现中国共产党和中国人民的政治智慧，具有强大生命力和远大前程，值得我们倍加珍惜、长期坚持。在新的历史条件下，人民政协要高举中国特色社会主义伟大旗帜，以邓小平理论和“三个代表”重要思想为指导，深入贯彻落实科学发展观，继承和发扬人民政协优良传统和宝贵经验，牢牢把握团结和民主两大主题，紧紧围绕党和国家工作大局，继续扎实有效地履行好政治协商、民主监督、参政议政职能，切实发挥好协调关系、汇聚力量、建言献策、服务大局的重要作用，为推进改革开放和社会主义现代化建设、推进祖国和平统一大业、维护世界和平与促进共同发展作出新的贡献。

第一，继续走中国特色社会主义政治发展道路。一个国家选择什么样的政治发展道路，是由这个国家的国情和国家性质决定的。中国特色社会主义政治发展道路是中国共产党领导中国人民在长期实践中走出的一条符合我国国情、顺应时代潮流，能够实现坚持党的领导、人民当家作主、依法治国有机统一，能够为国家富强、民族振兴、人民幸福、社会和谐提供根本政治保证的政治发展道路。人民政协要坚持走中国特色社会主义政治发展道路，不断夯实参加人民政协各党派、各团体、各民族、各阶层、各界人士团结奋斗的共同思想基础；坚定不移坚持中国共产党对人民政协的领导，紧紧围绕党的重大决策和工作部署履行职能、开展工作，确保党的路线方针政策在人民政协得到全面贯彻落实；充分发挥人民政协在扩大公民有序政治参与中的重要渠道和平台作用，广泛吸收各党派、各团体、各民族、各阶层、各界人士参与国事。人民通过选举、投票行使权利和人民内部各方面在重大决策之前进行充分协商，尽可能就共同性问题取得一致意见，是我国社会主义民主的两种重要形式。坚持通过充分协商增进共识、凝聚力量，对坚持党的领导、人民当家作主、依法治国有机统一，对发展我国社会主义民主政治、充分调动各方面坚持和发展中国特色社会主义的积极性和主动性，具有十分重要的意义。发展社会主义民主政治需要借鉴人类政治文明有益成果，但绝不照搬西方政治制度模式。人民政协要积极引导和推动参加人民政协各党派、各团体、各民族、各阶层、各界人士不断增进对中国特色社会主义的政治认同和思想认同，不断增强走中国特色社会主义政治发展道路的自觉性和坚定性。

第二，继续把推动科学发展作为履行职能的第一要务。人民政协人才荟萃、智力密集，能够为推动科学发展提供强大智力支持、奠定坚实群众基础。人民政协要深入学习领会科学发展观的科学内涵、精神实质、根本要求，切实把政协各参加单位和广大政协委员的思想和行动统一到中共中央决策部署上来，把积极性、主动性、创造性引导到推动科学发展上来，共同为转变发展方式、破解发展难题献计出力，形成推动科学发展的强大合力。要牢牢扭住经济建设这个中心，坚持聚精会神搞建设、一心一意谋发展，注重研究国外经济环境变化和国内经济运行新情况新问题，注意选择具有综合性、全局性、前瞻性的重大课题开展专题调研和协商议政活动，多想科学发展大事，多谋科学发展大计，努力为实现以人为本、全面协调可持续的科学发展建睿智之言、献务实之策。

第三，继续在促进社会和谐中发挥重要作用。在经济体制深刻变革、社会结构深刻变动、利益格局深刻调整、思想观念深刻变化的新形势下，人民政协要坚持把发扬民主、增进团结、协调关系、化解矛盾作为履行职能的重要着力点，努力为促进政党关系、民族关系、宗教关系、阶层关系、海内外同胞关系的和谐发挥积极作用。要坚持民主协商、平等议事、求同存异、体谅包容的原则，搞好中国共产党同各民主党派和无党派人士在人民政协的合作共事，支持各民主党派和无党派人士参与国家重大方针政策讨论协商及履行职责各项活动，维护和促进民主团结、生动活泼的政党关系。要认真贯彻党的民族政策和宗教政策，充分发挥民族、宗教界代表人士在人民政协中的作用，协助党和政府做好民族工作和宗教工作，促进民族团结、宗教和睦、社会稳定。要关注不同阶层利益诉求，协助党和政府妥善处理好各方面利益关系，团结和鼓励各阶层人士共同致力于中国特色社会主义事业。要坚持以人为本，倾听群众呼声，关心群众疾苦，围绕群众普遍关心的民生问题开展调查研究，反映社情民意，积极建言献策，促进实现全体人民学有所教、劳有所得、病有所医、老有所养、住有所居，推动形成社会和谐人人有责、和谐社会人人共享的生动局面。要高举爱国主义旗帜，广泛团结归侨侨眷和海外侨胞，密切同留学人员的联系，支持他们关心和参与祖国现代化建设与和平统一大业，增进海外华侨华人特别是新一代华侨华人对我国的了解和认同，增强中华民族凝聚力和向心力。要高举和平、发展、合作旗帜，贯彻独立自主的和平外交政策，弘扬民主、和睦、协作、共赢精神，按照国家外交总体部署和目标，加强同各国人民的友好往来，努力为推动建设持久和平、共同繁荣的和谐世界作出新的贡献。

第四，继续为推进祖国和平统一大业贡献力量。人民政协要贯彻中共中央对台工作方针政策，坚持一个中国原则，牢牢把握两岸关系和平发展的主题，充分发挥自身优势和作用，积极拓展同台湾岛内有关党派团体、社会组织、各界人士的联系和沟通，推动两岸交流合作向更广领域拓展，使两岸同胞联系更广泛、感情更融洽、合作更深化，推动两岸关系在新的起点上向前发展。要坚定不移贯彻“一国两制”、“港人治港”、“澳人治澳”、高度自治的方针，积极推动内地同香港、澳门的交流合作，加强同香港和澳门政团、社团及代表人士的联系，支持港澳委员在香港、澳门社会政治事务中发挥积极作用，鼓励他们为香港、澳门长期繁荣稳定和国家发展献计出力，不断发展壮大爱国爱港、爱国爱澳力量。要坚定不移维护祖国统一，坚定不移维护国家主权、安全、领土完整，坚决反对一切分裂势力和分裂行径。

第五，继续加强人民政协自身建设。人民政协要坚持解放思想、实事求是、与时俱进，弘扬求真务实精神，大兴求真务实之风，主动适应新形势新任务的要求，按照宪法和政协章程的规定，不断加强自身各项建设。要注重发挥人民政协界别优势，扩大人民政协团结面和包容性，切实发挥政协界别作为扩大社会各界有序政治参与的重要渠道作用，积极探索开展界别活动新方法新途径，充分调动各界别参政议政积极性。要注重加强政协委员队伍建设，完善委员推选制度，优化委员构成，强化委员学习培训、提高委员整体素质，尊重委员首创精神、维护委员民主权利，鼓励和引导广大委员深入实际、走向基层、贴近群众，在报效国家、服务人民实践中施展才华、建功立业。各级政协委员要切实发挥在本职工作中的带头作用、政协工作中的主体作用、界别群众中的代表作用，自觉树立和展示政协委员良好形象。要切实发挥好政协专门委员会作用，提高专门委员会组成人员政治和业务素质，积极探索专门委员会工作新思路新方式，切实增强工作活力和成效。要加强政协机关建设，着力提高全局观念、服务意识，增强政务性服务能力和统筹协调能力，为人民政协有效履行职能、顺利开展工作提供有力保障。

64. 胡锦涛是如何论述加强和改善党对人民政协的领导的?

2009 年 9 月 20 日，胡锦涛在庆祝中国人民政治协商会议成立 60 周年大会上的讲话中强调加强和改善对人民政协的领导，推动人民政协卓有成效地开展工作，充分发挥人民政协在国家政治生活中的作用，是中国共产党加强和改善党的领导的重要内容，对提高党的执政能力、巩固党的执政地位具有重要意义。各级党委要从发展社会主义民主、推动科学发展、促进社会和谐的战略高度，进一步提高对人民政协工作重要性的认识，进一步加强和改善对人民政协的领导，保证中央关于加强人民政协工作各项方针政策落到实处，更好运用人民政协这一政治组织和民主形式为实现党的总目标总任务服务。开展政治协商、民主监督、参政议政是人民政协的主要职能。各级党委要按照党的十七大作出的战略部署，切实支持人民政协围绕团结和民主两大主题履行职能，积极推进政治协商、民主监督、参政议政制度建设。要增强开展政治协商的自觉性和主动性，规范协商内容，丰富协商形式和层次，切实把政治协商纳入决策程序。要积极探索和完善民主监督机制，畅通民主监督渠道，建立健全制度，寓民主监督于政协委员提案、进行视察、参与工作检查等活动之中，提高民主监督质量和成效。要积极采纳人民政协提出的真知灼见，真正使人民政协参政议政成为充分反映民意、广泛集中民智、切实改进工作、提高党的执政能力的有效方式和重要途径。

各级党委要善于通过人民政协中的党组织和党员干部贯彻党的理论和路线方针政策，贯彻党委的重大决策和工作部署。要关心支持政协党组工作，定期听取政协党组工作汇报，及时研究并统筹解决政协工作中的重大问题。要着眼于统一战线和人民政协事业长远发展，充分发挥政协党组在政协委员队伍建设中的作用。各级政协党组要坚定不移贯彻党的基本理论、基本路线、基本纲领、基本经验，坚定不移贯彻执行党关于人民政协的方针政策，把党的重大决策和工作部署贯彻到人民政协全部工作中去，使党的主张成为各民主党派和无党派人士、各人民团体和各族各界人士的广泛共识。要重视发挥政协委员中的共产党员和政协机关中的共产党员作用，使他们真正成为合作共事的模范、发扬民主的模范、求真务实的模范、廉洁奉公的模范。各级党委要重视人民政协理论建设，发挥各级人民政协理论研究会作用，切实把人民政协理论研究纳入马克思主义理论研究和建设工程，纳入我国哲学社会科学总体发展规划。要把人民政协理论列入各级党校、行政学院、干部学院、社会主义学院的教学计划，加大对领导干部有关统一战线和人民政协理论知识培训力度。要广泛宣传中国共产党领导的多党合作和政治协商制度，宣传人民政协性质、地位、作用以及人民政协履行职能情况，形成有利于人民政协事业发展的良好社会氛围。

各级人民政协组织的干部是做好政协工作的重要组织保证。各级党委要统筹政协领导班子和同级党政领导班子配备，把政治坚定、作风民主、年富力强、热心和熟悉政协工作的同志充实到政协领导班子中去。要关心政协干部成长和进步，把政协干部培养选拔使用纳入干部队伍建设总体规划，推进政协组织和党委、政府之间的干部交流，充分调动政协干部工作积极性、主动性、创造性，努力培养造就一支政治坚定、作风优良、学识丰富、业务熟练的高素质政协干部队伍。

65. 胡锦涛对进一步坚持和完善中国共产党领导的多党合作和政治协商制度有何论述？

胡锦涛对新世纪新阶段进一步坚持和完善中国共产党领导的多党合作和政治协商制度，作出了一系列重要论述和指示。

2003 年 2 月 26 日，胡锦涛在中共十六届二中全会上发表讲话指出，发展社会主义民主政治，建设社会主义政治文明，最重要的是要坚持和完善人民代表大会制度，要坚持和完善中国共产党领导的多党合作和政治协商制度。各级党委都要从全面贯彻“三个代表”重要思想和十六大精神的高度，围绕党和国家的中心工作，切实加强和改进对人大和政协的领导，充分发挥各级人大和政协的作用，不断巩固和发展民主团结、生动活泼、安定和谐的政治局面。

2007 年 12 月 24 日，胡锦涛在各民主党派中央、全国工商联新老主要领导人座谈会上，就进一步认识坚持和完善中国共产党领导的多党合作和政治协商制度的重大意义作了论述。他指出：中国共产党领导的多党合作和政治协商制度，是马克思主义统一战线理论在政党制度领域的创造性运用和发展，是我国的一项基本政治制度。坚持和完善这项基本政治制度，保持我国政党关系和谐，是坚持中国特色社会主义政治发展道路的必然要求，是巩固和壮大最广泛的爱国统一战线的重要任务。我们要从实现全面建设小康社会奋斗目标、发展中国特色社会主义的战略高度，进一步认识坚持和完善中国共产党领导的多党合作和政治协商制度的重大意义。中国共产党领导的多党合作和政治协商制度，体现了我国社会主义民主政治的本质要求，突出团结、民主、和谐的精神，具有合作、参与、协商的特点，有利于最大限度地统一思想、凝聚力量、集中智慧，符合全国各族人民的根本利益，符合中国特色社会主义事业的发展要求。中国共产党领导的多党合作和政治协商制度，坚持广泛民主和集中领导的统一，体现我国社会主义政治制度的特点和优势，有利于扩大公民有序政治参与，畅通和拓宽社会利益表达渠道，保障人民的知情权、参与权、表达权、监督权，维护和实现最广大人民的根本利益。我们要坚定不移地坚持“长期共存、互相监督、肝胆相照、荣辱与共”的方针，巩固共产党领导、多党派合作、共产党执政、多党派参政的多党合作的良好政治格局，发展我国各政党民主团结、生动活泼的和谐政治关系，为坚持和发展中国特色社会主义营造和谐稳定的社会政治环境。

66. 胡锦涛是如何论述推进人民政协事业是发展社会主义民主政治的重要内容的？

2003年3月3日，胡锦涛在十届全国人大一次会议和全国政协十届一次会议党员负责人会议上，就推进人民政协事业是发展社会主义民主政治的重要内容作了论述。他指出，人民政协是中国共产党领导的多党合作和政治协商的重要机构，是实行中国共产党领导的多党合作和政治协商制度的重要组织形式。十六大把坚持和完善中国共产党领导的多党合作和政治协商制度，巩固和发展最广泛的爱国统一战线，写入了我们党领导人民建设中国特色社会主义必须坚持的基本经验。推进人民政协事业是发展社会主义民主政治、建设社会主义政治文明的重要内容。希望政协第十届全国委员会及其常委会坚持以邓小平理论和“三个代表”重要思想为指导，全面贯彻十六大精神，坚持“长期共存、互相监督、肝胆相照、荣辱与共”的方针，加强各党派、各团体和各族各界人士的合作共事，更好地发挥统一战线和人民政协的特点和优势。

胡锦涛在讲话中提出三点要求：

第一，要紧紧围绕团结和民主两大主题开展工作。只有加强团结、发展民主，我们才能把全国各族人民的积极性、主动性和创造性最充分地发挥出来，把一切积极因素最广泛地调动起来，万众一心地推进中国特色社会主义伟大事业。在党的领导下实现团结和民主，是人民政协性质和作用的集中体现。各级政协和广大政协委员要深刻理解坚持这两大主题的重大意义，进一步增强责任感和使命感，认真履行自己的职责，为巩固和发展我国民主团结、生动活泼、安定和谐的政治局面积极贡献力量。政协工作要紧紧围绕党和国家的中心工作来开展，坚持为改革发展稳定的大局服务。广大政协委员要继续为改革开放和现代化建设献计献策，及时反映社情民意，协助党和政府进一步做好协调关系、化解矛盾的工作，为实现全面建设小康社会的宏伟目标，为实现祖国的完全统一和中华民族的伟大复兴作出应有的贡献。

第二，要加强人民政协的制度建设。人民政协要发挥好作用，必须进一步推进政治协商、民主监督和参政议政的制度化、规范化和程序化。这是保证人民政协切实履行职能的重要保证，也是推进政治体制改革的重要内容。要遵照宪法和政协章程的规定，认真总结各级政协在履行职能中取得的成功经验，并将它们系统化、制度化，上升为工作制度和规范，为各级政协履行好职能、进一步调动广大政协委员的积极性提供有力的制度保证。

第三，要认真学习统一战线和人民政协工作的方针政策。政协委员的职责十分光荣，也十分重要。这次新的政协委员和新担任人民政协领导职务的同志为数不少，他们过去长期从事其他方面的工作，对统一战线和人民政协工作了解得不多。当前和今后一个时期，要抓紧进行统一战线和人民政协工作的学习，特别是要进行我们党关于统一战线和人民政协的方针政策和人民政协的性质和职能、工作制度和程序、政协委员的工作职责等方面的学习。新委员和新担任人民政协领导职务的同志要自觉加强学习，努力在尽可能短的时间内熟悉统一战线和人民政协工作的方针政策和优良传统。老委员也要加强学习，努力适应新形势，研究新情况。人民政协汇集了各党派、各团体和各族各界人士，同文化艺术、科学技术、社会科学、经济、农业、教育、体育、新闻出版、医药卫生、宗教等各界有着广泛的联系，是密切联系各界群众特别是知识界群众的重要渠道。广大政协委员要充分发挥自身优势，密切同各界群众的联系，倾听他们的呼声，体察他们的情绪，了解他们对党和国家工作的意见和建议，及时向党和政府反映，努力为改革开放和社会主义现代化建设贡献力量。

67. 胡锦涛对切实加强人民政协学习工作提出了哪些要求？

2008 年 3 月 2 日，胡锦涛在十一届全国人大一次会议和全国政协十一届一次会议党员负责人会议上的讲话中强调，要切实加强人民政协学习工作。他指出，改革发展的新形势新任务对人民政协工作提出了更高要求，也对政协委员履行职责的能力和水平提出了更高要求。要按照政协章程对委员的要求，搞好对政协委员特别是新委员的学习培训，让委员们了解中央关于统一战线和人民政协的方针政策，了解人民政协的性质、地位、主题、职能，把握人民政协工作的规律、特点、方式、方法，增强履行职责的责任感和使命感。要深入开展中国特色社会主义主题教育活动，深化对坚持中国特色社会主义道路和中国特色社会主义理论体系的理解和认识，巩固人民政协团结合作的思想政治基础。要继续加强人民政协理论研究工作，为丰富中国特色社会主义民主政治理论、发展我国社会主义民主政治作出积极贡献。

68. 习近平是如何阐述坚持中国共产党对人民政协的领导的？

习近平总书记在庆祝中国人民政治协商会议成立 65 周年大会上的讲话及各种活动中，反复强调坚持中国共产党对人民政协的领导。

习近平总书记指出，党政军民学，东西南北中，党是领导一切的。强调政协是政治组织，首要的是坚持中国共产党领导，这是政协必须恪守的根本政治原则。在政协各级组织和各项活动中，中国共产党是居于领导地位的。中国共产党领导的多党合作和政治协商制度，既强调中国共产党的领导，也强调发扬社会主义民主。政治协商、民主监督、参政议政就是这种民主最基本的体现。坚持中国共产党的领导，不是不要民主了，而是要形成更广泛、更有效的民主。强调坚持中国共产党领导，首先是坚持中共中央集中统一领导。加强中共中央集中统一领导，同支持人民政协依法依章程履职是统一的。政协集中了各方面代表人士，要加强思想政治建设，引导广大委员充分认识中国特色社会主义最本质的特征是中国共产党领导，中国特色社会主义制度最大的优势是中国共产党领导，切实增强“四个意识”，自觉接受党的领导。强调政协党组要发挥好把方向、管大局、保落实作用。

69. 习近平是如何论述坚持人民政协性质定位的？

习近平总书记指出，人民政协是统一战线的组织，是多党合作和政治协商的机构，是人民民主的重要实现形式，是国家治理体系的重要组成部分，是符合国情、具有中国特色的制度安排，在党和国家事业中发挥着不可替代的重要作用，确实能体现我们制度的优越性。强调人民政协不属于权力机关，不是参议院，不是西方那种分权机构，也不是反对党发出不同声音的地方，必须坚定不移走中国特色社会主义政治发展道路，风雨如磐不动摇，在依照宪法法律和政协章程进行准确定位的基础上，积极主动、认真履行职能，做好各项工作。

70. 习近平是如何强调人民政协要聚焦党和国家中心任务履职尽责的？

习近平总书记强调，人民政协要坚持围绕中心、服务大局，议大事、抓大事，聚焦“五位一体”总体布局和“四个全面”战略布局，紧扣打赢防范化解重大风险、精准脱贫、污染防治三大攻坚战，做到政治协商聚焦大事、参政议政关注实事、民主监督紧盯难事，努力提出针对性、前瞻性、可操作性强的对策建议，做到言之有据、言之有理、言之有度、言之有物，参政参到要点上，议政议到关键处，帮助党和政府增强决策的科学性和施策的有效性，为决胜全面建成小康社会、全面建设社会主义现代化国家作出贡献。

71. 习近平是如何强调人民政协要紧扣保障和改善民生献计出力的？

习近平总书记强调，人民政协要把实现好、维护好、发展好最广大人民根本利益作为工作的出发点和落脚点，把促进民生改善作为重要着力点，坚持工作重心下移，深入实际、深入基层、深入群众，真诚倾听群众呼声，真实反映群众意愿，真情关心群众疾苦，抓住民生领域重要问题资政建言，协助党和政府破解民生难题、增进人民福祉，做到人民政协为人民。

72. 习近平是如何论述人民政协要发挥社会主义协商民主的重要渠道和专门协商机构作用的？

习近平总书记指出，协商民主是实现党的领导的重要方式，是我国社会主义民主政治的特有形式和独特优势。人民政协以宪法、政协章程和相关政策为依据，以中国共产党领导的多党合作和政治协商制度为保障，集协商、监督、参与、合作于一体，是社会主义协商民主的重要渠道和专门协商机构。强调协商就要真协商，把协商民主贯穿政治协商、民主监督、参政议政全过程，把握住协商边界、程度和性质，规范协商内容、形式和程序，增加协商密度，营造良好氛围，更加灵活、更为经常地开展各种协商活动，不断提高政协协商民主制度化、规范化、程序化水平，形成完整的制度程序和参与实践。

73. 习近平是如何论述加强和改进政协民主监督工作的？

习近平总书记指出，政协民主监督是我国社会主义民主政治的一项重要制度安排，是社会主义监督体系中的一种重要形式。强调要准确把握政协民主监督性质定位，发挥协商式监督特色优势，重点监督党和国家重大方针政策和重要决策部署的贯彻落实，帮助党和政府改进工作、解决问题。强调监督要真监督，完善民主监督的组织领导、权益保障、知情反馈和沟通协调机制，把握好监督的方向和原则、节奏和力度，确保履行民主监督只能有制可依、有规可守、有章可循、有序可遵，做到有计划、有题目、有载体、有成效。

74. 习近平是如何论述广泛凝聚实现中华民族伟大复兴的正能量的？

习近平总书记指出，统一战线是中国共产党夺取革命、建设、改革事业胜利的重要法宝，是实现中华民族伟大复兴的重要法宝。人民政协是最广范的爱国统一战线组织，大团结大联合是人民政协组织的重要特征。强调人民政协要强化统战意识，高举爱国主义和社会主义旗帜，坚持团结和民主两大主题，坚持一致性和多样性统一，坚持不忘老朋友、结交新朋友，在中国共产党领导下，多做思想引导、协调关系、凝心聚力的工作，把十三亿多中国人民智慧和力量聚合在一起，汇聚成坚持和发展中国特色社会主义、实现中华民族伟大复兴中国梦的磅礴合力。强调把坚持和发展中国特色社会主义作为巩固共同思想政治基础的主轴，更好联系服务各党派团体和各族各界人士，进一步在道路、方向、目标上形成统一意志和步调，努力寻求全社会意愿和要求的最大公约数，画出民心民愿的最大同心圆，广泛凝聚实现中华民族伟大复兴的正能量。

75. 习近平是如何论述大力加强履职能力建设的？

习近平总书记强调，人民政协要主动适应新形势新任务要求，全面增强履职本领，着力提高政治把握能力、调查研究能力、联系群众能力、合作共事能力。强调要加强委员队伍建设，把好入口关，抓好学习培训和服务管理，引导委员懂政协、会协商、善议政，守纪律、讲规矩、重品行。强化作风建设，抓好中央八项规定精神落实。推进制度建设，完善以政协章程为基础，覆盖自身建设、会议组织、经常性工作的制度体系。

76. 邓颖超指出的人民政协民主监督的特点是什么？

1984 年 5 月，邓颖超在全国政协六届二次会议开幕会上的讲话中指出，人民政协、各民主党派实行民主监督的特点，就在于能够广开言路，活跃思想，畅所欲言，使各方面的意见、要求、批评和建议充分反映出来。虽然人民政协和民主党派的民主监督不具有国家权力的性质，但是这种民主监督是我国发扬社会主义民主的不可缺少的重要渠道，同国家权力机关的监督是相辅相成的，同样受到共产党和人民政府的尊重和重视。

77. 邓颖超提出的统一战线工作的优良传统和作风是什么？

1984 年 5 月，邓颖超在全国政协六届二次会议开幕会上的讲话中，对统一战线工作中的优良传统和作风进行了概括和总结。邓颖超指出：有了正确的任务、方针和政策，还需要有好的作风和工作方法来贯彻执行。中国共产党十一届三中全会以来，我们在统一战线工作中有了一套正确的任务、方针和政策，也逐步恢复了优良的传统和作风。但是，在作风方面，还有不足的地方，需要认真加以改进。邓颖超把这种优良传统和作风概括为五个方面：

（1）政治协商。这是我国发扬社会主义民主和正确处理统一战线内部关系的一种重要方式。共产党员要善于同各民主党派和无党派人士协商办事，而不能采取简单的行政手段，更不能以领导者自居，摆出高人一等的架子。各级政协都应当加强和改进政治协商的工作，切实克服这方面存在的缺点。

（2）民主监督。就是在共同政治准则的基础上，互相提意见，作批评。中国共产党居于核心领导地位，尤其需要来自广大群众包括民主党派和无党派人士的批评监督。人民政协要进一步发扬民主监督的优良传统和作风，倾听各种不同的意见。要坚决反对“一言堂”，坚决反对对党外人士批评建议表面客气实则敷衍了事的官僚主义。

（3）党内外合作共事。这是统一战线中最普遍、最经常的关系。搞好合作共事，一要看到党外人士为四化建设和祖国统一出力报效的强烈愿望；二要看到党外人士的重要作用；三要善于求大同存小异；四要放手使用。

（4）广交朋友。尤其是共产党员要同党外人士交朋友，交诤友。共产党员特别是领导干部一定要主动同党外同志多交朋友，多接触，谈心交心，虚心听取党外同志的意见和要求，使他们敢于讲真心话，真正做到肝胆相照。

（5）自我教育、自我改造。要发扬理论联系实际的学风，提倡在自愿的基础上学习马列主义、毛泽东思想，学习时事政策和现代科学文化知识，把学习和实践结合起来，和调查研究、参观访问结合起来。在学习中提倡解放思想、自由讨论，认真实行不抓辫子、不扣帽子、不打棍子的方针。切不可重复过去那种“左”的错误做法。

邓颖超还强调指出，人民政协是我国爱国统一战线的组织形式，政协机关的工作必须充分体现和发扬统一战线的优良传统和作风，认真改进自己的工作。

78. 李先念论述的中国共产党同民主党派关系的主要内容是什么?

1989年10月11日，李先念在全国政协七届二十次主席扩大会议上，阐述了中国共产党同民主党派的关系。他说，我们的各民主党派，是接受中国共产党的领导、以社会主义劳动者为主体、为社会主义服务的政党。共产党同各民主党派的关系，实质上是工人阶级先锋队同这些政党的关系。各民主党派既不是在野党，更不是反对党，而是同共产党亲密合作的友党。在共产党的领导下，各民主党派都参与国家事务的管理，参加有关国家大政方针和社会生活重大问题决策的协商，同共产党既亲密合作，又互相监督。我们党同各民主党派在长期革命斗争和社会主义建设实践中结成的这种新型政党关系，有着牢固的政治基础，是我国政治生活中的一个特点和优点，是我们党和各民主党派的一个共同的创造，是西方的民主所不能比拟的。

79. 李先念是如何论述逐步实现政治协商和民主监督经常化、制度化的?

1988年4月10日，李先念在中国人民政治协商会议第七届全国委员会第一次会议闭幕词中指出：人民政协是我国政治体制中发扬社会主义民主的重要组织形式。我们无论是在困难的时候，还是在顺利的时候，都要始终不渝地坚持“长期共存、互相监督”、“肝胆相照、荣辱与共”的方针，不断充实与完善共产党领导下的多党合作和政治协商制度，充分发挥民主党派和无党派爱国人士在国家政治生活中的重要作用，对国家大政方针、两个文明建设和人民生活的重大问题进行协商、讨论，实行民主监督。这对于建设社会主义民主政治，改善和加强共产党的领导，改进和支持政府的工作，实现重大决策的民主化、科学化，具有重要的意义。在国家生活中，我们一定要贯彻民主协商的精神。人民政协要采取各种形式，为委员参政议政创造良好的条件，使各方面人士能够直言不讳地把各种意见、要求、批评和建议充分反映出来，并且经过必要的程序，使大家所关心的问题得到合理的解决。同时也欢迎各方面人士对政府的工作提出批评和建议，以利加强政府的自身建设。要以改革的精神，建立和健全各种必要的规章制度，逐步实现政治协商和民主监督的经常化、制度化。

80. 李瑞环对搞好人民政协的政治协商、民主监督、参政议政有何重要论述？

关于政治协商。李瑞环在 1999 年 3 月 11 日全国政协九届二次会议上的讲话中论述了政治协商的意义，指出：政治协商是人民政协的首要职能，也是人民政协存在与发展的重要依据，是中国共产党和各民主党派、无党派民主人士长期合作共事的优良传统，是我国政治制度的一大特点和优势。通过协商，可以广泛听取各党派团体和各族各界人士的意见，促进决策的民主化、科学化；通过协商，可以增进理解、扩大共识，使党和政府的方针政策成为大多数人的自觉行动；通过协商，可以发现和集中群众的智慧与经验，依靠群众的力量克服困难、解决问题；通过协商，可以协调利益关系、化解社会矛盾，维护和发展团结稳定的政治局面。大量事实证明，有协商比没协商好，真诚相待、肝胆相照、知无不言、言无不尽的协商，对于我们的工作只有益处、没有害处。1995 年 6 月 5 日，他在全国政协八届常委会第十三次会议上的讲话中，对如何把政治协商引向深入提出了要求。他指出：要制定协商计划。现在需要协商的问题很多，关键是从实际出发，加强同有关部门的沟通与衔接，选好题目，拟定一个时期的协商方案，认真组织实施。要做好协商准备。围绕议题，了解情况，搜集材料，研究方案，使协商有的放矢，意见有理有据，切实可行。要改进协商形式。在充分运用现行协商形式的基础上，针对不同层次不同内容，探索、创造新的形式，采用大范围讨论、小范围座谈、公开协商、内部沟通等灵活多样的办法，使协商活动开展得更加生动活泼、卓有成效。

关于民主监督。他在 1995 年 6 月 5 日全国政协八届常委会第十三次会议和 2001 年 3 月 12 日全国政协九届四次会议闭幕会上的讲话中都作了专门论述。他阐明了人民政协民主监督的重要意义，指出：人民政协的民主监督是人民监督的重要组成部分，这种监督既包括统一战线组织内部中国共产党和各民主党派之间的互相监督，也包括各界代表人士对国家机关及其工作人员进行的有组织的监督。以江泽民同志为核心的中共中央要求进一步加强这种监督，广大人民群众希望切实开展这种监督，发展社会主义市场经济需要下大力量搞好这种监督。他论述了人民政协民主监督所具有的不可替代的作用，指出：人民政协包括了各党派、各团体、各界别的代表人士，能够充分反映社会各个方面的看法；人民政协人才荟萃、智力密集，能够提出切实的深刻的意见；人民政协是国家政治体制的组成部分，其监督活动既有规范的形式，又有制度的保障。充分发挥人民政协民主监督的作用，有利于听到来自不同方面的意见，有利于决策的民主化、科学化，有利于及时发现和改正错误，也有利于防止和消除腐败现象。他对人民政协加大民主监督的力度提出了要求，指出：要完善监督方式。运用各种会议，开展各种活动，进行经常性监督，特别是对一些重大监督事项，应认真研究，郑重提出，以期引起有关方面的重视。要讲究监督的实效。对委员提出的意见批评，应认真整理，积极催办，及时反馈，务使其有答复、有结果。要与其他方面的监督相配合。同党的纪检机关、国家权力机关、司法机关和行政监察机关密切联系，加强协作，使政协的民主监督具体实在地开展起来。要依法保护委员的监督权利。委员有提出批评、发表意见的自由，因履行监督职责受到不公正对待时，政协组织有责任予以保护。

关于参政议政，他在 1994 年全国政协八届二次会议闭幕会上和 1995 年全国政协八届常委会第十三次会议上的讲话中都作了专门的论述。他阐明了参政议政和政治协商、民主监督的关系，指出参政议政与政治协商、民主监督是一致的。人民政协参政议政的主要内容和基本特征就是政治协商、民主监督。参政议政又不简单等同于政治协商、民主监督，而是它的拓展和延伸。一般说来，政治协商、民主监督以国家和地方的大政方针、重大问题为中心议题，以各级领导机关为具体对象，以会议为主要形式，并依据一定的程序和规则进行。参政议政则不完全受上述条件的局限，对象更加广泛、内容更加丰富，形式更加多样，方法更加灵活。他论述了参政议政的意义，指出把参政议政列入政协的主要职能，拓宽了政协工作的渠道和领域，为广大政协委员及其所联系的各界人士参与国事、发挥专长提供了更多的机会，同时，也为各级政协切实有效地组织政治协商、民主监督，从题目的选择、信息的收集、材料的积累、人员的组织等方面创造了良好的条件。他对进一步拓展参政议政的领域提出了要求，指出：要广泛参与。突出政协特点，代表各界群众，积极参与各种政治、经济、文化、社会及国际交流活动。要开展咨议。从不同的角度，对国家和地方方针政策的执行情况，对某一方面具有突出影响的重要事项，对社会普遍关心的热点问题进行讨论评议，帮助群众解疑释惑，促进有关部门搞好工作。要深入调研。紧密围绕中心任务，组织力量开展专题调研，在科学分析论证的基础上，提出高质量的、可操作的乃至有预见性的建议。

81. 李瑞环是怎样论述人民政协履行职能的若干原则的？

李瑞环在全国政协八届常委会第一次会议上对政协怎样履行职能提出了要求，他指出：今后五年我们政协如何以邓小平建设有中国特色社会主义理论为指导，实施本届大会确定的方针任务，我看关键是选好角度、发挥优势。就一般来讲，不同单位有不同的事情，同样的事情在不同的单位可以有不同的干法。对政协来讲，就需要研究如何把我们特有的事情干得更好，如何把我们与别人共有的事情干得更能体现政协的特点和优势。总之，在如何使政协的工作尽职而不越位，帮忙而不添乱，切实而不表面，更加生动活泼、富有成效方面，需要我们大家都来动动脑筋。

1995 年 6 月，在全国政协八届常委会第十三次会议上，李瑞环进一步提出了人民政协履行职能必须遵循的四条原则，并在常委会第十七次会议上的讲话中作了系统论述。这四条原则的主要内容是：

（1）必须坚持中国共产党的领导。人民政协是共产党领导的多党合作和政治协商的机构，从它诞生之日起就在共产党的领导下开展工作。共产党的领导是人民政协在我国政治生活中正确发挥作用的根本保证，也是我们所实行的社会主义民主区别于西方议会民主的主要标志。在我国，参加政协的各民主党派、各人民团体、各族各界人士都接受共产党的领导，不是反对党或反对派；人大、政府、政协、司法机关都在党的统一领导下各司其职，共同致力于中国的社会主义现代化建设。中国共产党在国家生活中的领导地位是我国宪法所规定的，拥护共产党的领导是我国每一位公民、每一个社会团体、每一个党派的法律义务。我们一定要自觉地、始终不渝地坚持共产党的领导，不论是建言献策还是批评监督，都要从有利于加强和改善中国共产党的领导出发。

（2）必须服从和服务于国家的大局。推进改革开放和现代化建设，维护安定团结的政治局面，是当前我们国家的大局。各级政协都必须自觉地树立大局意识，找准自己在大局中所处的位置，围绕大局履行好自己的职能。只要有利于大局的事，就应当大胆探索，积极去做。同时我们应当看到，人们对各种问题的观察和判断难免受到自身地位和视角的限制，有些意见在一时一地看来是有道理的，而从大局上看就未必全面、恰当。政协在提出各种意见和建议时，要注重调查研究，善于从大局出发观察和判断问题。

（3）必须注意从实际出发。各地的情况千差万别，对政协工作的认识、要求、指导和帮助都存在着一些差异，各地政协自身条件也不尽相同。因此，政协在履行职能的各项工作中，在选择题目、组织活动、提出建议等各个环节上，都要充分考虑实际情况、实际需要和可能产生的实际效果。我们既要满腔热情、锲而不舍地工作，又不能仅仅从抽象的原则和良好的愿望出发；既要虚心借鉴别人的经验，又不能简单照搬其他地方、其他机构的做法，盲目攀比。我们要注重对客观情况的调查研究，实事求是，积极稳妥，按照政协职能的要求创造性地开展工作。

（4）必须加强同有关部门的配合。政协履行职能，无论是协商监督，还是参政议政，与其他部门的工作都有着广泛、密切的联系，都要依靠其他部门的支持与配合。所以，政协在履行职能的过程中，应主动加强与有关部门的沟通协商，设身处地体谅实际工作的困难，及时提供情况、交流材料、反馈信息。在其他部门希望政协给予什么帮助时，都应尽心竭力做好。要始终注意平等待人，诚恳待人，以礼待人，做到热情、友善、周到、细致。我们要把自己的位置选准，把上上下下、方方面面的关系理顺，为履行职能创造良好的外部环境。

82. 李瑞环是如何论述人民政协的界别特点和作用的？

李瑞环在 2001 年 3 月 12 日全国政协九届四次会议上指出：人民政协由界别组成，政协委员是各界别的代表。人民政协必须重视界别的特点，加强政协委员队伍的建设。他指出，人民政协现有 34 个界别，包括了当今中国各党派和主要社会团体，集中了社会各界的代表人物。这种按界别组成的形式，可以为各个党派、团体以组织名义发表主张提供场所，可以使群众中分散、个别的意见得到系统、综合的表达，可以广泛吸纳社会各方面人士的智慧，也有利于通过界别协调关系、化解矛盾。从一定意义上讲，了解了各界别的意见就基本上了解了多数人的意见，掌握了各界别的情况就基本上掌握了整个社会的情况。人民政协只有突出界别的特点，发挥界别的作用，才能更好地履行职能，使各项工作生动活泼、富有成效。他强调，要认真研究新时期社会各阶层的状况，重视各种利益群体的变化，从实际出发合理设置界别；要根据界别的特点和要求开展活动，充分调动各界别参政议政的积极性，认真探索发挥界别作用的方法和途径；要维护委员的民主权利，畅通委员发表意见、反映社情民意的渠道，依靠广大委员推动政协工作。他在 2002 年 3 月 13 日全国政协九届五次会议上指出：重视发挥界别作用，是政协工作的突出特色。近些年来，各级政协组织鼓励委员加强同本界别群众的联系，积极反映界别的利益和要求，注意安排代表界别的会议发言，认真办理党派、团体提出的提案，注重通过界别协调关系、化解矛盾。所有这些具有界别特点的活动，都收到了明显的效果。人们的利益要求、思维观念、价值取向既有地域之间的区别，又有行业、职业带来的差异。随着市场经济的发展，跨地区的联系、组合日益增多，通过界别渠道了解各方面的情况越来越重要。人民政协集中了各个界别的代表人士，政协的许多工作都离不开界别作用的发挥。我们应该根据政协的界别特点，改进政协工作的方式，拓展政协工作的路子。

83. 李瑞环是如何论述人民政协了解和反映社情民意工作的？

李瑞环在1995年6月5日全国政协八届常委会第十三次会议上的讲话中，充分论述了反映社情民意工作的意义，指出：了解和反映社情民意是政协履行职能的重要基础和关键环节。开展这项工作，是人民群众的意愿，因为群众中确有许多意见亟待反映，许多建议希望引起重视；是执政党和政府的需要，因为党和政府确实应当把握社会各方面的情况，及时了解群众的意愿；也是人民政协的职责，因为政协委员联系着各个界别、各个阶层的群众，可以多渠道地汇集群众的意见，直接反映给党政决策部门。同时，这样做也有利于更好地履行职能，使协商更加切实，监督更加有效，参政议政更加富有成果。他对如何加强反映社情民意工作提出了要求，指出：人民政协的各级领导应当提高认识，把这项工作卓有成效地开展起来。要加强同各级政协组织、各个参加单位及广大政协委员的联系，运用会议、视察、调查、座谈、专访等方式，利用简报、提案、发言、信件等材料，广辟信息来源，使政协的各项工作、各种活动都含有反映社情民意的意义。要从大量的分散的信息中发现具有普遍意义的问题和新鲜事物，做好信息处理工作，为政协委员履行职责服务，为党政机关科学决策服务，为人民群众反映意见服务。要抓紧建立健全反映社情民意的工作机构，配备现代化的办公设施，逐步形成反应快捷、渠道畅通的信息网络，保证这一工作的高效运转。

84. 李瑞环是如何论述人民政协的专题调研与建言立论工作的？

李瑞环在 1999 年 3 月 11 日全国政协九届二次会议上指出：专题调研是履行政协职能的基础环节，是调动委员积极性的有效形式，也是活跃政协工作的重要途径。面对新的形势和任务，我们应当认真总结经验，发扬成绩，克服不足，把专题调研提高到一个新的水平。要精心选择课题，合理配备力量，找准服务大局与发挥政协优势的结合点；要搞好组织协调，加强与各党派、团体之间的合作，体现整体效应和政协特色；要注重成果的转化工作，搞好调研报告的报送、交流和反馈，增进与有关部门的沟通和联系。特别是要在研究上狠下功夫。不重视研究，满足于堆砌材料；不面向实际，习惯于图解已有结论；不集思广益，沉湎于少数人编词作文，这些都是当前研究工作的突出弊端。这样的研究，或者没有用处、徒劳无功，或者谬传误导、害人坏事。从一定意义上讲，研究工作决定着调研结论的对错、水平的高低和作用的大小。我们必须在材料弄全弄准的基础上，提倡运用马克思主义基本原理，吸取现代科学成果，进行深入的理性思考；提倡组织有关专家学者和经验丰富的人士参与，形成讨论问题的良好气氛，集中各方面的正确意见；提倡对材料进行郑重而不敷衍、深刻而不肤浅、系统而不零碎的分析、综合、提炼、抽象。只有这样，才能抓住事物的本质及其同周围的联系，才能通过调查研究达到指导实践、深化认识的目的。

他指出，我们搞专题调研，当然希望对领导有所帮助，对决策有所参考。由于种种原因，或选题不准，或深度不够，或实施条件不具备，我们的调研报告不可能都被采纳。但只要是付出了心血，只要是确有真知灼见，不用不等于无用，今天不用不等于将来也不用。自古以来，很多有识之士为国家大事建言立论，写下了若干著名的“疏”、“表”、“策”、“论”，有的在当朝当代发挥作用，有的对后人后世产生影响，有不少至今仍被人们所引用。我们的专题调研，也应当在建言立论上有所作为。“言而无文，行之不远”。我们应该对具有重要价值的调研报告精心锤炼，力求准确、生动、鲜明，并编辑成册，使之留存下来。如果我们对事关中华民族生存和发展的问题，能够提出一些带方略性的思路和主张，我们就尽到了责任，也就会感到由衷的欣慰！

85. 李瑞环是如何论述人民政协的特点和优势的？

李瑞环在全国政协八届常委会第二次会议上强调：要从政协的实际出发，扬长避短，发挥优势。政协有哪些优势？至少有这么几条：一是人才荟萃，智力雄厚，能够深入研究一些宏观的、重大的、深层次的问题。二是代表性强，信息量大，能够反映各方面群众的意见、愿望和要求。三是位置超脱，视界宽阔，能够比较客观地提出意见和建议。四是下通各界，上达中央，能够发挥民主渠道作用。

他在1994年9月21日纪念中国人民政治协商会议成立45周年座谈会上的讲话中指出，人民政协在社会主义民主政治建设中具有显著的特点和优势。由于它的委员按界别协商产生，并以界别为单位开展活动，具有组织上最广泛的代表性和政治上最大限度的包容性，因而充分体现了全体社会主义劳动者、拥护社会主义的爱国者和拥护祖国统一的爱国者的大团结、大联合。

由于它的主要职能是政治协商、民主监督和参政议政，能够经常参与中央和地方的高层次活动和重大问题的研究与决策，加上它具有智力雄厚、位置超脱、下通各界、上达中央的条件，可以深入研究一些宏观的问题，提出有分量的意见和建议，因而在全国各族人民中享有很高的威信。由于它的工作方式主要是讨论协商，是出主意想办法，提意见做批评，又由于它坚持求同存异的原则，使各方面人士能够平等交流、畅所欲言，因而可以做到既尊重多数人的共同意愿，又照顾少数人的合理要求。人民政协是我国社会主义民主政治建设的一大创造、一大特色。它既不同于人民代表大会，也不同于政党和其他社会团体，更不同于国外的议会组织。我们要认真研究、努力保持人民政协的这些特点和优势，并使之发挥更大作用。

86. 贾庆林是如何论述发展是人民政协履行职能的第一要务的？

2003 年 3 月 14 日，贾庆林在全国政协十届一次会议闭幕会上的讲话中强调，人民政协要坚持围绕中心、服务大局，把为实现全面建设小康社会的奋斗目标服务作为政协工作的出发点和落脚点。他指出，发展是中国共产党执政兴国的第一要务，也是人民政协履行职能的第一要务。人民政协工作的开拓与创新，人民政协的作用与贡献，都同亿万人民全面建设小康社会、不断推进中国特色社会主义事业的伟大实践紧密相连。在任何时候、任何情况下，人民政协都要自觉地服从和服务于全国工作的大局，而不能偏离这个大局；都要发挥爱国统一战线组织的优势，而不能削弱这个优势。要把各党派团体和各族各界人士的注意力引导到聚精会神搞建设、一心一意谋发展上来，把方方面面的智慧和力量凝聚到为全面建设小康社会努力奋斗上来。要把政协智力密集、联系广泛的优势，转化为促进改革与发展的强大动力，依托专门委员会和各界别，组织委员有重点地开展调查研究，积极建言献策，为领导机关决策提供真实情况与科学依据。

2005 年 3 月 3 日，贾庆林在全国政协十届三次会议上所作的常务委员会工作报告中，明确把坚持科学发展观、把促进发展作为履行职能的第一要务确定为人民政协工作必须长期坚持的一条重要原则，他强调，发展是解决中国当前各种问题的基础，也是海内外中华儿女的共同愿望。要牢固树立政协工作是党和国家工作全局一部分的观念，围绕中心、服务大局，全面落实科学发展观，努力把各党派团体和各族各界人士更加紧密地团结起来，聚精会神搞建设、一心一意谋发展，在促进国家发展和民族振兴中体现人民政协的作用和价值。

87. 贾庆林对充分发挥人民政协的优势和作用、为构建社会主义和谐社会服务有何重要论述？

2005 年 7 月 8 日召开的全国政协十届常委会第十次会议围绕构建社会主义和谐社会进行专题议政。贾庆林在这次会议上的讲话中指出，人民政协是大团结的象征，人民政协的本质属性与构建社会主义和谐社会的要求是完全一致的。它的主要职能、组织结构、工作原则和活动方式，都与构建社会主义和谐社会有着紧密的关系。在构建社会主义和谐社会的历史进程中，人民政协具有独特的优势，肩负着义不容辞的责任。

他要求各级政协组织和广大政协委员一定要认清使命、找准角度，把人民政协工作同亿万人民构建社会主义和谐社会的伟大实践紧密地联系起来，坚持把促进发展作为履行职能的第一要务，积极为经济社会协调发展建言献策；坚持把加强团结作为各项工作的中心环节，努力促进统一战线各方面的团结合作；坚持把发扬民主作为工作的着力点，努力维护融洽和谐、生动活泼的局面；坚持把为民服务作为工作的出发点和落脚点，努力维护人民群众的根本利益，为构建社会主义和谐社会作出积极贡献。

2006 年 10 月 16 日，在全国政协十届常委会第十五次会议闭幕会上的讲话中，贾庆林进一步提出，要充分发挥人民政协的特点和优势，从四个方面扎实有效地为构建社会主义和谐社会服务：第一，坚持把发展作为履行职能的第一要务，为推动经济社会协调发展建言献策；第二，努力推进制度建设，为保障社会公平正义献计出力；第三，积极促进和谐文化建设，为巩固社会和谐的思想道德基础发挥作用；第四，广泛团结动员社会各方面力量，为激发社会活力和增进社会团结和睦多作贡献。

88. 贾庆林是如何论述在政协工作中适应岗位、转换角色的?

2003年3月14日，在全国政协十届一次主席会议上的讲话中，贾庆林指出，在政协组织中担任主席、副主席职务，面对的是不同党派、不同团体、不同民族、不同界别的代表人士，协商的是涉及国家大政方针的重要问题，对我们这个班子来讲，确实是要求高，责任大。他强调，政协确实不同于党委、政府，也不同于具体工作部门，既不负责拍板决策，工作也没有量化指标。政协的工作主要是团结各界、发扬民主，是参政议政、建言献策。这对于多数从党政领导岗位转过来的人来讲，对于过去没有做过政协工作的同志来讲，都会有一个角色的转换过程，有一个从观念到方法的转换过程。他明确要求，要转换得好一些，转换得快一些。第一，需要加强学习，学习统一战线的理论和政策，掌握政协工作的规律和方法，尽快适应新的岗位、新的角色。第二，需要多投入一些时间思考有关政协工作全局的大问题，研究如何推进政协工作的思路和方法，使新一届政协在原有的基础上更加活跃起来。第三，需要在力所能及的条件下，多参加政协的一些活动，比如，结合自己关注的问题，参与政协组织的视察、调研以及联谊等活动，把原来领域的专长、优势，把在长期的实践和丰富的阅历中积累的宝贵经验，运用到政协工作中来，继续在参政议政的广阔领域中发挥作用。

2005年3月7日，贾庆林在与新增补政协委员座谈时指出，希望大家适应岗位、转变角色。他指出，政协组织不同于党委、政府，也不同于具体的工作部门。政协的工作主要是团结各界、发扬民主，参政议政、建言献策。政协开展工作的主要方式有会议、提案、视察、专题调研、反映社情民意等。政协工作的一个重要特点是议政不行政，献策不决策。这对于过去长期从事行政或其他具体工作的同志，对于过去没有做过政协工作的同志来讲，都有一个角色转变的过程，有一个观念和方法转换的过程。希望大家能够尽快适应角色和环境的变化，把智慧和学识运用到政协工作中来，在参政议政的广阔领域继续发挥作用。

89. 贾庆林是如何论述人民政协的学习工作的?

2003 年 3 月 31 日，他在全国政协专门委员会主任会议上的讲话中进一步强调，对我们大家来说，加强学习不是虚的，而是实的；不是可有可无，而是当务之急；不是权宜之计，而是长久之策。

2003 年 10 月 20 日，贾庆林在全国政协十届常委会举办第一次学习讲座时的讲话中，对人民政协的学习工作进行了全面论述。他指出，加强学习是关系新世纪新阶段人民政协事业发展的战略任务。人民政协历来重视学习，提倡学习，并组织和推动政协委员学习。早在 1954 年，毛泽东同志就把学习列为政协的五大任务之一。政协章程明确规定了政协组织推动政协委员在自愿的基础上学习的任务。在全面建设小康社会、加快推进社会主义现代化的新的发展阶段，进一步加强和推进政协的学习工作，是贯彻落实中共十六大精神，形成全民学习、终身学习的学习型社会的需要；是人民政协与时俱进，提高政治协商、民主监督和参政议政水平的需要；是政协委员提高自身素质，增强为祖国服务才能的需要。他明确要求各级政协组织和广大政协委员都要从关系党和国家事业兴旺发达、关系人民政协事业长远发展的高度，把加强学习作为一项重要而紧迫的战略任务，切实抓紧抓好，努力把人民政协建设成为适应时代需要的学习型组织，更好地履行政治协商、民主监督、参政议政的职能，在全面建设小康社会、开创中国特色社会主义事业新局面的伟大进程中发挥应有的作用。

他指出，要把深入学习“三个代表”重要思想摆在首要位置，全面系统地加强学习，坚持用“三个代表”重要思想统领政协工作，不断增强服务于全面建设小康社会、开创中国特色社会主义事业新局面的自觉性和坚定性。同时，我们还要学经济、学管理、学科技、学法律、学文化和文化产业方面的知识，学习政协履行职能、开展工作所需要的各种业务知识，努力用人类创造的丰富知识来充实自己。要努力造成一种勤奋学习、民主讨论、求真务实的风气。一要积极主动、勤于学习。二要结合实际、善于学习。三要发扬民主、加强交流。四要学以致用、用有所成。

2005 年 8 月 22 日，贾庆林在第一期全国政协委员学习研讨班开班式上的讲话中，进一步强调，通过加强学习和研讨，不断开阔视野，更新知识，把握政协工作的规律，提高自身的综合素质，增强履行委员职责的能力，对于做好新世纪新阶段的人民政协工作具有重要意义。

2006 年 3 月 3 日，贾庆林在全国政协十届四次会议上所作的常务委员会工作报告中明确提出，要完善学习规划，丰富学习内容，创新学习形式，努力提高政协委员自身素质和履行职责的能力，在十届政协任期内，使每一位全国政协委员参加一次集中学习。

90. 贾庆林是如何论述人民政协理论的？

2012 年 9 月 4 日，贾庆林在人民政协理论研究工作座谈会上的讲话中指出，人民政协理论包括毛泽东人民政协思想和中国特色社会主义人民政协理论。毛泽东人民政协思想以其独创性确立了人民政协的基础理论和基本政策，成为人民政协理论形成的重要标志，有力指导了人民政协的创立和发展。中国特色社会主义人民政协理论包括以邓小平同志为核心的中国共产党第二代中央领导集体、以江泽民同志为核心的中国共产党第三代中央领导集体和以胡锦涛同志为总书记的中共中央关于人民政协的重要思想、观点和论述，是马克思列宁主义统一战线理论、政党理论、民主政治理论与中国具体实践相结合的重大理论成果，是对毛泽东人民政协思想的继承和发展，是中国特色社会主义理论体系的重要组成部分。

他指出，中国特色社会主义人民政协理论的基本框架和内涵是：在人民政协的地位作用方面，强调人民政协事业是中国特色社会主义事业的重要组成部分，必须放在党和国家事业发展全局中部署和推进。在人民政协的性质方面，明确规定中国人民政治协商会议是中国人民爱国统一战线的组织，是中国共产党领导的多党合作和政治协商的重要机构，是我国政治生活中发扬社会主义民主的重要形式。在人民政协与多党合作和政治协商制度的关系方面，强调人民政协是我国政治体制的重要组成部分。中国共产党领导的多党合作和政治协商制度是我国的基本政治制度，人民政协是实现这一制度的重要政治形式和组织形式。在人民政协的协商民主特征方面，指出人民政协融协商、监督、合作、参与于一体，极大丰富了我国社会主义民主的内涵，是我国社会主义协商民主的重要制度和生动体现。在人民政协的共同思想政治基础方面，提出爱国主义、社会主义是人民政协实现大团结大联合的共同思想政治基础。在人民政协的主题方面，强调团结和民主始终是人民政协的主题。在人民政协的主要职能方面，提出政治协商、民主监督、参政议政是人民政协的主要职能。在人民政协的履职原则方面，强调围绕中心、服务大局是人民政协履行职能必须始终遵循的重要原则。在人民政协的组织构成方面，强调由界别组成是人民政协组织的显著特色，体现了人民政协组织上的广泛代表性和政治上的巨大包容性。在人民政协的活动方式方面，规定以组织委员参加所在委员会的会议和经常性工作为活动方式。在人民政协的自身建设方面，明确深化党派合作、突出界别特色、发挥委员主体作用、加强专门委员会建设、重视政协机关建设是人民政协自身建设“五位一体”的工作布局。在人民政协的政治领导方面，强调人民政协必须自觉接受中国共产党的领导，中国共产党必须加强和改善对人民政协的领导。要按照党总揽全局、协调各方的原则，进一步规范党委与人大、政府、政协以及人民团体的关系。

91. 贾庆林是如何论述全面加强人民政协的自身建设的?

《中共中央关于加强人民政协工作的意见》颁发后，贾庆林强调要按照《意见》部署，全面加强人民政协的自身建设。2006 年 3 月 3 日在全国政协十届四次会议上所作的常务委员会工作报告中，他指出，人民政协的各级组织、广大政协委员和政协机关干部，必须适应新形势新任务的要求，与时俱进，开拓创新，以发挥民主党派和无党派人士作用、体现界别特点、突出委员主体作用、搞好机关建设为重点，全面加强人民政协的思想建设、组织建设、制度建设和作风建设。

他指出，各民主党派和无党派人士是人民政协的重要组成部分。要充分发挥人民政协作为中国共产党领导的多党合作和政治协商机构的作用，建立健全会议和活动的各项制度，支持各民主党派和无党派人士参与国家重大方针政策的讨论协商及其履行职责的各种活动，尊重和保障他们在政协的各种会议上以本党派名义发表意见的权利，尊重和保障他们开展视察、提出提案、举报、反映社情民意以及参与调查和检查活动的权利。充分运用主席会议、秘书长会议通报情况，听取意见，研究确定在政协重大活动中加强协作的重要事项，根据需要邀请各民主党派有关负责人和无党派人士，协商讨论政协工作中的共同性事务，及时研究并帮助解决各民主党派和无党派人士在参加政协工作中遇到的困难和问题。人民政协的重要考察活动及重大外事活动要请参加政协的民主党派有关负责人参加，政协专门委员会要积极开展与参加政协的各党派团体的联合调研。继续探索民主党派和无党派人士在政协发挥作用的方法和途径，对行之有效的做法，要及时加以总结并形成制度。要按照中共中央的要求，保证民主党派成员和无党派人士在政协委员、常务委员和政协领导成员中占有较大比例；政协各专门委员会要有民主党派和无党派人士参加；政协机关中应有一定数量的民主党派和无党派人士担任专职领导职务，并做到有职、有权、有责。

他指出，由界别组成是人民政协组织的显著特色。要把加强界别建设作为人民政协的一项重要工作，认真总结根据界别的特点和要求开展各项活动的经验，积极探索发挥界别作用的方法和途径，不断为各界别开展活动、充分调动各界别参政议政的积极性，提供更加完善的制度保证，使人民政协的界别活动更加经常、更加规范、更加有效。要重视界别渠道的作用，推动委员通过界别渠道密切联系群众，了解和反映社会不同阶层、不同群体的愿望和要求，协助党和政府协调关系、化解矛盾、理顺情绪，增进社会各阶层和不同利益群体的和谐。要适应改革开放和经济社会发展的实际情况，立足扩大团结面，增强包容性，认真研究界别的合理设置和调整，在充分调查研究的基础上，提出切实可行的意见和建议。

他指出，政协委员是参加政协的各党派、各团体、各民族、各界别的代表人士，是人民政协履行职能的主体。要继续办好政协委员学习研讨班，完善学习规划，丰富学习内容，创新学习形式，努力提高政协委员自身素质和履行职责的能力，在本届任期内，使每一位全国政协委员参加一次集中学习。要尊重和依法保护政协委员的各项民主权利，为他们履行职责、发挥作用创造条件。要加强与党政有关部门的联系与沟通，建立健全政协委员意见和建议的跟踪办理及反馈机制。要努力增强政协委员责任感和使命感，自觉维护政协委员形象，努力做一名合格的政协委员。政协委员中的共产党员要努力成为合作共事的模范、发扬民主的模范、廉洁奉公的模范。

他指出，政协机关是做好人民政协工作的重要保障。要重视政治理论学习，坚持用马列主义、毛泽东思想、邓小平理论和“三个代表”重要思想武装干部职工头脑，牢固树立和全面落实科学发展观，弘扬与时俱进和改革创新精神，提高全局观念、服务意识和政策水平。要加强政协机关的制度建设，适应壮大爱国统一战线和发展社会主义民主政治的要求，完善为政协履行职能服务的各项工作制度，提高工作水平和效率，保证机关工作协调统一、规范有序、精干高效地运行。要加强政协机关的组织建设，着眼于统一战线和人民政协事业的长远发展，配备好领导班子，加强干部的选拔、交流、任用工作，加大干部培训、挂职锻炼的工作力度，努力造就一支政治坚定、作风优良、学识丰富、业务熟练的高素质干部队伍。巩固保持共产党员先进性教育活动的成果，发挥政协机关中的共产党员的先锋模范作用。

92. 俞正声如何强调加强党对政协工作的领导？

2018 年 3 月 3 日，俞正声在全国政协十三届一次会议开幕会上指出，坚持中国共产党的领导，这是人民政协必须恪守的根本政治原则。中国特色社会主义最本质的特征是中国共产党领导，中国特色社会主义制度的最大优势是中国共产党领导。党政军民学，东西南北中，党是领导一切的。在政协各级组织和各项活动中，党居于领导地位。人民政协坚持党的领导是具体的而不是抽象的，集中体现为坚决维护以习近平同志为核心的中共中央权威和集中统一领导，体现为坚持和完善中国共产党领导的多党合作和政治协商制度，体现为坚持和运用好协商民主这一实现党的领导的重要方式，体现为政协党组织团结带领广大委员坚定贯彻执行党的基本理论、基本路线、基本方略。要发挥政协党组及机关党组、专门委员会分党组把方向、管大局、保落实的重要作用，形成上下贯通的组织体系和工作机制，把党的主张通过民主程序转化为政协组织的决定，做到人民政协一切重要工作在党的领导下展开，一切重要活动围绕党和国家中心任务进行，一切重要安排在广泛征求意见基础上报党委审批后实施。

93. 俞正声是如何论述人民政协性质定位的?

2018 年 3 月 3 日，俞正声在全国政协十三届一次会议开幕会上指出，坚持人民政协的性质定位，这是人民政协工作的基石。人民政协作为统一战线的组织、多党合作和政治协商的重要机构、人民民主的重要实现形式，是国家治理体系的重要组成部分，是具有中国特色的制度安排。政协不是权力机关，不是决策机构，而是各党派团体和各族各界人士发扬民主、参与国是、团结合作的重要平台，发挥作用不是靠强制约束力，而是靠政治影响力。把握政协性质定位，事关坚持中国特色社会主义制度优势和特点，事关人民政协事业的方向和使命，必须具体地落实到政协的工作原则、职能任务、方式方法中。要牢牢把握政协性质定位的基本要义，不忘初心，抓住关键，筑牢根基，始终不含糊、不动摇，坚定不移走中国特色社会主义政治发展道路，把新时代人民政协事业不断推向前进。

94. 俞正声是如何论述围绕中心、服务大局的?

2018 年 3 月 3 日，俞正声在全国政协十三届一次会议开幕会上指出，坚持围绕中心、服务大局，这是人民政协履行职能的基本遵循。党和国家事业大局具有全局性、战略性。人民政协只有在大局下思考、在大局下行动，才能明确主攻方向、把握着力重点、彰显意义价值。要聚焦党和国家中心任务，想党和国家所想、急党和国家所急，自觉投身新时代中国特色社会主义的伟大实践，紧扣人民群众生产生活，紧扣经济社会发展实际，紧扣贯彻落实党和国家重要决策部署需要解决的问题，精准建言出实招，集合众智克难关。要坚持以人民为中心，坚持人民政协为人民，把更好满足人民日益增长的美好生活需要作为政协全部工作的出发点和落脚点，更加深入更为经常地关注国计民生，努力让人民群众感到政协离自己很近、政协委员就在身边。

95. 俞正声是如何论述坚持团结和民主两大主题的?

2018 年 3 月 3 日，俞正声在全国政协十三届一次会议开幕会上指出，坚持团结和民主两大主题，这是人民政协组织的本质要求和标志性特征。在人民政协，团结是方向、是目的，民主既是目的、也是手段，团结就是力量，民主才有活力。要高举爱国主义、社会主义旗帜，坚持大团结大联合，坚持一致性和多样性统一，深刻认识一致性是共同思想政治基础的一致、多样性是利益多元和思想多样的反映，在坚持一致性中尊重多样性，在包容多样性中寻求一致性，找到最大公约数，画出最大同心圆。要不忘老朋友，结交新朋友，多交挚友和净友，把更多的人团结在中国共产党周围。有事好商量，众人的事情由众人商量，是人民民主的真谛，也是社会主义协商民主的重要原则。要充分发挥人民政协作为社会主义协商民主的重要渠道和专门协商机构作用，把协商民主贯穿履行职能全过程，坚持协商就要真协商，坚持商以求同、协以成事，弘扬民主精神，践行协商理念，营造良好氛围，让委员愿讲话、敢讲话、讲真话，提倡热烈而不对立的讨论、真诚而不敷衍的交流、尖锐而不极端的批评，努力增进共识、促进团结。

96. 俞正声是如何论述在继承中发展、在发展中创新的?

2018 年 3 月 3 日，俞正声在全国政协十三届一次会议开幕会上指出，坚持在继承中发展在发展中创新，这是人民政协事业发展的不竭动力。人民政协是中国共产党把马克思主义统一战线理论、政党理论和民主政治理论同中国具体实践相结合的伟大创造，在建立新中国、建设新中国、探索改革路、实现中国梦的光辉实践中不断发展。过去五年，人民政协在已有工作的基础上，从完善政协党的领导体制、形成协商议政新局面、加强和改进民主监督工作、强化调查研究基础性作用、提高履职能力、建设以政协章程为基础的制度体系等方面进行了探索实践，取得了事业发展的新成果。面对新时代新征程新使命，人民政协要坚持问题导向、贴近群众实践，在增加协商密度、活跃协商方式、丰富协商内容、增强协商实效上下功夫，在探讨问题、平等交流、加强互动、增进共识上下功夫，努力推进理论、实践、制度与时俱进，不断增强政协事业生机活力。

97. 俞正声是如何论述发挥政协委员主体作用的?

2018 年 3 月 3 日，俞正声在全国政协十三届一次会议开幕会上指出，坚持发挥政协委员主体作用，这是人民政协工作的优势所在、活力所在。人民政协是庄严的政治组织，政协委员是荣誉更是责任，必须重视发挥委员作用、建设过硬委员队伍。要尊重委员主体地位，保障委员民主权利，完善委员联络制度，发挥政协专委会、界别、机关等联络服务委员的作用，功夫用在平时，联络贵在经常，服务贯穿始终，让每一位委员都有组织依托、有联络渠道、有平台发挥作用，把人民政协打造成团结之家、民主之家、和谐之家。要全面加强委员队伍建设，坚持思想政治引领，增强“四个意识”，坚定“四个自信”，在道路、方向、目标上形成统一意志和步调；坚持懂政协、会协商、善议政，深入调查研究，勤勉履职尽责，做到建言建在需要时、议政议到点子上、监督监在关键处；坚持守纪律、讲规矩、重品行，拒绝冷漠和懈怠、拒绝浮躁和脱离国情的极端主张、拒绝奢靡和一切利用权力或影响力谋取私利的行为，树立政协委员良好形象。

98. 汪洋是如何强调学习习近平关于人民政协工作的重要思想的？如何倡导常委会组成人员发挥示范引领作用的？

汪洋在全国政协十三届一次常委会议上指出，全面深刻把握习近平总书记关于人民政协工作的重要思想。全面学习贯彻中共十九大精神，是当前和今后一个时期人民政协首要的政治任务。要认真学习理解中共十九大报告，把报告中关于人民政协工作的部署，同新时代的主要任务和历史使命融汇起来学习，同习近平总书记关于人民政协工作的重要思想贯通起来学习。就是我们学习十九大报告不是仅仅十九大报告里边关于人民政协的那些话，就是要把这些话和整个报告精神融合起来，把报告中关于人民政协的重要论述和总书记在各种场合关于人民政协工作的重要思想结合起来，这样才能系统地领会把握，真正学懂弄通做实，切实贯彻到人民政协履行职能的各个方面和全过程。

习近平总书记一直高度重视人民政协事业，无论是在地方还是在中央工作，他都经常就政协工作作指示，出题目，交任务，提要求。中共十九大以来，在以习近平同志为核心的中共中央，切实加强对政协工作的全面领导，建立定期研究政协工作的制度。中央政治局常委会每年召开专题会议，分别听取全国政协党组的工作汇报，研究讨论政协的年度协商计划，常委会工作报告，政协全体会议等重要事项。十八大以来还出台了社会主义协商民主建设、统一战线工作条例，政协协商民主建设，政协民主监督工作等重要文件。习近平总书记在庆祝人民政协成立 65 周年大会和第一次全国两会党员负责人会议、全国政协新年茶话会，政协全体会议委员联组会等会议上发表的一系列重要讲话，科学回答了人民政协事业发展面临一些方向性全局性战略性的重大问题，成为习近平新时代中国特色社会主义思想的重要组成部分。习近平总书记关于人民政协工作的重要思想初步归纳了八个方面的内容。宪法确定了习近平新时代中国特色社会主义思想，是具有指导地位的，我们在实际工作中要落实，在履职的时候把它放在指导地位。（一）关于坚持中国共产党对人民政协的领导。（二）关于坚持人民政协性质定位。（三）关于聚焦党和国家中心任务，履职尽责。（四）关于紧扣保障和改善民生献计出力。（五）关于发挥社会主义协商民主的重要渠道和专门协商机构作用。（六）关于加强和改进政协民主监督工作。（七）关于广泛凝聚实现中华民族伟大复兴的正能量。（八）关于大力加强履职能力建设。

在刚刚闭幕的政协十三届一次会议期间，习近平总书记在参加界别小组讨论的时候进一步指出，中国共产党领导的多党合作和政治协商制度，作为我国的一项基本政治制度，是中国共产党中国人民和各民主党派、无党派人士的伟大政治创造，是从中国土壤中生长出来的新型政党制度，并对这种新型政党制度进行了阐述，对用好政党协商这个民主形式和制度提出了要求，进一步指明了中国共产党领导的多党合作和政治协商制度的鲜明特点和巨大优势，指明了新时代中国共产党领导的多党合作事业的前进方向和主要任务。这个重要讲话不仅进一步丰富了习近平总书记关于人民政协工作的重要思想，也进一步表明了习近平新时代中国特色社会主义思想与时俱进的理论品质，他是根据时代的进步不断丰富，不断完善，不断发展的，无愧为马克思主义中国化最新成果。习近平总书记关于人民政协工作的重要思想，为新时代人民政协事业发展提供了科学理论指导和行动指南。我们一定要深入学习好领会好贯彻好，着力把握核心要义精神实质，坚持联系实际，学用结合，努力转化为政协工作的正确思路和务实举措，不断开创工作的新局面。

常委会组成人员是政协组织的关键少数，一言一行在广大委员和各界人士中起着重要的示范引领作用。要在加强学习、坚定信念上走在前面。要带头用习近平新时代中国特色社会主义思想武装头脑、指导实践、推动工作，坚决维护习近平总书记的核心地位，自觉接受中国共产党的领导，始终同中国共产党同心同德，同心同向，同心同行，这是个重要的原则。

要在求真务实、提质增效上走在前面。要带头坚守真理，坚守正道，弘扬求真务实的工作作风，力戒形式主义，把提高调查研究、提案及建言质量作为我们改进工作的重要方向，注重增强工作效果。

要在严守纪律、清正廉洁上走在前面。要带头坚守原则，坚守规矩，恪守宪法法律，遵守政协章程，锻炼道德品行，厉行廉洁自律。积极践行社会主义核心价值观，正确处理个人职业活动与履行职责的关系，拒绝奢靡和一切利用权力或影响力谋取私利的行为，切实树立珍爱维护自身的良好形象。

要在团结民主、合作共识上走在前面。带头加强团结，发扬民族，弘扬人民政协求同存异，体谅包容的优良传统，贯彻民主协商平等意识的工作原则，以优良作风和人格力量团结人影响人，共同把人民政协打造成团结之家，民主之家，和谐之家。

99. 汪洋是如何论述人民政协性质和作用的?

2018 年 3 月 15 日，汪洋在全国政协十三届一次会议闭幕会上指出，中国人民政治协商会议这个庄严的名称，清楚地界定了它的性质和作用。在十三届全国政协即将履职之际，我们必须从一开始就清醒地把握这个名称，也是这项制度赋予我们的使命。

人民政协是政治组织，必须旗帜鲜明讲政治。人民政协从诞生的那一天起就具有鲜明的政治性，它的成立庄严宣告了我国各民主党派、各界别以及全国各族人民选择了中国共产党的领导。近七十年的实践证明，这样的选择是正确的。正是在中国共产党的领导下，我们才赢得了中国革命、建设、改革的胜利。正是有以习近平同志为核心的中共中央的坚强领导，我们才能实现新的历史性变革、迈向新时代、走向民族复兴。中国共产党领导是中国特色社会主义最本质的特征，是中国最大的政治。旗帜鲜明讲政治是人民政协的本质要求，中国共产党领导是人民政协事业发展进步的根本政治保证，也是新时代人民政协必须恪守的根本政治原则。我们要推动参加人民政协的各党派团体和各族各界人士不断增强对中国共产党和中国特色社会主义的政治认同、思想认同、理论认同、情感认同。我们要牢固树立“四个意识”，坚定“四个自信”，自觉接受中国共产党领导，自觉维护习近平总书记的核心地位，自觉维护中共中央权威和集中统一领导，在事关道路、制度、旗帜、方向等根本问题上统一思想、统一意志、统一步调，确保人民政协事业正确的政治方向。坚定不移走中国特色社会主义政治发展道路，使中国共产党领导的多党合作和政治协商制度在新时代得以坚持和完善，为人类政治文明的进步，贡献中国智慧和中国方案。

人民政协是人民民主的重要制度，必须以人民为中心履职尽责。为中国人民谋幸福、为中华民族谋复兴是中国共产党人的初心和使命，也是人民政协的初心和使命。人民政协作为具有中国特色的制度安排，作为人民民主的重要形式，汇集了各党派、各团体、各民族、各阶层、各界人士，具有广泛代表性和巨大包容性，始终是实现国家富强、民族复兴、人民幸福的重要力量。习近平总书记强调，人民政协要把实现好、维护好、发展好最广大人民根本利益作为工作的出发点和落脚点，把促进民生改善作为重要的着力点，抓住民生领域重要问题资政建言，协助党和政府破解民生难题，增进人民福祉，做到人民政协为人民。十三届政协 2158 名委员能够在新时代成为中国特色社会主义民主政治的参与者和实践者，不仅是荣誉更是责任。心中有人民，才能落实好中国共产党的要求，正确地行使民主权利、做好履职工作。每位委员都应认识到，尽心履职是对人民的负责，是对制度的尊重。我们要立足我国发展新的历史方位和社会主要矛盾变化，深入贯彻新发展理念，紧扣人民群众日益增长的美好生活需要，紧扣经济社会发展实际，紧扣贯彻落实党和国家重要决策部署需要解决的问题，聚焦打好防范化解重大风险、精准脱贫、污染防治的攻坚战，各展其才，各尽其能，通过政治协商、民主监督、参政议政，全面推进经济建设、政治建设、文化建设、社会建设和生态文明建设，推动改革发展成果更多更公平惠及全体人民。

人民政协是专门协商机构，必须求真务实提高协商能力水平。人民政协是社会主义协商民主的重要渠道和专门协商机构，协商民主广泛多层制度化发展，为人民政协发挥作用开辟了广阔前景。近七十年的政协协商民主实践，为十三届政协做好工作提供了宝贵经验。大批有情怀、有能力的各方人才汇聚政协，为我们做好工作提供了良好基础。政协不是权力机关，参政不行政、建言不决策、监督不强制，主要通过协商发挥作用。这种作用不是靠说了算，而是靠说得对。说得对就是能够提出符合客观事物发展规律的意见建议，这就需要求真务实的能力水平。要加强学习，认真学习习近平新时代中国特色社会主义思想和中共十九大精神，把习近平总书记在庆祝人民政协成立 65 周年大会上的重要讲话，作为当好政协委员的基本教材，并结合学习政协工作有关业务知识，着力把握协商民主的原则、要义、方法，不断提高参与协商的思想水平。要善于调查研究，充分发挥政协人才智力优势，在调研的深度广度上下功夫，搞清协商议题的情况、成因、对策，使自己真正具有参与协商的发言权。要强化实践锻炼，丰富协商形式、培育协商精神、增强协商的本领和能力，努力形成协商民主完整的制度程序和参与实践。要创造协商民主的环境，让求真务实的行为受到褒扬，求真务实的意见得到重视，使求真务实在人民政协蔚然成风。通过协商民主，使海内外中华儿女都能够为实现中华民族伟大复兴的中国梦贡献智慧和力量。

100. 汪洋是如何强调坚持好中国新型政党制度的？

2018 年 4 月 28 日，汪洋在纪念中共中央发布“五一口号”70 周年座谈会上强调，要深刻认识中共中央发布“五一口号”的重要历史意义，认真总结 70 年来多党合作的重要经验，以习近平新时代中国特色社会主义思想为指导，增强“四个意识”，坚定“四个自信”，不忘合作初心、继续携手前进，把我国新型政党制度坚持好、发展好、完善好。

汪洋指出，70 年前，中共中央发布“五一口号”，发出召开政治协商会议、成立民主联合政府的号召，得到各民主党派、无党派民主人士热烈响应，标志着各民主党派、无党派人士公开自觉接受中国共产党的领导，揭开了中国共产党同各党派、各团体、各族各界人士协商建国的序幕，奠定了中国共产党领导的多党合作和政治协商制度的基础。70 年后，习近平总书记明确提出，中国共产党领导的多党合作和政治协商制度是从中国土壤中生长出来的新型政党制度，为新时代多党合作事业开启了新的篇章。

汪洋强调，70 年来，中国共产党与各民主党派、无党派人士勠力同心、团结奋斗，共同走过了不平凡的光辉历程，多党合作事业取得了彪炳史册的伟大成就。特别是中共十八大以来，在以习近平同志为核心的中共中央坚强领导下，多党合作思想政治基础更加巩固，制度框架更加完善，我国政治制度和政党制度的影响更加广泛深远。实践证明，我国新型政党制度具有鲜明中国特色、中国气派、中国智慧，是对人类政治文明的重大贡献。

汪洋强调，中国特色社会主义进入新时代，多党合作舞台极为广阔。要毫不动摇坚持中国共产党领导，坚决维护习近平总书记核心地位，坚决维护中共中央权威和集中统一领导。要牢牢把握我国发展新的历史方位，不断巩固共同思想政治基础。要加强中国特色社会主义参政党自身建设，以政治建设为统领，不断提高履职尽责的能力水平。要讲好中国多党合作故事，展示我国新型政党制度的理论特色、实践特色、时代特色。

101. 汪洋是如何强调发挥专门委员会基础性作用的？

2018 年 3 月 28 日，汪洋在政协第十三届全国委员会专门委员会主任会议暨学习研讨班上强调，政协专门委员会是政协大会闭幕后的经常性工作机构，在政协履行职能中发挥着重要作用。要认真学习贯彻习近平总书记关于人民政协工作的重要思想，牢固树立“四个意识”，坚定“四个自信”，充分发挥专委会团结联系委员、协商民主平台等基础性作用，紧紧围绕党和国家中心工作资政建言，紧紧围绕中华民族伟大复兴凝聚智慧力量，不断开创政协专委会工作新局面，为人民政协事业发展进步作出新贡献。

汪洋指出，中共十九届三中全会把优化政协专委会设置纳入党和国家机构改革的总体设计，为完善政协专委会设置，更好发挥专委会作用提供了组织保证。各专委会要适应新时代新要求，切实增强做好专委会工作的责任感和使命感，努力提高专委会工作水平。要加强学习培训，把学习领会习近平新时代中国特色社会主义思想特别是关于人民政协工作的重要思想作为首要任务，突出学习的政治性、理论性、时代性，认真学习新修订的政协章程等，熟练掌握政协工作特别是专委会工作的特点规律；要大兴调查研究之风，把加强调查研究作为提高专委会协商议政水平的基础环节来抓，在求深、求实上下功夫；要树立正确工作理念，以求真务实的态度努力提高工作质量；要切实落实全面从严治党主体责任，着力抓好专委会党的建设，形成以党建带队伍、促工作的良好局面。

汪洋强调，各专委会要紧密结合全国政协工作总体部署，进一步完善协商议政格局，综合运用专题议政性常委会议、专题协商会、双周协商座谈会等形式，更加灵活、更为经常地开展协商议政活动，完善对口协商和界别协商，积极探索网络议政、远程协商等新形式，完善提高建言资政质量的机制，探索凝聚智慧力量的方式，努力形成完整的制度程序和参与实践。

102. 汪洋对开好双周协商座谈会提出什么要求？

双周协商座谈会是委员与中央有关部门定期交流的重要协商平台，是委员建言资政的重要履职方式。要继承以往座谈会的有益经验，适应新时代新要求，不断提高座谈会的质量、水平和实效，更好发挥政协协商民主的优势和作用。

人民政协是协商民主的重要平台，协商是双向的。委员们通过这个平台资政建言，为党和政府科学民主决策提供参考；党政部门通过这个平台宣传介绍政策主张，争取理解支持，广泛凝聚共识。有关部门和政协委员深度交流和良性互动，既促进了科学立法，又凝聚了各界共识，为发挥政协委员在立法协商中的作用积累了经验。

103. 汪洋是如何强调加强新时代人民政协党的建设工作的？

2018 年 6 月 22 日，汪洋在全国政协系统党的建设工作座谈会上强调，人民政协事业是党领导人民进行伟大社会革命的重要组成部分，政协系统党的建设是全党进行伟大自我革命的重要组成部分。加强政协系统党的建设，关系人民政协制度优势和我国政治制度整体效能的发挥，关系坚持和发展中国特色社会主义这场伟大社会革命的进程。要深入学习贯彻习近平新时代中国特色社会主义思想和党的十九大精神，按照新时代党的建设总要求，全面推进政协党的建设，发挥各级政协党组领导核心作用、基层党组织战斗堡垒作用、共产党员先锋模范作用，把党中央决策部署和对政协工作要求落实下去，把海内外中华儿女实现中华民族伟大复兴的智慧力量凝聚起来，为实现党的十九大确定的目标任务而奋斗。

政协系统党建工作必须结合实际，贯彻落实新时代党的建设总要求。要加强政治建设，坚决维护习近平总书记核心地位，坚决维护党中央权威和集中统一领导，在政治立场、政治方向、政治原则、政治道路上同党中央保持高度一致。要加强思想建设，以习近平新时代中国特色社会主义思想武装头脑，引导政协组织中的共产党员牢记党的宗旨、坚定理想信念，为党做好凝心聚力工作。要加强组织建设，健全组织网络，更好发挥政协党组织的整体功能。要加强作风建设，锲而不舍落实中央八项规定精神，弘扬求真务实、民主协商的作风。要加强纪律建设，坚决反对个人主义、分散主义、自由主义。

各级政协党组要担负起党的建设重大政治责任，牢固树立抓好党建是本职、不抓党建是失职、抓不好党建是不称职的观念。要鼓励地方探索政协党建工作规律，创新方式方法，总结推广好经验好做法，创造政协系统加强党的建设的良好舆论氛围。

四、人民政协的组织和会议

104. 人民政协的组织和机构是怎样设置的？

根据《中国人民政治协商会议章程》的规定，中国人民政治协商会议设全国委员会和地方委员会。省、自治区、直辖市设中国人民政治协商会议的省、自治区、直辖市委员会；自治州、设区的市、县、自治县、不设区的市和市辖区，凡有条件的地方，均可设立中国人民政治协商会议各该地方的地方委员会。全国委员会和各级地方委员会设常务委员会主持会务，并设主席会议处理常务委员会的重要日常工作。全国委员会和省、自治区、直辖市的地方委员会设立办公厅和若干专门委员会等工作机构。自治州、设区的市、县、自治县、不设区的市和市辖区的地方委员会的工作机构的设置，按照当地实际情况和工作需要，由常务委员会决定。

105. 人民政协的全体会议有哪些职权？

根据《中国人民政治协商会议章程》和《政协全国委员会全体会议工作规则》的规定，中国人民政治协商会议全国委员会全体会议行使的职权有：

（1）修改中国人民政治协商会议章程，监督章程的实施；（2）选举全国委员会的主席、副主席、秘书长和常务委员，决定常务委员会组成人员的增加或者变更；（3）听取和审议常务委员会的工作报告、提案工作情况的报告和其他报告；（4）讨论本会重大工作方针、任务并作出决议；（5）协商讨论国家的大政方针以及政治、经济、文化和社会生活中的重大问题，提出建议和批评。

政协各级地方委员会全体会议行使下列职权：

（1）选举地方委员会的主席、副主席、秘书长和常务委员；（2）听取和审议常务委员会的工作报告；（3）讨论并通过有关的决议；（4）参与对国家和地方事务的重要问题的讨论，提出建议和批评。

106. 人民政协的常务委员会由哪些人员组成？

《中国人民政治协商会议章程》规定，政协全国委员会和各级地方委员会的常务委员会由各该委员会的主席、副主席、秘书长和常务委员组成。

107. 人民政协的主席、副主席、秘书长、常务委员是如何产生的？

根据《中国人民政治协商会议章程》的规定，政协全国委员会和地方委员会的主席、副主席、秘书长、常务委员的候选人由参加各该委员会的各党派、团体、各民族和各界人士协商提名，经各该委员会全体会议选举产生。选举时，应经全体委员过半数通过。

108. 人民政协的常务委员会有哪些职权和任务？

《中国人民政治协商会议章程》规定，政协全国委员会和地方委员会设常务委员会主持各该委员会会务。其中，政协全国委员会常务委员会行使下列职权：（1）解释中国人民政治协商会议章程，监督章程的实施；（2）召集并主持中国人民政治协商会议全国委员会全体会议；每届第一次全体会议前召开全体委员参加的预备会议，选举第一次全体会议主席团，由主席团主持第一次全体会议；（3）组织实现中国人民政治协商会议章程规定的任务；（4）执行全国委员会全体会议的决议；（5）全国委员会全体会议闭会期间，审查通过提交全国人民代表大会及其常务委员会或国务院的重要建议案；（6）根据秘书长的提议，任免中国人民政治协商会议全国委员会副秘书长；（7）决定中国人民政治协商会议全国委员会工作机构的设置和变动，并任免其领导成员。

依照政协章程的要求，《中国人民政治协商会议全国委员会常务委员会工作规则》规定常务委员会会议的主要任务是：（1）审议全国委员会及常务委员会会务和工作中的重大事项；（2）协商讨论中共中央和国家重大方针政策及社会生活中的重大问题，听取中共中央、国务院以及有关部门的负责人对有关重要问题的报告或说明，提出建议和意见；（3）审议提交全国委员会全体会议的文件；（4）审查重要的建议案、提案、视察报告、调查报告、出访报告和其他报告；（5）协商决定下届全国委员会的参加单位、委员名额和委员人选及界别设置。协商决定本届全国委员会增加或者变更的参加单位、委员名额和人选。

政协章程对政协地方委员会常务委员会的职权也作了相应规定。

109. 人民政协的主席会议由哪些人员组成？

根据《中国人民政治协商会议章程》的规定，政协全国委员会和各级地方委员会的主席会议由各该委员会的主席、副主席、秘书长组成。

110. 人民政协主席会议的主要任务是什么？

《中国人民政治协商会议章程》规定，政协全国委员会和各级地方委员会主席会议处理常务委员会的重要日常工作。《中国人民政治协商会议全国委员会主席会议工作规则》规定，政协全国委员会主席会议的主要任务是：（1）学习中华人民共和国宪法，学习中国人民政治协商会议章程和有关规定，学习建设中国特色社会主义的基本理论、基本路线、基本纲领和基本经验，学习统一战线和人民政协的理论和政策，学习经济、科技、法律和现代管理知识；研究部署学习工作。（2）审议本届全国委员会增加或者变更参加单位、委员名额和人选，提请常务委员会协商决定。审议下届全国委员会的参加单位、委员名额和人选及界别设置，提请常务委员会协商决定。（3）根据中国人民政治协商会议章程和有关规定，安排协商活动，决定协商的形式和内容。（4）对中共中央和国家的重大方针政策以及社会生活中的重大问题进行讨论，提出建议、意见或建议案。（5）审查以全国委员会或常务委员会名义向中共中央、全国人大常委会、国务院提出的重要建议案。（6）召集并主持常务委员会会议，拟定会议的议程草案和日程，审议提交会议审议的文件。（7）受常务委员会的委托，主持下一届第一次全体会议预备会议。（8）审议全国委员会及其常务委员会的工作计划、工作报告和重要活动方案，审议政协全国委员会代表团的出访报告和委员视察报告，审议专门委员会的年度计划和工作总结；决定专门委员会委员人选。（9）执行常务委员会会议的决议；根据常务委员会的授权，履行常务委员会的部分职权。（10）研究涉及人民政协全局性的工作方针，对全国委员会及全体会议、常务委员会的制度化、规范化、程序化建设提出建议，指导地方政协的工作。（11）协调政协各参加单位之间的关系，促进团结合作。（12）处理常务委员会的其他重要日常工作。

111. 人民政协设立了哪些会议制度？

会议是人民政协履行职能和政协委员参政议政的一种基本形式。人民政协现有的会议制度主要有：全国或地方委员会全体会议制度、常务委员会会议制度、主席会议制度、秘书长会议制度、专门委员会会议制度。除此之外，还根据形势和工作需要召开各种形式的协商座谈会、情况通报会、意见听取会、研讨会等。

112. 人民政协的全体会议如何举行？

根据《中国人民政治协商会议章程》的规定，政协全国委员会和各级地方委员会的全体会议，分别由各该委员会常务委员会召集并主持。政协全国委员会全体会议，每年举行一次，常务委员会认为必要时，得临时召集之。各级地方委员会的全体会议每年至少举行一次。政协全国委员会和地方委员会的每届第一次全体会议由全体委员参加的预备会议选举主席团主持。

政协章程没有规定全国委员会和地方委员会的全体会议的召开时间和会期。按照惯例，政协全国委员会全体会议与全国人大全体会议大体同期举行。全国人大全体会议于每年第一季度举行。政协全国委员会全体会议通常在全国人大全体会议前几天召开。地方的情况则不尽相同，有不少地方的政协委员会全体会议在同级人大全体会议之前举行。

113. 人民政协的常务委员会会议如何举行？

根据《中国人民政治协商会议全国委员会常务委员会工作规则》的规定，政协全国委员会常务委员会会议一般每季度举行一次，必要时可临时举行。会议的议程草案和日程由主席会议拟订，于会前半个月将会议的有关事项通知常务委员会组成人员，临时举行的会议，可以临时通知。常务委员会会议由主席主持，也可由主席委托的副主席主持。常务委员会举行会议时，不是常务委员的各专门委员会主任、副主任、办公厅研究室主任及各局级单位负责人列席；视会议内容和需要，可邀请各省、自治区、直辖市和副省级市政协负责人及有关的全国政协委员列席；必要时，邀请有关党政部门负责人和其他有代表性的人士参加。

政协地方委员会，参照全国政协的上述规定，也对常务委员会会议的召集、主持和会期作出了相应规定。

114. 人民政协的主席会议如何举行？

根据《中国人民政治协商会议全国委员会主席会议工作规则》的规定，政协全国委员会主席会议，一般每月举行一次，必要时可临时召集。会议由主席主持，也可由主席委托的副主席主持。会议的议题由主席或副主席、秘书长提出，由主席或主席委托主持会议的副主席确定。召开主席会议时，本会副秘书长、各专门委员会主任列席，必要时也可邀请与会议议题有关的其他人员列席，协商讨论重大问题时，可邀请有关部门负责人到会介绍情况、听取意见。

政协地方委员会主席会议的召集和主持与政协全国委员会情况大体相同。

115. 人民政协的秘书长会议如何举行？

根据《中国人民政治协商会议全国委员会秘书长会议工作规则》的规定，秘书长会议由秘书长、副秘书长组成，一般每月举行一次，如有需要可临时召集。会议的日期、议题由秘书长决定。会议由秘书长或秘书长委托的副秘书长召集并主持。

秘书长会议的主要任务：（1）学习中华人民共和国宪法，学习中国人民政治协商会议章程和有关规定，学习建设中国特色社会主义的基本理论、基本路线、基本纲领和基本经验，学习统一战线和人民政协的理论和政策，学习经济、科技、法律和现代管理知识；（2）对参加政协的各党派、无党派人士、各人民团体共同关心的问题进行协商讨论，向主席会议、常务委员会提出意见和建议；（3）协助主席、副主席组织实施全体会议、常务委员会会议、主席会议的决议；（4）负责全体会议、常务委员会会议、主席会议、常务委员专题座谈会及根据需要召开的各党派、无党派人士、人民团体、各族各界人士的代表参加的协商座谈会的准备和服务工作；（5）审议提交主席会议的各项文件及以政协全国委员会办公厅名义发出的重要文件；（6）协商讨论政协全国委员会、各民主党派中央和全国工商联机关共同事务和重要活动安排；（7）调查研究地方各级人民政协的工作经验和共同存在的问题，就加强和改进人民政协工作，向主席会议和常务委员会提出建议；（8）加强同国家机关、各党派团体、地方政协的联系与协作；（9）负责政协机关思想、组织、制度和作风建设，为政协全国委员会主席、副主席、常务委员和委员履行职责服务；（10）审议政协全国委员会机关有关人事任免事项；（11）完成主席、副主席交办的其他事项。

秘书长会议议题，除临时召集的会议外，一般应当提前通知。与会人员不能出席会议时，可对讨论的议题提出意见。会议需作记录，并编印会议纪要分送主席、副主席、秘书长、副秘书长、各专委会主任、各局及有关人员。会议纪要由主持人签发。秘书长会议协商讨论问题，应充分发扬民主，广泛听取各种意见和建议。

本会办公厅研究室及有关部门负责人列席秘书长会议。可根据会议内容，邀请未担任本会副秘书长的民主党派中央、全国工商联有关负责人列席秘书长会议。

政协各级地方委员会大都参照全国政协的做法，对秘书长会议作出了相应规定。

116. 人民政协的专门委员会会议如何举行？

人民政协专门委员会是在常务委员会和主席会议领导下的工作机构。根据《中国人民政治协商会议全国委员会专门委员会通则》的规定，政协全国委员会专门委员会的日常工作由主任或主任委托的副主任主持，政协全国委员会秘书长或秘书长委托的副秘书长负责协调。

根据工作需要，一般每年要召开一到两次专门委员会主任联席会议，由主席或主席委托的副主席、秘书长主持召集，讨论研究专门委员会工作的重要问题。各专门委员会的会议一般不定期举行。专门委员会会议的形式主要有全体会议、主任会议、主任扩大会议，以及同中共党委、人大、政府有关部门及民主党派、工商联、人民团体的有关机构举行的联席会议等。

根据政协全国委员会全体会议和常务委员会的决议精神，专门委员会会议要制订年度工作计划并提请主席会议审议，年度末向常务委员会提交工作报告。

政协各级地方委员会根据政协章程和上述《通则》的原则，结合各自实际，对专门委员会会议制度也作出了相应的规定。

117. 全国政协全体会议、常务委员会会议的议程、日程是怎样确定的?

全国政协全体会议议程、日程确定的程序是：

（1）由会议秘书处提出建议方案；

（2）议程草案按程序先后提交秘书长会议、主席会议、常务委员会会议审议，最后在全体会议开幕会上审议通过；

（3）日程草案按程序先提交秘书长会议、主席会议审议，最后由常务委员会会议审议通过。其中，会议秘书处在提出关于议程、日程草案的建议之前，还需就日程安排的衔接等问题同全国人大有关单位进行沟通和协调。

每届第一次全体会议的议程和日程在预备会议上通过。

政协常务委员会会议议程、日程确定的程序是：

（1）由办公厅提出建议方案；

（2）议程草案按程序先后提交秘书长会议、主席会议审议，再在常务委员会会议开幕会上审议通过；

（3）日程草案按程序先提交秘书长会议审议，再由主席会议审议通过。

118. 人民政协全体会议、常务委员会会议的工作机构有哪些?

政协全国委员会举行全体会议时设立会议秘书处，由秘书长、副秘书长组成。其中，会议秘书长由政协全国委员会秘书长担任，主持秘书处工作并向主席会议报告工作。会议秘书处设立精干的办事机构，如秘书组、文件起草组、简报组、提案组、大会发言组、新闻组、联络组、组织组、警卫组、翻译组、总务组、技术保障组、机关驻地服务组、委员住地办事组等。在召开换届大会时，还设选举组。

会议秘书处各工作机构都有各自明确的职责和分工，其中直接为委员服务的主要职责有：秘书组负责会议期间的全体会议、常务委员会会议、主席会议及各委员小组召集人会议的具体组织工作，负责委员报到、编排会议议程和日程及安排会场座次等事项。简报组负责小组讨论时委员发言的记录和简报编写工作，受理委员通过反映社情民意用笺、语音信箱留言等反映的意见、建议，受理委员和人民群众来信。提案组负责受理委员提案。大会发言组负责受理委员向全体会议提交的口头和书面发言。新闻组负责组织对会议的宣传报道以及安排委员接受记者采访。组织组负责委员人事、委员分组等事宜。委员住地办事组负责委员有关住宿、出行和委员小组讨论会场安排等事宜。

政协全国委员会常务委员会举行会议时不设会议秘书处，其工作机构在本会秘书长、副秘书长领导下，设立秘书组、文件起草组、简报组、信息组、大会发言组、新闻组、技术保障组、组织组、警卫组、总务组、机关驻地服务组等。其职责同政协全体会议期间秘书处所设立的相应工作机构基本相同。政协各级地方委员会的全体会议及常务委员会会议，根据当地的实际情况设立精干的工作机构。

119. 人民政协全体会议、常务委员会会议如何编组?

根据《中国人民政治协商会议全国委员会全体会议分组办法（政协第九届全国委员会第八次秘书长会议通过）》的规定，为便于大会组织工作和委员在讨论时充分发表意见，会议分组原则上以界别为基础，人数多的界别，可编为若干小组；人数少的界别，可合并编组。每届第一次全体会议依据办法编制分组名单，届内其他各次会议原则上按此办理，不再重新编组。

常务委员会会议根据会议议题，可按界别编组，也可按专题、专业混合编组。

120. 人民政协全体会议期间的界别联组讨论如何组织？

政协全体会议期间组织界别联组讨论，是各界委员参政议政、协商讨论的一种有效形式。界别联组讨论的组织工作主要有：

（1）列入每年全体会议日程安排。只有一个小组的界别仍按小组形式，有两个以上小组的界别安排联组形式。

（2）界别联组讨论的当次会议主持人由所在界别各小组组长、副组长协商推举产生。会议讨论的主题应联系本界别实际，围绕政协全体会议的指导思想，着眼于探讨解决本界别委员关注、群众关切、关系全局的重大问题，提出对策性的思路和建设性的建议。

（3）会议主持人负责会同小组组长、副组长组织会议发言，会议秘书处驻委员驻地办事组配合做好相关工作。发言人选可采取有准备发言和即席发言相结合的方式，两种方式的发言可交替进行。有准备的发言人选可以从小组讨论会上作过代表性发言的委员、提供大会书面发言材料的委员中遴选产生。即席发言的委员一般采取现场举手报名的方式，由主持人决定发言人选。发言应开门见山，不讲套话、空话，发言时间应有所控制。

（4）举行界别联组讨论时，会议秘书处根据会议讨论的主要内容，可邀请中央和国家机关有关单位负责同志到会听取意见和建议。

121. 人民政协全体会议、常务委员会会议小组召集人及组长是怎样产生的？

根据《中国人民政治协商会议全国委员会全体会议小组召集人及组长产生办法》的规定，委员小组召集人的产生程序是：（1）每届第一次全体委员会议的小组召集人，由有关单位协商提出建议或由会议秘书处研究提出建议；（2）届内各次会议的小组召集人，由会议秘书处在上次会议产生的小组组长、副组长名单的基础上提出，并可根据需要作必要的调整；（3）小组召集人名单草案提交秘书长会议审议通过。

每次会议小组的召集人，负责在全体会议第一次小组讨论会上召集本组委员推选出组长、副组长，并报会议秘书处备案。组长、副组长的推选，贯彻民主协商的原则，要保持连续性，也可推选新的成员。小组组长、副组长的职责是：（1）组织本组委员参加各种会议和小组讨论；（2）签发本组简报；（3）参加会议秘书处组织的有关会议并传达会议精神；（4）收集反映本组委员对会议工作的意见和建议。

常务委员会会议小组召集人产生的程序是：会议秘书组按照常委轮流担任的原则，征求常委本人意见后提出建议名单，并按程序报批确定。其职责与全体会议小组组长、副组长大体相同。

122. 人民政协改进会风有哪些措施？

为认真贯彻落实中央八项规定和实施细则精神，坚决纠正“四风”，全国政协办公厅于2018年2月制定《全国政协十三届一次会议严肃会风会纪的措施》，提出以下措施。

一、认真履职尽责。与会委员应自觉遵守政协章程和委员履职工作规则，严肃政治纪律和政治规矩，增强政治意识、大局意识、核心意识、看齐意识，聚精会神开会，积极建言献策。工作人员专心致志，恪尽职守。

二、严守换届纪律。与会委员应严格遵守换届纪律，严禁拉票贿选、跑风漏气，不得泄露、扩散涉及换届人事安排等保密内容；严禁干扰换届，不得造谣、诬告他人或者妨害他人自由行使选举权。

三、简化接待方式。机场、车站和委员驻地不安排迎送仪式，不挂标语横幅，不铺迎宾地毯、不献花。委员入住的房间不摆放鲜花。严禁超标使用住房。按会议标准安排自助餐，与会人员凭会议就餐卡文明用餐。出席在人民大会堂举行的全体会议，除工作需要外，一律集体乘车往返。

四、规范会场安排。全体会议会场主席台前简化绿植花草布置，报告席、发言席不摆放鲜花。小组会场不摆放绿植花草、不铺设迎宾地毯、不悬挂会标、不制作背景板。

五、改进会风文风。根据实际需要确定会议文件印数和发放范围。各种材料和发言力求简明精练、观点鲜明。新闻报道突出政协特色，坚持团结稳定鼓劲，正面宣传为主，更多聚焦委员履职情况和工作成果。严格控制非会议材料的发放，除经批准的报刊外，不得接受向会议赠阅的其他图书、报刊、参考资料等。

六、严肃会议纪律。与会委员应严格执行请假制度。对于未履行请假手续而不出席会议以及迟到早退等情况予以通报，并视情况反馈至本人所在单位。与会人员应遵守保密规定，严防失、泄密事件发生；不在会场内接打电话或发微博微信；不参加未经大会秘书处批准的活动。工作人员不得超编，随员严格限定在规定范围内。严格人员证件、车辆证件等管理。

七、遵守廉洁纪律。与会人员会议期间不准违反规定吃请、请吃、饮酒；不准接受或赠送礼品、纪念品、土特产；不准借助委员的影响力办私事、谋私利。

八、禁止商业活动。规范会议各工作机构、政协机关所属单位、会议服务单位、与会人员和商品供应、服务保障企业的行为，不准借机开展宣传、促销活动。

会风会纪督查组进行实地督查，在相关工作组和各委员驻地设督查员、意见箱、监督电话。根据工作需要，可与有关与会人员进行谈话，对违反相关规定的行为进行追究，严肃处理。

地方政协也按照中共中央的有关规定制定了改进会风的相关措施。

五、政协委员的权利、义务及相关政策

123. 政协委员是如何产生的?

《中国人民政治协商会议章程》第二十三条规定：凡赞成本章程的党派和团体，经中国人民政治协商会议全国委员会常务委员会协商同意，得参加中国人民政治协商会议全国委员会。参加地方委员会者，由各级地方委员会按照本条上述规定办理。第三十一条规定：中国人民政治协商会议全国委员会委员经相关程序后，须由中国人民政治协商会议全国委员会常务委员会协商决定。地方委员会委员经相关程序后，须由各级地方委员会常务委员会协商决定。

政协委员产生的具体运作步骤，一般为：

（1）提名推荐。推荐全国委员会委员名单，由各党派中央、各人民团体、无党派人士、各个界别等协商提出。在地方的全国委员会委员，由各省、自治区、直辖市协商推荐。推荐地方委员会委员名单由地方各党派、无党派人士、各人民团体、各个界别等协商提出。

（2）协商确定建议名单。对各方面提出的推荐名单由中共党委有关部门进行综合平衡，充分同各推荐方面协商形成建议名单。

（3）审议通过。将委员建议名单提交政协主席会议审议同意后，由常务委员会协商决定，经全体常务委员会组成人员过半数同意予以通过。

（4）公布。经常务委员会会议通过的委员，由政协办公厅（或办公室）分别通知推荐单位和本人，向委员发委员证书，并通过新闻媒体向社会公布。

增补政协委员的程序，也需要经过提名、协商、审议通过和公布这几个步骤。

124. 政协委员应具备的基本条件和对其基本要求是什么?

《中国人民政治协商会议章程》第三十条规定：中国人民政治协商会议

全国委员会委员和地方委员会委员应热爱祖国，拥护中国共产党的领导和社会主义事业，维护民族团结和国家统一，遵守国家的宪法和法律，保守国家秘密，廉洁自律，在本界别中有代表性，有社会影响和参政议政能力。”第三十二条规定：“中国人民政治协商会议全国委员会委员和地方委员会委员应当依照本章程积极履行职责，认真行使权利。”第三十四条规定：“中国人民政治协商会议全国委员会委员和地方委员会委员要密切联系群众，了解和反映他们的愿望和要求，参加本会组织的会议和活动。”

《中共中央关于加强人民政协工作的意见》进一步强调，要认真组织政协委员的学习与培训，促进政协委员提高自身素质。政协委员要在遵守政协章程，履行委员职责，密切联系群众的基础上，积极参加政协组织的会议和活动。中共中央还希望，广大政协委员要切实发挥在本职工作中的带头作用，政协工作中的主体作用，界别群众中的代表作用，自觉树立和展示政协委员良好形象。

125. 政协章程规定的委员权利有哪些?

根据政协章程规定，政协全国委员会和地方委员会委员的权利可归纳为:

（1）在本会会议上有表决权、选举权和被选举权；

（2）有对本会工作提出批评和建议的权利；

（3）有通过本会会议和组织充分发表各种意见、参加讨论国家大政方针和各该地方重大事务的权利；

（4）有对国家机关和国家工作人员的工作提出建议和批评的权利；

（5）对违纪违法行为检举揭发的权利，参加有关部门组织的调查和检查活动；

（6）有声明退出政协的自由；

（7）在受到警告或撤销参加资格的处分时，如果不服，有请求复议的权利。

126. 政协章程规定的委员义务有哪些?

根据政协章程规定，政协委员的义务可归纳为：

（1）遵守和履行政协章程；

（2）遵守和履行本委员会全体会议和常务委员会会议决议；

（3）地方政协委员还应遵守和履行政协全国委员会的全国性决议和上级地方委员会的全地区性的决议。

127. 政协委员行使民主权利的主要方式有哪些？

政协委员行使民主权利的过程就是依据政协章程履行职责的过程，总结多年实践经验，委员行使民主权利的主要方式有：

（1）参加政协全体会议、常务委员会会议、常委专题座谈会、各专门委员会会议以及其他形式的协商座谈会议，通过小组讨论、大会口头发言或书面发言等对国家和地方的重大事务进行协商，对国家机关和国家工作人员的工作提出建议和批评。

（2）参加政协组织的视察、考察和调查，了解情况，就各项事业和群众生活的重要问题进行研究，通过建议案、提案、社情民意信息和其他形式向国家机关和其他有关组织提出建议和批评。

（3）对违纪违法行为检举揭发，参与有关部门组织的调查和检查。

（4）通过《人民政协报》《中国政协》等新闻媒体表达委员参政议政的意见等。

128. 政协章程和有关文件制度对保障委员民主权利有哪些规定？

政协章程、中共中央有关文件和全国政协的有关规定，对切实保障政协委员的民主权利都作了明确的规定，主要内容有：

（1）《中国人民政治协商会议章程》总纲中规定："中国人民政治协商会议全国委员会和地方委员会，依法维护其参加单位和个人按照本章程履行职责的权利。"

（2）《中共中央关于坚持和完善中国共产党领导的多党合作和政治协商制度的意见》中第四部分第16条指出："在政协的各种会议上，要切实保障政协委员提出批评的自由和发表不同意见的自由。"

（3）《政协全国委员会关于政治协商、民主监督、参政议政的规定》第九条指出：“政协委员的民主权利应受到保护。在政协的各种会议上，各种意见都可以发表。”

（4）《中共中央关于进一步加强中国共产党领导的多党合作和政治协商制度建设的意见》第 14 条指出：“充分发挥民主党派和无党派人士在人民政协中的作用。要保证民主党派可以以本党派的名义在政协大会上发表意见和主张，可以提出代表本党派组织的提案，可以自主开展调查研究等活动。要保证民主党派成员和无党派人士等在各级政协中占有较大比例。”

（5）《中共中央关于加强人民政协工作的意见》第 21 条指出：“要尊重和依法保护政协委员的各项民主权利，为他们发挥作用提供方便。”

129. 政协章程对委员违反章程和政协决议的行为规定了哪些纪律处分？

政协章程第二十九条规定：参加中国人民政治协商会议全国委员会和地方委员会的单位和个人，如果严重违反中国人民政治协商会议章程或全体会议和常务委员会的决议，由全国委员会常务委员会或地方委员会常务委员会分别依据情节给予警告处分，或撤销其参加中国人民政治协商会议全国委员会或地方委员会的资格。

政协章程第三十九条规定：对违纪违法的委员，中国人民政治协商会议全国委员会常务委员会或地方委员会常务委员会应当依照法律和有关规定作出相应处理。

130. 政协委员辞职的程序是什么？

政协委员辞职需经过以下程序：

（1）委员本人提出书面辞职申请。

（2）有关部门进行审核，并提出书面建议。

（3）政协机关党组研究。

（4）政协主席会议审议。

（5）政协常务委员会会议审议通过辞职委员名单。

（6）对政协常务委员会会议审议通过的辞职委员名单向政协全体会议作口头报告备案，并通过新闻媒体向社会公布。

131. 撤销政协委员资格应经过哪些程序？

撤销政协委员资格，一般经过以下程序：

（1）有关方面提出书面建议。

（2）政协主席会议审议后提交常务委员会会议审议。

（3）政协常务委员会会议审议通过，并通过新闻媒体向社会公布。

132. 非中共政协委员阅读中共有关文件有何规定？

中共中央统战部1984年3月12日向各省、自治区、直辖市党委办公厅、统战部转发了中共上海市委办公厅、统战部制定的《关于担任领导职务的党外人士阅读传达中央和市委文件、资料问题的通知》，请各地参照执行。通知规定：

（1）发至省军级的有关中共中央文件和资料，可传达到省、自治区、直辖市政协副主席和全国政协常委。

（2）发至地师级的有关中共中央文件、资料和发至县以上单位的省、自治区、直辖市党委文件，可传达到全国政协委员，省、自治区、直辖市政协常委，各区、县政协正副主席。

（3）发至县团级的有关中共中央文件和省、自治区、直辖市党委文件，可传达到省、自治区、直辖市政协委员，区、县政协常委。

（4）发至县团级的有关中共中央文件和省、自治区、直辖市党委文件，明确规定向全体党员干部传达的，原则上可以传达到区、县政协委员。

通知要求各级党组织切实做好这项工作，使党外人士参加应当参加的会议，阅读应该阅读（或听传达）的文件、资料，同时注意严格保守党和国家的机密。

133. 对政协委员所在单位支持委员参加政协的会议和活动有何规定?

《中共中央关于加强人民政协工作的意见》明确指出:“政协委员是人民政协履行职能的主体。”“政协委员所在单位要支持其参加政协活动,保障其各项待遇不因参加政协活动而受到影响。”政协委员在参加履行职责的活动和会议时,如参加政协全体会议、常务委员会会议、常委专题座谈会、各专门委员会会议以及其他形式的协商座谈会,参加政协组织的视察、参观和调查等,政协委员所在单位要积极为其创造条件,提供方便,给予大力支持,在时间、经费等方面给予必要的保障,并计入工作量。

政协委员所在单位要认真按照中共中央文件和国家的有关政策的要求,保障政协委员各项待遇不因参加政协活动而受到影响。

134. 政协全国委员会任期的起止时间是如何规定的?

政协章程第三十一条规定:“中国人民政治协商会议全国委员会每届任期五年。如遇非常情况,由常务委员会以全体组成人员的三分之二以上的多数通过,得延长任期。”2005 年 2 月 28 日政协第十届全国委员会常务委员会第八次会议通过的《中国人民政治协商会议全国委员会全体会议工作规则》明确了政协全国委员会每届任期的开始时间,即:从该届全国委员会第一次全体会议预备会议开始。

135. 政协委员调至外地后,是否可以继续保留原地方政协委员的资格?

政协委员在本届任期内,如果迁居另一地方或出国定居,本人没有向地方政协常务委员会申请辞去委员的,仍应保留其政协委员资格至本届政协任期结束。政协换届时,对已调出本地区的政协委员,原提名单位可以不再继续提名。

136. 国家对政协委员离退休有何规定?

目前关于全国政协委员离退休执行如下的政策:

（1）中共中央组织部1982年第9号《通知》指出："担任政协常委、委员的属在编人员，不属于离退休。"

（2）中共中央组织部1982年第35号《通知》规定："对于已经安排或准备安排担任顾问和全国政协常务委员、委员的，以及因工作需要还准备安排在第一线任领导职务的老干部，可暂不办理离职休养的手续。"

省级以下政协委员的离退休，按当地党委有关部门的规定执行。

随着国家干部人事制度改革进程的推进，政协委员的退休制度也会进一步完善。

137. 国家对香港、澳门特别行政区全国政协委员回内地办理入出境手续等有何规定?

（1）香港、澳门特别行政区全国政协委员因公入出境时，由有关部门事先同海关联系。海关给予免验待遇。

（2）香港、澳门特别行政区全国政协委员来内地参加政协会议和视察考察调研等活动，往返旅费均由全国政协办公厅按照相关规定支付。

（3）香港、澳门特别行政区全国政协委员平时入出境时，可凭本人的全国政协委员证获通关便利。

138. 国家对省级不驻会的政协副主席生活待遇有何规定?

中共中央组织部2000年第43号通知规定：

省级不驻会的人大常委会副主任、政协副主席，在生活上比照驻会副主任、副主席的标准，享受副省长级待遇。

已从省级不驻会的人大常委会副主任、政协副主席岗位上退下来的老同志，其生活待遇问题，参照上述原则提出意见，报经中央组织部批准后，予以落实。

市级、县级不驻会的人大常委会副主任、政协副主席暂不按上述原则解决生活待遇问题。

139. 国家对全国政协委员履行职责乘坐公共交通工具提供哪些方便?

国务院办公厅 1989 年 1 月 10 日向铁道部、交通部、中国民航局发出通知，要求对全国人大代表、全国政协委员履行职责时提供购票方便。通知内容如下：

“为了保证全国人大代表、全国政协委员履行职责，经国务院批准，自 1989 年 3 月 1 日起，对全国人大代表和全国政协委员在履行人大代表、政协委员职责，执行人大代表、政协委员工作任务时，可以持全国人民代表大会代表证，全国政协委员证优先购买火车票、飞机票、轮船票和汽车票。国务院办公厅要求铁道部、交通部、中国民航局通知所属有关单位遵照执行，并制定具体实施办法。”

140. 国家关于对政协委员采取刑事拘留等问题有何规定?

（1）公安部 1993 年第 11 号通知指出：“如果对各级政协委员采取法律规定的限制人身自由的，应当报告同级党委统战部门。”

（2）中共中央政法委 1996 年第 18 号通知规定：“今后各级公安机关、国家安全机关、人民检察院、人民法院依法对有犯罪嫌疑的政协委员采取刑事拘留、逮捕强制措施前，应向该委员所在的政协党组通报情况；情况紧急的，可同时或事后及时通报，以利于政协党组及时掌握情况，采取相应的配合措施，保证案件的顺利查处。”

六、政协委员履行职责的主要方式

141. 政协委员、常委出席全体会议、常务委员会会议应做哪些准备?

政协委员、常委出席全体会议、常务委员会会议前一般应做如下准备:

(1)围绕会议的主要议题,收集和阅读有关文件资料,并在可能的范围内进行必要的调查研究。

(2)根据政协全体会议秘书处、办公厅和有关专门委员会提供的参考资料,并结合自己的调研情况,提前准备在会议期间发言的要点以及拟提交的提案等。

(3)了解社情民意,收集本界别或所联系群众普遍关心的热点问题。

(4)备好出席会议的通知、委员证、身份证等有关证件。

(5)备好个人生活必需品。

142. 政协委员出席全体会议时如何报到?

政协全体会议,一般采取委员直接到委员住地报到的办法。

全国政协京外委员由各省、自治区、直辖市政协负责组织集体来京。委员到京后,由负责接站的接待组工作人员安排乘专车前往住所,凭委员证到所在委员住地的报到处报到。根据京外委员集体来京情况,报到处还可通过随同来京的地方政协工作人员,组织委员集体报到。

在京委员凭报到通知自行前往所在委员住地的报到处报到。委员报到时,需向工作人员出具委员证或报到通知并签到,领取会议文件袋。新增补的委员凭通知书到会议秘书处组织组报到。

委员的住房安排,由会议秘书处总务组提前通知委员本人(京外委员由省政协代为通知),委员如对住房安排有特殊要求,还可视情在报到时作适当调整。住地办事组负责会议期间委员参加会议、活动及生活的组织服务工作。

委员如因故不能按期报到，应在报到期内主动同会议秘书处总务组或秘书组的会务组联系，也可电话告知大会总值班室，由总值班室通知上述两组，待到后补办报到手续。

143. 政协委员、常委因故不能出席全体会议、常务委员会会议应如何请假？

出席政协全体会议、常务委员会会议是委员、常委履行职责的应尽义务。按照《政协全国委员会全体会议工作规则》、《政协全国委员会常务委员会工作规则》的有关规定和《关于政协全国委员会常务委员会会议请假的规定（试行）》，委员和常委因病或其他特殊情况不能出席会议，须及时向会议秘书处请假并经批准。如会议全程请假，须提前向办公厅递交书面请假报告，说明请假原因，由会议秘书组或会务组呈报全国政协领导批准。会议期间请假，须提前向本小组召集人或会议秘书处请假，说明请假原因，并经批准。会议的出席、请假和缺席情况向全国政协主要领导同志报告，并通过适当方式向全体委员或常委通报。

144. 政协委员、常委如何参加小组讨论？

政协委员、常委参加全体会议、常务委员会会议的小组讨论是行使民主权利、充分发表意见的一种重要形式。委员参加小组讨论可注意以下几点：

（1）会前围绕会议的主要议题，阅读有关文件资料，并在可能的范围内做些调查研究，掌握第一手材料。

（2）发言前最好草拟发言提纲，并在发言后交小组秘书，以供摘登会议《简报》之用。

（3）通过举手或其他形式向小组组长（召集人）提出申请，待小组组长（召集人）同意后，再行发言。

（4）第一次发言时，首先简明介绍自己的身份，包括姓名、界别、主要职务等。

（5）发言要紧扣会议议程确定的讨论主题，每次发言时间不宜过长（最好 10 分钟以内），以便其他与会者有机会发言。

（6）讨论中要各抒己见，畅所欲言，一般不要打断他人发言，必须插话时，应征得发言者同意，插话要言简意赅。遇有不同观点时，要互相尊重，求同存异。

（7）发言由小组秘书作文字记录，并存档。小组讨论情况一般在次日会议《简报》中概述。全体会议期间小组讨论的情况，由会议秘书长向主席会议和常务委员会会议作综合汇报。常务委员会会议期间小组讨论的情况，一般由小组召集人或有关负责人向主席会议或常务委员会会议分别汇报。

（8）因事、因病不能参加小组讨论时，应向小组组长（召集人）请假。

145. 政协委员、常委如何申请大会发言？

大会发言的提出方式：

（1）人民政协各参加单位可以本党派、团体、界别名义提出。

（2）全国政协各专门委员会可以本专门委员会名义提出。

（3）全国政协委员可以个人名义或者若干人联名方式提出。

（4）全体会议和常委会议期间，可以小组或联组名义提出。

对大会发言的基本要求：

（1）发言内容坚持严肃性、科学性、可行性，在调查研究的基础上，努力做到言之有据、言之有理、言之有度、言之有物。

（2）直入主题、言简意赅、层次分明。大会口头发言语言宜生动、有感染力。引用资料和数据应准确，并注明出处。

（3）委员联名提出的大会发言，由发起者作为第一发言人，签名列于首位。以界别、小组或者联组名义提出的大会发言，须由召集人签名；以专门委员会名义提出的大会发言，须由专门委员会负责人签发，并加盖公章；以党派、团体名义提出的大会发言，须由该组织负责人签发，并加盖公章。

（4）每份书面发言材料不超过 3000 字。每份口头发言材料一般不超过 1400 字。大会发言材料定稿后，在截稿日期前通过全国政协网络办公平台或通过邮寄、传真、由会议小组秘书转交等方式交大会发言组。同时，务必提供准确的职务信息和联系电话。

146. 什么是政协提案？

《中国人民政治协商会议全国委员会提案工作条例》规定：提案是政协委员和参加政协的各党派、各人民团体以及政协各专门委员会，向政协全体会议或者常务委员会提出的、经提案审查委员会或者提案委员会审查立案后，交承办单位办理的书面意见和建议。

提案是人民政协履行职能的重要方式，是坚持和完善中国共产党领导的多党合作和政治协商制度的重要载体，是协助中国共产党和国家机关实现决策民主化、科学化的重要渠道。

147. 提案工作包括哪些内容？

提案工作是包括提案的征集、审查立案、交办、督办、答复等在内的一系列相关工作。提案工作方针是“围绕中心、服务大局、提高质量、讲求实效”。提案工作具有方式灵活、内容丰富、程序规范、成效明显的特点，在促进社会主义经济建设、政治建设、文化建设、社会建设和生态文明建设中具有重要作用，历来受到党和政府的重视和支持。

148. 政协提案有哪几种形式？

（1）委员个人提案。政协委员可以个人名义提出提案。

（2）委员联名提案。政协委员可以联名方式提出提案。

（3）界别、小组、联组提案。政协全体会议期间，可以界别、小组或者联组名义提出提案。

（4）党派、团体提案。参加政协的各党派、人民团体，可以本党派、团体名义提出提案。

（5）政协专门委员会提案。政协全国委员会各专门委员会，可以本专门委员会名义提出提案。

149. 提案的基本要求有哪些？

《提案工作条例》规定：

（1）提案应当坚持严肃性、科学性、可行性，围绕国家大政方针、中心工作和经济、政治、文化、社会和生态文明建设中的重要问题以及人民群众普遍关心的问题建言献策。

（2）提案须一事一案，实事求是，简明扼要，做到有情况、有分析、有具体的建议。

（3）委员提案要注明所在的界别或组别。委员联名提出的提案，发起人作为第一提案人，签名列于首位，以界别、小组或者联组名义提出的提案，须由召集人签名，以党派、人民团体、政协专门委员会名义提出的提案，须由该组织署名并加盖公章。

（4）提案要按照规定的格式提交。委员须通过互联网全国政协门户网站的委员办公平台提交提案。只能提交纸质提案的，须规范填写提案首页，提案正文并附电子文档。

150. 提案的审查和处理程序主要有哪些规定?

提案委员会（每届第一次全体会议期间为提案审查委员会）本着尊重和维护提案者的民主权利、保证提案质量的原则，对收到的提案按照提案工作条例的有关规定进行审查。经审查立案的提案，根据其内容和有关单位的职责分工确定承办单位，由全国政协召开提案交办会议，按照归口管理的原则，送交承办单位办理。

（1）全体会议期间的提案审查。提案（审查）委员会讨论通过提案工作方案后，先按照提案类别分为三个组：经济建设组、教科文卫体组、政法统战综合组，分别审阅相关提案，讨论研究疑难问题。成立提案组，在会议秘书处的领导下工作。大会提案组由提案办公室工作人员和从中共中央办公厅、国务院办公厅以及部分提案承办单位借调的有关人员组成。提案组对分类初审的提案，提出“是否立案”、“由何单位办理”的意见，然后提交提案委员会主任会议和全体会议审议，提案委员会依据提案审查内容和立案标准定审。全体会议期间的提案，通过召开全国政协提案交办会的方式集中送交承办单位办理。

（2）全体会议闭会期间提案的审查。日常收到的提案由提案委员会办公室进行初审后，报提案委员会审定，然后送交承办单位办理。

提案有下列情形之一的，不予立案：涉及党和国家秘密的；国家明令禁止的；中共党员对党内有关组织、人事安排等方面的意见；民主党派成员反映本组织内部问题的；进入民事、刑事、行政诉讼以及仲裁程序的；属于学术研讨的；为本人或亲属解决个人问题的；宣传、推介具体作品、产品的；指名举报的；内容空泛、没有具体建议的。未予立案的，根据所提意见和建议视不同情况以其他方式转送有关部门研究处理或参考，并通知提案者。

151. 如何了解提案审查立案情况?

每年大会闭幕后，提案委员会将全体会议期间的提案印制成《提案分类目录》和可检索的提案光盘,发送给全体委员,委员们可从中查询到所提提案。全体会议闭会期间提交的提案，由提案委员会办公室及时向提案者反馈审查处理情况,并通过《提案工作通讯》在年底集中刊登平时提案的审查处理情况。提案送交承办单位后，由承办单位在规定的时间内答复，并将办理复文直接寄交第一提案人，同时抄送提案委员会办公室。如提案者在规定的时间内未收到复文，可向提案委员会办公室查询。

作为委员来信或其他方式处理的，一般由提案委员会办公室（大会期间为提案组）转送有关部门研究参考，并通知提案人。如果提案人对审查意见有异议的，可提请提案委员会复审。

152. 全国政协对办理政协提案有哪些要求?

根据 2003 年 5 月《中共中央办公厅国务院办公厅关于转发〈全国政协办公厅关于办理政协提案的意见〉的通知》和《中国人民政治协商会议全国委员会提案工作条例》的有关规定，提案办理工作要符合以下要求：

（1）提高认识，加强领导。

提案承办单位要高度重视政协提案，认真做好办理工作。要把提案办理工作列入议事日程,切实加强领导,指派专人分管。对提案办理工作要有部署、有督促、有检查。要注意提高提案办理人员素质，完善办理工作制度，规范程序，明确责任，不断提高办理工作质量。

要进一步加强民主党派提案工作。政协组织要建立健全主要负责人阅批民主党派提案制度，及时通过《重要提案摘报》等形式向党委、政府报送民主党派提案，加大对民主党派提案办理情况的跟踪检查力度，走访承办单位时，重点了解民主党派提案的办理情况。承办单位在办理民主党派提案时，要加强与提案党派的沟通、合作，并指定专人跟踪办理。

（2）保证质量，讲求实效。

提案所提建议有条件解决或采纳的，承办单位要明确采纳的内容和方式以及解决的措施，并尽可能集中力量尽快解决；对因条件所限一时难以解决的问题，要订出计划，创造条件，逐步解决，并将有关情况及时反馈给提案人；目前确实不具备条件解决的，要实事求是地向提案人说明情由，解释清楚。

（3）分出层次，突出重点。

政协组织要在与承办单位充分协商的基础上确定出重点提案，采用提案委员会、提案者、承办单位相结合的协商座谈、实地考察、专题调研、走访等方式，推动办理工作，保证办理质量。

承办单位要在综合分析提案的基础上确定本部门的重点提案。重点提案的办理，要有专人负责，有部门主要负责人参与，有阶段性办理成果，在年度办理工作总结中有所反映。

重点提案的确定，要结合党和国家工作重点、群众普遍关注的热点，找准适于政协发挥作用、宜于改进党政部门工作的切入点。

（4）在规定的时限内对提案进行答复。

全体会议期间的提案，要在当年8月底前办复；平时提案，自收到之日起三个月内办复；对一些难度较大、不能如期办复的，应先向提案人说明，同时函告政协提案委员会办公室，并争取在年内办复。

提案复文要按统一格式行文，注明联系电话和联系人，并加盖公章。抄送全国政协提案委员会办公室的复文，要根据办复情况作出不同标记。委员联名的提案，办理复文寄送第一提案人；党派、人民团体、政协专门委员会的提案，办理复文寄送提案单位；界别、小组或者联组的提案，办理复文寄送召集人。中共中央有关部门承办的提案，办理复文抄送中共中央办公厅；政府部门承办的提案，办理复文抄送国务院办公厅；军队有关部门承办的提案，办理复文抄送中央军委办公厅。所有办理复文均须抄送政协全国委员会提案委员会。

（5）加强协调，积极配合。

提案审查意见指明分别办理的，由各有关承办单位分别答复提案人；审查意见指明主办和会办单位的，会办单位应积极配合，及时将会同办理意见函告主办单位；主办单位要积极与会办单位沟通、协商，做好意见汇总工作后及时答复提案者；分别办理的提案，由各承办单位分别答复提案者。

（6）加强与提案人的沟通联系。

提案办理过程中，承办单位要通过电话、走访、座谈、调研等方式加强与提案人的沟通和联系，共商解决问题的办法，并征询提案者对办理复文的意见。如提案者对办理结果不满意，提案委员会应建议承办单位重新研究，作进一步的答复。

（7）做好办理工作总结。

承办单位应在每年 8 月底前完成政协提案办理工作书面总结，以便提案委员会起草提案工作情况报告和确定提案工作情况报告附件时参考。

（8）推荐优秀提案。

承办单位在办复提案的同时，要做好当年优秀提案的推荐工作。优秀提案推荐表随同办理工作总结一并送全国政协提案委员会办公室。

153. 中共中央办公厅、国务院办公厅印发的《关于进一步加强人民政协提案办理工作的意见》主要内容是什么？

2012 年 4 月，中共中央办公厅、国务院办公厅印发了《关于进一步加强人民政协提案办理工作的意见》，要求各地区各部门结合实际认真贯彻执行，全面提升政协提案办理工作科学化水平。

《意见》指出，人民政协事业是中国特色社会主义事业的重要组成部分。提案是人民政协履行政治协商、民主监督、参政议政职能的重要形式，办理好政协提案是各级党政机关的重要职责。

《意见》强调，做好政协提案办理工作，对于坚持和完善中国共产党领导的多党合作和政治协商制度，发展人民民主、加强民主监督，更好地发挥我国政治制度和政党制度的优势，深入推进社会主义民主政治建设；对于凝聚各方面智慧和力量，调动社会各界积极性主动性创造性，形成推进中国特色社会主义事业的强大合力；对于充分发挥人民政协作为党和政府联系群众、团结各界的重要桥梁纽带作用，切实做好新形势下群众工作，实现好、维护好、发展好最广大人民根本利益；对于提升决策科学化、民主化水平，加强和改进党和政府工作，具有十分重要的意义。各地区各部门一定要从党和国家事业长远发展的高度，进一步深化对政协提案办理工作重要意义的认识，把做好这项工作作为一项重要政治责任，摆在更加突出的位置，采取切实有效措施，努力推动政协提案办理工作迈上新台阶。

《意见》指出，加强政协提案办理工作，要高举中国特色社会主义伟大旗帜，以邓小平理论和“三个代表”重要思想为指导，深入贯彻落实科学发展观，坚定不移走中国特色社会主义政治发展道路，坚持围绕中心、服务大局，以增强办理实效为目标，以规范办理程序、完善办理机制为保障，全面提升提案办理工作科学化水平，逐步构建职责分明、重点突出、督办有力、落实到位的政协提案办理工作格局。要完善提案交办制度，规范提案办理内部运行机制，强化提案办理协商机制，抓好重点提案办理工作，积极采纳提案中的合理建议，健全提案答复机制，完善提案办理督查制度，使政协提案在全面建设小康社会、加快推进社会主义现代化进程中发挥更大作用。

《意见》强调，各地区各部门要认真落实《中国人民政治协商会议全国委员会提案工作条例》，切实把政协提案办理工作抓紧抓好。各级党委和政府要把政协提案办理工作纳入整体工作布局，定期听取政协提案办理工作情况汇报，研究解决政协提案办理工作中的重大问题，推动建立党委、政府、政协共同交办和督办提案机制。承办单位要根据提案办理工作需要，强化工作力量，明确承办机构，加大经费投入。要把是否重视政协提案办理工作、是否与提案者充分沟通协商、是否切实解决有关问题作为评价办理成效的基本内容，并逐步将政协提案办理工作纳入绩效考核体系。要支持政协组织对政协提案办理工作开展民主评议和民主监督。

《意见》要求，要充分发挥各级政协组织在政协提案办理工作中的重要作用。政协组织要采取有效措施提高提案质量。加大提案审查工作力度，完善提案分类办法，细化提案审查标准，规范提案审查程序，健全重点提案遴选机制。建立健全提案质量评议制度，完善优秀提案评选办法。完善提案内容及答复意见公开机制。

《意见》提出，要采取多种形式，大力宣传人民政协运用提案履行职能的有效做法，宣传各地区各部门积极办理政协提案取得的成效，宣传社会主义民主政治建设取得的进展，宣传中国特色社会主义政治制度的优势，努力营造全社会广泛关注、积极参与、大力支持政协提案办理工作的良好氛围。

154. 提案办理的基本程序有哪些？

经过长期实践，提案办理工作基本上形成了一套规范有序的办理机制。

（1）交办。政协全体会议期间，经审查立案的提案，由政协全国委员会召开提案交办会议，按归口管理的原则，集中送交有关单位承办；政协全体会议闭会期间，经审查立案的提案，由提案委员会及时送交有关单位承办。

（2）办理。承办单位接到提案后按照一定的程序对提案进行办理。一般由办公厅负责协调督办，各业务司局进行具体办理。

第一，分析提案。承办单位办公厅对提案进行分析整理，全面了解提案中的重点、难点问题，然后根据提案具体内容和本单位各司局的业务范围，确定提案承办部门。

第二，办理提案。各承办单位采取召开座谈会、实地调研等方式对研究确定的重点提案进行办理，积极采纳提案中的合理化建议，认真研究采取有针对性的措施，加强和改进相关工作。在办理过程中，承办单位通过电话、走访、座谈、调研等多种途径与提案者进行沟通，共商解决问题的办法。

第三，答复提案。各承办单位根据提案内容以及办理情况答复提案者。提案答复件由承办单位负责人签发。

全国政协可采用组织提案委员会、提案者、承办单位相结合的协商座谈、实地考察、专题调研、走访等方式，对研究确定的重点提案进行重点办理。

（3）催办。每年下半年，全国政协提案委员会对未办理完的提案承办单位进行催办，保证提案件件有答复。

（4）督办。全国政协提案委员会通过专题调研、座谈、走访等多种方式对提案办理情况进行督促检查。对承办单位承诺解决的提案，进行跟踪办理。

155. 提案承办单位主要是哪些部门？

全国政协提案的承办单位主要是中共中央有关部门、中央国家机关有关部门、军队有关部门，各省、自治区、直辖市中共党委和人民政府，有关人民团体等。

需要说明的是：

（1）一些涉及地方具体事务需要由地方职能部门办理的，全国政协不直接交办，而是交付地方党委或政府，再由地方党委或政府协调办理事宜，最后由地方党委或政府答复。

（2）上述承办单位只办理全国政协委员和参加全国政协的各党派、团体以及政协各专门委员会的提案，地方政协委员的提案应提交相应的地方政协，由地方政协交由当地承办部门办理。

156. 认真填写提案办理反馈意见表有什么作用？

承办单位在向第一提案人寄送办理复文的同时要寄送《提案办理反馈意见表》，该表将由全国政协提案委员会办公室负责收集、汇总。提案者应及时填写反馈意见表，表明对提案办理态度和办理结果是否满意和对进一步办理的意见建议，并将反馈意见表寄给全国政协提案委员会办公室。这样做有以下作用：一是表明提案者对所提提案负责到底。二是有助于提案委员会了解提案者对提案办理工作的意见，以便有针对性地督促检查提案办理情况。三是有助于承办单位了解提案者的意见建议，以便有针对性地改进提案办理工作。四是有助于充分发挥提案作用。对提案者反馈不满意的提案，提案办公室将根据提案者意见商请承办单位进行再办理。

157. 人民政协历史上产生过哪些具有较大影响的提案？

人民政协成立以来，广大政协委员、各民主党派、有关人民团体、政协专委会以高度的政治热情和历史使命感，围绕党和国家工作重点以及群众普遍关注的热点问题，提出了大量有情况、有分析、有具体建议的提案，为巩固人民民主政权，恢复和发展国民经济，推进改革开放和现代化建设事业作出了积极贡献。其中有不少提案产生了较大影响，例如：

（1）1949 年，在中国人民政治协商会议第一届全体会议期间，中国致公党以本党派名义提出了人民政协历史上的第一件党派提案，即《由中央人民政府研究和实行护侨政策案》。这件提案对于维护华侨的合法权益，保护华侨的生命财产和人身自由，起到了积极的作用。

（2）1950 年，在政协一届二次会议上，围绕土地改革问题，章伯钧、郭冠杰等委员提出了《由各民主党派号召和动员其成员积极参加土改》的提案。这件提案被采纳，并由政协和民主党派中央组织实施，先后组织了政协委员、民主党派成员和知名人士一万多人分批参加和参观土改。

（3）1957 年，在政协二届三次会议上，马寅初等委员提出了 11 件有关节制生育和限制早婚的提案，建议修改婚姻法、成立节制生育专门工作机构、降低避孕药品价格等。历史证明这些提案的建议是正确的。

（4）在 1981 年政协五届四次会议和 1983 年政协六届一次会议上，方明等委员连续提出恢复教师节的提案，得到了中央领导和中宣部、教育部的高度重视。1984 年 10 月，中央领导对教育部党组和全国教育工会分党组关于恢复教师节的请示报告作了批示。1985 年 1 月，国务院总理在全国人大常委会上提出建立教师节的议案，全国人大常委会通过了这一议案，确定每年 9 月 10 日为教师节，1985 年 9 月 10 日为新中国的第一个教师节。教师节的建立，对于在全社会倡导尊师重教的社会风尚具有重要意义。

（5）1983—1987 年，六届政协期间，孙越崎、千家驹、钱伟长、费孝通、周培源等几百位政协委员本着对国家对人民负责的态度，就三峡工程问题提出 50 多件提案，呼吁三峡工程要进行充分论证、慎重决策，不要急于上马。这些意见得到了党和国家的高度重视，国务院成立了三峡工程论证委员会。从 1988 年到 1991 年，三峡工程论证委员会按照不同专题，组成专家组进行了认真论证。1992 年七届全国人大五次会议通过了《关于兴建长江三峡工程的决议》。政协委员的意见和建议对于促进三峡工程决策的民主化和科学化，对于确保三峡工程的顺利建设和库区可持续发展起到了重要作用。

（6）1988年，在政协七届一次会议上，钱三强、荆其诚、陈涵奎等委员提出关于增加自然科学基金投入，加强基础性研究的提案。财政部等有关部门十分重视，经过努力，增拨自然科学基金5000万元，并通过各种减税让利优惠政策，形成国家的间接科技投入。

（7）1989年，在政协七届二次会议上，吴大观等委员提出了建议中央领导同志带头乘坐国产车和取消高级干部特供点的提案，受到党中央的高度重视。1989年8月22日，中办、国办在提案答复中说："中共中央政治局于7月27日在北京举行全体会议，讨论通过了《中共中央、国务院关于近期做几件群众关心的事的决定》，决定严格禁止进口高级小轿车，中央政治局、书记处成员和国务院常务会议组成人员一律使用国产车；取消对领导同志的少量食品'特供'"。

（8）1993年，在政协八届一次会议上，王洪昌等委员提出的《关于在修改宪法中应补充规定有关"中国共产党领导的多党合作和政治协商制度"的提案》，得到全国人大常委会重视和采纳，《中华人民共和国宪法修正案》已将"中国共产党领导的多党合作和政治协商制度将长期存在和发展"载入其中。

（9）1994年，在政协八届二次会议上，钱正英副主席等提出的《关于在宁夏回族自治区建设扬黄扶贫灌区作为大柳树第一期工程的提案》，中央领导同志作了批示，这项建议被列入国家"九五"计划并实施，解决了100多万人的用水和生存问题，对于促进宁夏少数民族地区经济社会发展起到了重要作用。

（10）1994年，在政协八届二次会议上，张叔英等委员提出的《关于建议在全国政协大会期间中央领导同志参加政协委员讨论的提案》得到采纳，自政协八届三次会议以来，中央领导同志都亲临委员小组会场，直接听取委员们的发言。

（11）1995年，在政协八届三次会议上，高镇宁、张开逊、陈难先等100多位委员先后提出提案，建议在"九五"期间建成中国科技馆。该提案引起党中央、国务院及有关部门的高度重视。国家计委组织召开了有提案人、专家学者以及中国科协等单位参加的提案办理协商会，在广泛听取意见的基础上，批复立项。1999年国庆50周年时，中国科技馆的主体工程竣工，并于新千年之际向社会开放，成为实施科教兴国战略开展大型社会公共科学教育的重要设施。

（12）1998年，在政协九届一次会议上，徐辉、樊寻梅、柯兰等委员首次就我国安老养老问题提出提案。全国政协作为重点提案组织相关提案人和承办单位开展实地调研，并向中共中央报送了调研报告，中央领导同志作出批示。政协九届二次会议期间，调研组再次进行了调研。在各方面的努力下，成立了全国老龄工作委员会。调研报告的有关建议也在国家“十五”发展计划中得以体现。

（13）1998年，在政协九届一次会议上，民建中央提出的关于建立风险投资的提案，国家计委、国家经贸委、科技部、中国人民银行、国家证券委等十分重视，几次与民建中央座谈研讨，共商提案的办理落实工作。在各方的积极努力下，我国的风险投资事业得到了快速发展。

（14）2004年，在政协十届二次会议上，在津全国政协委员联名提交了《加快滨海新区建设，促进环渤海地区发展》的提案。全国政协人口资源环境委员会将此课题列为当年的重点调研课题，形成了《关于强化天津滨海新区在环渤海大区域经济振兴中的作用的建议》，温家宝总理作了重要批示。2005年，在津57位全国政协委员再次联名向政协十届三次会议提交了《建议国务院批准滨海新区整体发展规划》的提案。2008年，国务院正式批复了《天津滨海新区综合配套改革试验总体方案》，并批准设立天津滨海新区综合保税区。2009年政协十一届二次会议上，在津全国政协委员联名提交7件提案，其中《关于继续给予天津滨海新区开发建设专项资金补助的建议》、《关于尽快启动天津滨海国际机场二期扩建工程的建议》和《关于中新天津生态城申请国家政策支持的建议》等3件提案，很快得到落实，有力支持了滨海新区加快开发开放。

（15）2003—2007年，十届政协期间，针对食品药品安全问题，钟南山等多位政协委员连续提出多件关于完善食品安全监管体系和加快食品安全立法方面的提案。全国政协提案委员会将此类提案列为重点提案，在实地调研基础上向党中央、国务院提出了尽快制定出台《食品安全法》等建议。经各方面努力，《食品安全法》被列入立法计划并在2009年2月颁布实施。2011年政协十一届四次会议期间，各民主党派中央和政协委员，围绕加强食品药品安全监管提出提案近200件。全国政协提案委员会组织重点提案调研组，对电子监管追溯在食品药品行业的运用进行了考察调研，推动有关部门不断提高食品药品安全的监管水平。国家食品药品监管局《2011—2015年药品电子监管工作规划》明确提出“十二五”期间实现药品电子监管“全覆盖”目标。

（16）2008年，在政协十一届一次会议上，李光富等委员提出了将宗教教职人员纳入社会保障范围的提案，国家宗教局、人力资源和社会保障部、民政部等有关部门十分重视，积极制定解决办法。全国政协民族和宗教委员会开展专题调研，推动国家宗教局和有关部委出台了《关于妥善解决宗教教职人员社会保障问题的意见》。

（17）2008—2012年，十一届政协期间，针对高速公路收费问题，李志军等多位委员提出了进一步完善收费公路政策的提案，建议取消普通公路收费，适当降低高速公路收费标准，在春节、中秋、端午、国庆节等节假日对高速公路实施免费通行政策等。全国政协将其列为重点督办提案，专门召开了“改进和完善高速公路收费政策”提案办理现场会。经过实地考察和协商座谈，相关部委负责同志和提案人进一步增进了共识。结合提案建议，相关部委深入推进收费公路清理工作，加快推进《收费公路管理条例》及其配套规章的修订。2012年7月，《国务院关于转批交通运输部等部门重大节假日免收小型客车通行费实施方案的通知》下发。2012年12月，全国交通运输工作会议提出，要继续加快推进以普通公路为主的非收费公路体系和以高速公路为主的收费公路体系建设，全面提升运输服务保障水平。

158. 人民政协历史上的第一件提案是谁提出的？主要内容是什么？

1949年9月下旬在北平召开政协第一届全体会议期间，郭沫若、李济深、沈钧儒、黄炎培、马叙伦等44人联名提出了人民政协的第一件提案，题目是《请以大会名义急电联合国否认国民党反动政府代表案》。提案提出：“中华人民共和国已正式成立，提请用中国人民政治协商会议名义急电在开会中的联合国，或用宣言普告全世界，否认国民党反动派的代表权，并要求重新由人民派遣代表参加，在中国正式代表参加大会之前，所有国民党反动派的誓言、提案及所能有的关于中国的决议，一概否定。”大会主席团常务委员会认为，中国人民政治协商会议所选举的中华人民共和国中央人民政府为唯一能代表中国人民之政府，应由政府发出声明，否认伪国民党政府所派出席联合国会议所有代表的代表资格。在中央人民政府成立后，即由外交部部长周恩来致电联合国，宣告中华人民共和国中央人民政府为中国人民唯一合法政府，否认所谓“中国国民政府代表团”代表中国人民参加联合国的权利。这件提案的实施在国内外产生了重大的政治影响。

159. 政协建议案的由来及其特点是什么?

把建议案作为政协履行职能的一种方式，始见于1949年9月27日政协第一届全体会议通过的《中国人民政治协商会议组织法》。该法第三章第七条规定：“在普选的全国人民代表大会召开以后，就有关国家建设事业的根本大计或重要措施，向全国人民代表大会或中央人民政府委员会提出建议案。”同年9月29日通过的《中国人民政治协商会议共同纲领》，亦就此作了同样的规定。

1994年修订的《中国人民政治协商会议章程》规定：中国人民政治协商会议全国委员会和地方委员会组织委员视察、参观和调查，了解情况，就各项事业和群众生活的重要问题进行研究，通过建议案、提案和其他形式向国家机关和其他组织提出建议和批评。同时规定：政协全国委员会常务委员会和政协地方委员会常务委员会行使的职权分别包括“全国委员会全体会议闭会期间，审查通过提交全国人民代表大会及其常务委员会或国务院的重要建议案”，“地方委员会全体会议闭会期间，审议通过提交同级地方人民代表大会及其常务委员会或人民政府的重要建议案”。此外，《中国人民政治协商会议全国委员会主席会议工作规则》规定：主席会议的主要任务之一：“审查以全国委员会或常务委员会名义向中共中央、全国人大常委会、国务院提出的重要建议案。”地方政协也有相应的规定。

建议案和提案等形式相比较，其涉及的内容更加重要，形式更加庄重，是政协组织委员通过专题调研，充分论证，经常务委员会会议审议或主席会议通过的高层次的重要建议。运用建议案这种方式，更易于发挥政协的整体功能，更易于引起决策机关的高度重视。

160. 人民政协历史上的第一个建议案是何时提出的？主要内容是什么？

1949 年 10 月 9 日召开的政协第一届全国委员会第一次会议，通过了人民政协成立后的第一个建议案，即“请政府明定 10 月 1 日为中华人民共和国的国庆日，以代替 10 月 10 日的旧国庆日”的建议案，送请中央人民政府采择施行。同年 12 月 2 日中央人民政府委员会第四次会议通过了《关于中华人民共和国的国庆日的决议》，认为“这个建议是符合历史实际和代表人民意志的”，决定加以采纳，并宣告：自 1950 年起，以每年的 10 月 1 日，即以中华人民共和国宣告成立的伟大的日子，为中华人民共和国的国庆日。

161. 政协委员视察工作是谁倡导的？

组织政协委员视察是 1955 年毛泽东主席在最高国务会议上提议的。毛泽东主席指出，在全国人民代表大会代表进行视察时，全国政协委员，省、自治区、直辖市政协委员，省、自治区、直辖市人民代表一同视察，这对行政、立法工作，法院和检察院等各方面的工作都有好处，对领导干部联系群众有好处，对下面干部可以起督促作用。

1955 年 11 月 10 日，全国人大常委会副委员长彭真在第一届人大常委会第二十五次会议与政协二届全国委员会常务委员会第八次会议举行的联席会议上，传达了国家主席毛泽东在最高国务会议上关于人大代表和政协委员共同进行视察的提议。根据这个提议，全国人大和全国政协联席会议通过了《人大代表、政协委员关于 1955 年秋后视察工作的通知》。1955 年 11 月委员视察工作正式开始。

162. 周恩来对政协的调研和视察工作有何重要论述？

1962年4月8日，周恩来主席在政协第三届全国委员会第三次会议上，发表了《我国人民民主统一战线的新发展》的重要讲话。在谈到政协工作问题时，他指出：政协要多组织一些调查研究工作。要使我们的建设搞得更好，首先就要实地调查，才能知道实际情况，如实反映情况，才有具体材料、具体经验可供讨论和研究。不要面临政协开会了，才到下面去视察访问，平常也可以分批去，比如说一年下去几次，不一定都要同时去。现在是调整阶段，更需要多知道实际情况。政协这个机构，应该参加这个工作，到农村和城市去进行调查研究工作，再回到政协里面来时，就可以交换意见了，不管中央的、全国的、地方的，都可以交换意见，交换经验。这样，我们的座谈会、报告会就有生动的事例来讨论，就能够产生一些提案、意见和建议，使得各方面的力量都动员起来。

163. 政协委员视察有何作用？

自1955年毛泽东同志倡导组织政协委员视察以来，委员视察工作紧紧围绕我国社会主义革命、建设和改革各个历史阶段的中心任务，深入了解社情民意、认真开展民主监督、积极进行咨政建言、广泛团结社会各界，发挥了重要作用。

组织委员视察是政协委员了解情况、研究问题、学习提高的重要方式，是人民政协履行政治协商、民主监督、参政议政职能的重要形式，是党和政府实行科学民主决策的一个重要环节。做好委员视察工作，有利于政协委员深入实际、深入基层、深入现场，了解党和国家方针政策的贯彻落实情况和重大项目建设情况，反映经济发展中的重要问题，促进经济又好又快发展；有利于人民政协围绕团结和民主两大主题，履行政治协商、民主监督、参政议政的职能，发挥协调关系、汇集力量、建言献策、服务大局的作用，促进社会和谐；有利于人民政协全面加强自身建设，发挥政协委员的主体作用，发挥各民主党派、无党派人士的作用，发挥政协组织的界别特点和优势，促进履行职能的制度化、规范化、程序化；有利于各级党委和政府广泛集中民智、代表民意、凝聚民力，贯彻落实中央的各项决策部署，促进社会主义经济建设、政治建设、文化建设、社会建设和生态文明建设。

164. 委员视察工作的定位和意义是什么?

《全国政协关于加强和改进委员视察工作的意见》规定，委员视察是人民政协履行职能的一项政治活动。委员视察工作是指人民政协在全体会议闭会期间，组织委员深入实际、深入基层、深入现场，对党和国家重大方针政策的贯彻落实，对经济社会发展中重大项目的规划建设，对人民群众普遍关注的重大问题的研究解决，进行巡视察看，咨政建言，反映社情民意，开展民主监督。

政协委员通过视察形式咨政建言，包含重要的政治内容和社会意义。委员在视察中就经济建设、政治建设、文化建设、社会建设和生态文明建设中的问题或项目，进行实地考察和认真论证，以视察报告或其他形式，提出重要的咨询意见，供党中央、国务院和有关方面参考，对于决策的科学化和民主化具有重要意义。

政协委员通过视察形式反映社情民意，是完善舆情汇集和分析机制的重要途径。委员到实际部门考察，与基层群众座谈，进行现场察看访问，往往能直接了解到党和国家的方针政策在贯彻执行过程中遇到的问题，特别是界别、阶层、群体带有普遍性、倾向性和苗头性的问题。将这些社情民意进行分析和归纳，并通过视察报告等郑重的形式反映到决策部门，能为党政机关的决策提供重要的信息和依据。

政协委员通过视察形式开展民主监督，是人民政协履行民主监督职能的有效形式。《中共中央关于加强人民政协工作的意见》明确指出，组织政协委员视察是人民政协民主监督的一种主要形式。委员视察的整个过程都体现着民主监督的含义，通过深入实际察看情况、与党政部门交换意见、直接提出建议批评、报送书面视察报告等，有利于推动和督促所到地方和相关部门改进工作，发挥人民政协民主监督的作用。

165. 全国政协对委员视察有哪些制度规定?

1988 年 5 月 3 日政协第七届全国委员会第四次主席会议通过、2005 年

1 月 17 日政协第十届全国委员会第十八次主席会议修订的《中国人民政治协商会议全国委员会委员视察工作条例》，以及 2002 年制定的《全国政协委员视察组织工作细则》，对委员视察工作作了具体规定。

2006 年 12 月全国政协召开了全国政协视察工作座谈会。会后形成了《全国政协关于加强和改进委员视察工作的意见》。根据新形势新任务的需要，《意见》在委员视察的定位和意义、改进和创新委员视察工作机制、充分发挥政协委员在视察工作中的主体作用、加强委员视察工作的组织领导和服务保障、深化委员视察工作的理论研究和制度建设几个方面作出了规定。

166. 政协委员参加视察的职责是什么？

政协委员的主体作用体现在视察工作的整个过程中，在视察工作的各个环节都要充分发挥委员的积极性、主动性和创造性。在制订视察计划阶段，委员要运用自己的知识和经验，积极提出视察活动的选题建议；在视察工作前期准备阶段，要主动收集有关资料，提前进行相关问题的研究；在参加视察活动期间，要深入实际了解情况，认真开展座谈讨论；在视察活动结束之后，要认真整理视察材料，及时撰写视察报告，提出有价值的意见和建议。

167. 政协委员参加专题调研应注意些什么？

人民政协的专题调研，是委员深入实际、联系群众、了解党和国家方针政策贯彻落实情况并收集和反映社情民意的重要途径和方法，是委员参政议政的必要准备和重要的基础性工作。政协委员参加专题调研，应当注意以下几个问题：

一要发挥专长。委员参加专题调研活动，一般应根据本人的专业特点，选择自己比较熟悉的领域或课题，充分发挥自己的特长。

二要注意宣传政策。委员在调研过程中，能够广泛接触各方面的人士和群众，应当帮助群众加深对党和国家方针政策及重大举措的理解，增强贯彻执行的自觉性。

三要反映社情民意。委员专题调研要深入工作实际，深入基层，掌握反映真实情况的第一手材料，了解平时难以听到的群众呼声。这些情况上达后，有利于党和国家制定和调整符合群众意愿的政策措施。

四要注重调研成果。对调查材料要认真地进行研讨和论证，形成有政协特色的、有分量的意见和建议，并精心选择好报送方式，最大限度地发挥调研成果的作用，促进党政部门决策的民主化、科学化。

168. 政协委员如何做好建言立论工作？

专题调研是政协履行职能的一项基础性工作，搞调研，当然总是希望建议被采纳，对决策产生影响。但是最终能否被采纳，取决于多种因素。其中有选题问题，有报告水平问题，有实施条件问题，也有认识和时机问题。政协的调研报告有些引起了中共中央、国务院的高度重视，对实际工作起到了推动作用，但也有一些报告没有产生大的作用。这些报告不用不等于无用，今天不用不等于将来也不能用。有的报告花费了很大的心血，提出了独到的见解，不能一送了之。根据李瑞环主席的建议，对所有的调研报告和有分量的会议发言，都要集中力量，加以整理，删繁就简，去粗取精，锤炼文字，编印成册，在一定范围发行，使之留存下来。中国历史上很多有识之士为国家大计上书建言，有的在当朝当代就被采纳，也有的当时未引起重视，却对后人后世产生了重大影响。孟子、荀子、韩非子，他们的著作很大一部分就是对当时领导者的进言。我们所熟悉的历史名篇佳名，有不少出自历代“疏”“表”“策”“论”。孙中山的《建国方略》，其中许多设想他并没有实施，但对后人启示很大。延安时期民主人士李鼎铭先生提出的“精兵简政”，至今仍有其现实意义。每个人在实际工作中也常常有这种体会：正苦于对某个问题百思不得其解，偶尔发现一份材料，翻阅一下，豁然开朗。可能这份材料几年前就送来了，并未引起重视，此时才体会到它的价值。古人讲立德、立功、立言。立言就是对某个重大问题，经过调查研究，反复论证，提出“一家之言”，提出一些论点。从一定意义上讲，立言，也就是立论，专题调研做的就是立论的工作。政协不立法，但可以立论。如果政协每年能拿出若干调研报告，为解决国家和民族当前和今后若干重大问题提供有价值的思路、建议，在立论上有所贡献，那就是成就，就是尽职尽责。政协可以论的题目很多。委员们既可围绕党和国家的中心工作等一系列重大现实问题选择题目，建言立论。也可以论一些涉及长远的问题。就事关中国未来生存和发展具有重大意义的问题，提一些大的带方略性的建议，其作用将是很大的。搞调查研究，建言立论，政协有优势。全国政协委员有许多是各行各业的专家学者，70%以上的人有高级职称，有100多位两院院士。政协委员位置比较超脱，不受部门和地区利益的局限，一般也有条件抽出时间，可以比较冷静、客观地探讨一些问题。各位委员可以选择一些自己感兴趣的题目，同有关方面结合，做一些立论的工作。这既是政协领导干部履行职能的一种重要方式，也是使各位的思考、见解、经验流传后世，对社会发挥作用的重要途径。把这件事做好，对于开阔政协工作思路，活跃政协工作局面具有重要意义。

169. 如何认识政协反映社情民意信息工作？

人民政协是人民民主的重要制度，必须以人民为中心履职尽责。只有真正了解民情、尊重民意、顺乎民心、广集民智，才能实现好、维护好、发展好最广大人民根本利益，做到人民政协为人民。了解和反映社情民意工作贯穿于人民政协履行政治协商、民主监督、参政议政三项职能的各个环节，充分了解和反映社情民意，可以使政治协商更加经常有序，民主监督更加切实有效，参政议政更加富有成果，对于发挥政协委员参政议政积极性，活跃人民政协工作，更好地发挥人民政协在国家政治生活中的作用，具有非常重要的意义。

反映社情民意信息工作开始于八届全国政协时期，是人民政协重要的经常性、基础性工作，是发挥协商民主重要渠道和专门协商机构作用的有效形式、转化履职成果的重要载体、汇集社情民意的主要平台。反映社情民意信息是政协各参加单位、各专门委员会、政协委员、各民主党派和工商联成员及无党派人士，围绕国家大政方针和地方的重要举措，以及经济、政治、文化、社会、生态文明建设和党的建设的重要问题，人民群众普遍关心的问题，通过政协内部适当方式，向中共中央、国务院和地方党委、政府及有关部门反映情况，提出意见和建议。《中国人民政治协商会议全国委员会反映社情民意信息工作条例》，对反映社情民意信息工作作出进一步规范。

170. 政协委员反映社情民意信息有哪些渠道?

了解和反映社情民意，是人民政协履行职能的重要基础和关键环节。人民政协的各项工作和各种活动都含有反映社情民意的意义。因此，政协委员可以利用政协开展的各项工作或各种活动，实事求是、及时准确地反映社情民意。

《政协信息》是向中央领导同志和有关部门报送各级政协委员、民主党派和工商联成员反映的重要情况、意见和建议的内部刊物的统称，由全国政协办公厅主办。现有四种正式刊型：一是《政协信息》。主要刊登具有普遍性或需要中央领导同志普遍知悉的信息。报送范围是中共中央政治局常委、委员、中央书记处书记，国务院总理、副总理、国务委员，同时报全国政协主席、副主席、秘书长。二是《政协信息专报》。主要刊登涉及某个领域或方面的专题性较强的信息。专报分管相关工作的中央领导同志，抄报全国政协主席、副主席；专送有关部委主要负责同志。三是《政协信息打印稿》。主要刊登政治性、敏感性比较强或与统一战线、政协工作相关的信息。报全国政协主席、有关副主席等全国政协领导同志。四是《政协信息转送件》。主要刊登那些可由相关职能部门处理或了解的信息。转送有关部门参考。委员反映社情民意信息稿件的基本格式包括情况（问题）、原因分析和建议三个部分，也可以仅反映重要情况。稿件应当开门见山，直奔主题，简要说明情况，指明问题所在，透彻分析原因，所提建议应有针对性和可操作性，避免穿靴戴帽、长篇大论，一般不超过2000字；反映的情况和数据应当真实准确，说明来源、出处；应一事一议，文字简洁。

此外，可以通过信访办公室代转人民群众来信，向有关部门反映社情民意；运用《人民政协报》《中国政协》等报纸杂志反映社情民意；利用提案、会议发言、视察和调研报告等形式，向有关部门和单位反映社情民意。

171. 人民政协开展促进祖国和平统一工作有哪些内容和形式?

人民政协开展促进祖国和平统一工作的主要内容有：宣传贯彻有关祖国统一的方针政策；了解和研究有关台湾的政治、经济、社会等方面的重要情况；了解和反映港澳台侨各方面人士对祖国建设和祖国和平统一的看法和意见；开展对港澳台同胞和海外华侨、华人联络工作，广交朋友；促进海峡两岸人员往来和经济、文化等交流。

人民政协促进祖国和平统一工作的主要渠道有：

（1）采取走出去、请进来等多种方式扩大与“港澳台侨同胞”的友好接触，如组织有代表性人物出访，邀请港澳台侨同胞中知名人士来访等，特别是要积极做好台湾人民的工作，通过各种形式把工作做到台湾岛内；（2）邀请港澳台侨同胞中有关人士参加各种重大的纪念活动，如纪念民主革命先驱人物和著名爱国人士诞辰、逝世的集会，纪念有关台湾重大事件的集会，对台政策座谈会等；（3）邀请港澳台侨同胞中的代表人士参加政协举办的各种联谊活动，如新年联谊会、新春联欢会、中秋茶话会、国庆招待会、书画联谊活动等；（4）向港澳台及海外征集和交流文史资料等。

172. 政协委员如何为促进祖国统一发挥作用？

政协委员具有广泛的代表性，不少人与港澳台和海外人士有着深厚关系和历史渊源，在促进祖国和平统一工作中，具有优势和不可替代的作用。政协委员应当通过多层次、多渠道、多形式的宣传和联系，广泛结交港澳台同胞和海外侨胞，对待不同信仰和见解的旧友新朋，应本着求同存异的精神，进行交流沟通，听取和反映他们的意见和建议。通过广泛接触，要大力宣传“一国两制”以及有关祖国和平统一的方针政策，介绍祖国大陆的建设成就，反对任何形式的“台独”言行，使更多的人了解祖国大陆改革开放政策和人民生活水平提高的状况，增强民族凝聚力和对祖国的向心力。

173. 全国政协如何同香港、澳门特别行政区委员进行联系？

为了更好地发挥香港、澳门特别行政区全国政协委员的作用，全国政协制定了加强和港澳委员联系的办法，主要内容有：

（1）全国政协公开印发的文件、报刊等，可由办公厅直接寄送港澳委员，也可委托中央政府驻香港、澳门联络办组织委员阅读。

（2）全国政协每次举行全体会议之前和召开常务委员会会议以后，由全国政协领导或办公厅负责同志召开情况通报会，介绍有关情况，听取意见和建议。

（3）全国政协委员召开常务委员会会议时，可邀请港澳的专委会副主任或有关的港澳委员列席。

（4）遇有重大问题或重要情况，需要向港澳委员通报或征求意见时，由全国政协派人赴香港、澳门或其他适当地方邀请港澳委员举行会议。

（5）港澳委员组团赴内地考察期间，视情组织被考察地区的全国政协委员或省级政协部分委员与港澳委员座谈，通报情况、交换意见。

（6）配合港澳委员的专题研讨活动，可安排政协有关领导或内地专家、学者、有关部门负责人到港澳向委员介绍情况，进行座谈。

（7）港澳委员对政协工作和国家事务的意见建议，可通过提案、大会发言、反映社情民意信息等形式反映，也可用信函直接寄给全国政协办公厅，全国政协办公厅会及时处理并作出答复。

（8）港澳委员可根据本人意愿，同全国政协有关专委会建立联系。

（9）全国政协组团出访时，可视情邀请有关港澳委员参加。

（10）全国政协在闭会期间委托中央政府驻香港、澳门联络办负责同港澳委员的日常联系，办理日常事务，组织开展活动。

174. 政协委员参加涉外活动应注意的礼仪有哪些？

政协委员参加涉外活动，除了应当掌握基本的礼仪原则外，还应当具备一些社交礼仪常识，特别是一些细节不可忽视。

仪态得体。在对外交往中体现个人修养、礼貌和学识，落落大方。

礼仪得体。对他人的称呼，应注意特定场合的特别要求，称以“同志”“先生”“女士”“夫人”或其职务。不使用不文雅、不文明的称呼。在握手时，注意避免不分顺序、心不在焉、用力不当、时间过长、用手不对、不摘手套等。与他人交谈时，态度谦和，语言文明，同时要注意避免出现一言不发使交谈冷场或乱插嘴的现象。与他人交往时，注意遵循女士优先的原则。

着装得体。男士穿西装，衬衣下摆应扎在西裤内，内衣领不得高于衬衣领；双排扣西装必须全扣上，不得敞怀，入座时，可把西服衣扣解开；单排两粒扣的西装，要扣上面那粒扣。着西装时应配以深色皮鞋和袜子，切勿穿白色袜子。打好的领带不宜过长或过短，其下端抵皮带扣为宜；若别领带夹，应别在衬衫自上往下数的第 4、5 粒扣之间；参加比较庄重场合的活动，一般应着深色西装。女士出席涉外活动时，应着套装或套裙，如参加晚宴或晚会，应着套裙或中式旗袍。

出席宴请等礼节。接到邀请需要答复的，要及时答复可否出席；注意对出席者服饰的要求；掌握好出席宴会的具体时间，身份高者可比一般客人晚一两分钟到达，一般客人可正点或提前一两分钟到达；抵达后主动向主人问好；入座前，了解自己的桌次和座位，按座位卡入座；如邻座为年长或女士，主动帮助他们入席；参加自助餐，一次取菜不要太多，吃完一盘再取；对自己不想吃的菜肴不显露出不喜欢的表情；吃东西要文雅，闭嘴咀嚼，喝汤不发出声音；口内的鱼刺、骨头不直接外吐，用手掩嘴，另一手取出放在盘内；吃剩的菜，用过的餐具、牙签都应放在盘内，勿置桌上；口内有食物时，勿说话；剔牙时用手或餐巾遮口；餐桌上说话要照顾到所有的客人，特别是在右邻；如不相识，可先自我介绍；宴会结束，在主宾之后告辞。

175. 政协文史资料工作是谁倡导的？

人民政协的文史资料工作是在周恩来担任政协全国委员会主席期间倡导并开展起来的。1959 年 4 月 29 日，周恩来在招待 60 岁以上全国政协委员茶话会上指出，戊戌以来是中国社会变更极大的时期，有关这个时期的历史资料要从各个方面记载下来。他希望过了 60 岁的委员都能把自己的知识和经验留下来，作为对社会的贡献，并指示政协全国委员会成立工作组时，其中要有收集历史资料的组。根据周恩来的指示，政协全国委员会于 1959 年 7 月 20 日成立了文史资料研究委员会（1988 年 4 月改称文史资料委员会）。随后，各省、自治区、直辖市政协也相继成立了文史资料工作机构。

176. 什么是政协文史资料工作的“三亲”原则？

政协文史资料工作必须遵循的“三亲”原则是“亲历、亲见、亲闻”。

政协全国委员会文史资料研究委员会于1960年1月编辑的《文史资料选辑》第一辑的《发刊词》中指出："我们征集和编印稿件所要求的，是第一手的真实的历史资料，也就是作者根据他们的亲身经历和见闻所写的具有历史价值的资料"。在这以后，从事文史资料征编研究的同志把"亲身经历和见闻"概括为"亲历、亲见、亲闻"，并把它作为政协文史资料工作的一个主要原则。

177. 政协委员如何参加文史资料的征集工作？

关于文史资料的征集范围、时限、重点、类型，历届政协文史资料委员会都根据具体情况有所规定并不断加以调整。当前政协委员参加文史资料的征集工作，可以从四个方面入手：一是撰写记述本人亲身经历的回忆录；二是向有亲身经历人士调查访问后所作的记录；三是个人或集体通过向亲身经历者调查访问整理的对某一个人物或事件比较完整的资料；四是根据本人的经历对各种文献资料或别人写的资料所作的考证、订正或补充。无论哪个方面，都要体现亲历、亲见、亲闻的特点。比如：末代皇帝溥仪根据自己的亲身经历撰写的《复辟的形形色色》《我的前半生》，十二届政协期间全国政协文史和学习委员会组织编辑出版的《紫荆花开映香江——香港回归20周年亲历记》等，都是珍贵的第一手资料。

全国政协委员撰写或征集的文史资料，可直接寄送全国政协文化文史和学习委员会办公室，对于有价值的可供公开发表的文史资料，可以在《文史资料选辑》和《纵横》杂志上发表，有的还可由中国文史出版社编印成书出版。

178. 什么是政协学习工作的三自原则？

组织和推动政协委员在自愿的基础上进行学习，是人民政协的一个优良传统。政协的学习工作历来提倡"三自"原则，即自己提出问题、自己分析问题、自己解决问题，坚持"三不主义"（不抓辫子、不扣帽子、不打棍子），在坚持四项基本原则的前提下，贯彻"百花齐放，百家争鸣"的方针，提倡解放思想，畅所欲言，各抒己见，和风细雨，自由讨论。

179. 什么是政协委员学习工作？

学习，是人民政协的一项优良传统和重要任务，也是一项基础性、经常性工作。早在1954年，毛泽东同志就把学习列为政协的五大任务之一。《中国人民政治协商会议章程》明确规定：中国人民政治协商会议全国委员会和地方委员会推动委员自觉学习马克思列宁主义、毛泽东思想、邓小平理论、“三个代表”重要思想、科学发展观、习近平新时代中国特色社会主义思想，组织学习时事政治，学习和交流业务和科学技术知识，增强政治把握能力、调查研究能力、联系群众能力、合作共事能力。

一直以来，人民政协发扬理论联系实际的学风，尊重委员在学习中的主体地位，坚持问题导向、注重增强实效，实行“三自”方针（自己提出问题、自己分析问题、自己解决问题）、“三不主义”（不抓辫子、不扣帽子、不打棍子），营造了畅所欲言、各抒己见的学习氛围，彰显了实事求是思想和民主协商精神。政协委员学习工作在巩固各党派团体、各族各界团结合作的共同思想政治基础，提高政协委员自身素质，调动政协委员参与人民革命、建设、改革事业中的积极性方面发挥了重要作用。

180. 新时代政协委员学习工作的重要意义和首要任务是什么？

新时代组织政协委员学习，是实现党和国家总路线、总任务的重要保证，是推进人民政协事业向前发展的强大动力，是政协委员提高自身素质的有效途径。加强政协委员学习，有助于政协委员深入理解和把握人民政协的性质和定位，毫不动摇地坚持中国共产党的领导，坚持和完善中国共产党领导的多党合作和政治协商制度；有助于进一步发挥人民政协作为社会主义协商民主的重要渠道和专门协商机构作用，紧紧围绕团结和民主两大主题，更好地履行政治协商、民主监督、参政议政职能；有助于高举爱国主义和社会主义旗帜，广泛汇聚起海内外中华儿女共同治理与实现“两个一百年”奋斗目标，实现中华民族伟大复兴中国梦的强大力量。

当前和今后一个时期，政协委员学习工作的首要任务是，组织政协委员认真学习习近平新时代中国特色社会主义思想和中共十九大精神，认真学习领会习近平总书记关于加强和改进人民政协工作的重要思想，把习近平总书记在庆祝人民政协成立65周年大会的重要讲话，作为当好政协委员的基本教材，并结合学习政协工作有关业务知识，着力把握协商民主的原则、要义、方法，不断提高参与协商的思想水平。

181. 政协委员学习工作的主要内容有哪些？

根据人民政协作为爱国统一战线组织的特点，政协委员的学习以爱国主义教育和社会主义教育为中心，围绕党和国家重大方针政策和重要决策部署，结合人民群众普遍关心、政协委员重点关注的热点问题，突出政治性、理论性、时代性。主要内容包括：

（1）学习马克思列宁主义、毛泽东思想、邓小平理论、“三个代表”重要思想、科学发展观、习近平新时代中国特色社会主义思想，掌握科学观察分析问题的立场、观点和方法，牢牢把握正确的政治方向。

（2）学习中国共产党的基本理论、基本路线、基本方略、各项方针、政策以及时事政治，统一思想，增进共识，牢固树立“四个意识”，坚定“四个自信”，不断巩固团结奋斗的共同思想政治基础。

（3）学习统一战线和人民政协的理论、方针和政策，学习政协章程和有关规章制度，学习政协履职过程中的生动实践和阶段性成果等，不断增强履职的本领和能力。

（4）学习社会主义市场经济与依法治国的基本理论、基本知识和现代科学知识，增强为改革开放和社会主义现代化建设服务的才能。

182. 政协委员学习的基本形式有哪些？

委员学习工作应与人民政协履职能力建设相结合，以服务委员懂政协、会协商、善议政，守纪律、讲规矩、重品行为出发点和着力点，将学习寓于政协委员履职全过程，以学习增进思想共识，以学习引领履职实践。基本形式主要有：

（1）通过政协党组、各专门委员会分党组、机关党组的主体教育活动，组织党内政协委员、政协负责人进行专题学习。

（2）通过政协全体会议、常委会议和主席会议，就党和国家大政方针的出台和重大事件，组织政协委员和各民主党派、人民团体的负责人进行学习讨论。

（3）举办政协常委会组成人员学习讲座。邀请中共中央、国务院有关部门领导、有关领域的专家学者及社会生活领域的代表人士，围绕中央工作部署和治国理政的重大理论和实际问题，以及政协委员关切作讲座。讲座可设互动交流环节，旨在相互尊重、平等讨论中达成共识、形成合力，彰显政协协商民主特色。

（4）在常务委员会和主席会议的领导下，分类别、按计划、有针对性地开展面向专委会主任（副主任）、新任政协委员和连任政协委员的集中学习工作。重点学习把握中共中央关于统一战线和人民政协的新思想新要求，引导委员树立质量意识，提升履职能力。其中，港区澳区政协委员集中学习活动商请中联办共同负责。

（5）组织学习考察活动。围绕政协委员热切关注的经济社会发展中新成果新经验，结合相应的学习研讨、讲座、报告会主题，聚焦某一专业领域开展实地考察，使学习同政协委员履行职责有机结合，做到在参与中学习，在学习中知情明政。

（6）开展专题调研活动。围绕政治、经济、文化、社会生活和生态环境等方面的重要问题以及人民群众普遍关心的问题，开展调查研究，注重从大处着眼、小处着手谋划调研主题，从党政所思、群众所盼、政协所能出发，切实深入基层、沉到一线、联系群众，融学习、座谈、走访、论证于一体，使学习寓于调研全过程，推进学习工作在实践中深化发展，不断提高政协委员调查研究水平。

（7）议政活动中的专题学习。依托全国政协各专门委员会和基层政协组织，通过开展经常性学习座谈、专题报告会、情况通报会等，将政协委员学习工作同参政议政活动紧密结合起来，帮助政协委员掌握了解某一领域的相关知识和发展情况，更好地资政建言。

（8）编印学习参考资料。组织编印介绍人民政协规章制度、理论知识、履职实践案例的参阅资料，汇总编辑各类讲座、报告会等有关活动的讲稿资料，定期摘编重大政策、讲话及理论文章，印发政协委员开展自主学习。

（9）办好政协所属报刊和网站的学习专栏。通过综合运用人民政协所属各类大众媒体，系统、深入介绍统战政协理论，基本知识及工作情况，帮助政协委员增进对人民政协事业的认识和理解。

（10）探索开创远程学习形式。利用各级统战政协组织创办的网上论坛、微博、微信、手机报等新媒体平台，拓展学习渠道和覆盖面，加强委员学习的积极性、主动性、交互性，促进学习工作常态化发展。

183. 政协委员、政协负责人参加学习培训有哪些渠道？

政协委员、政协负责人参加学习培训有多种渠道：一是政协委员可以参加由全国政协和各级地方政协组织的集中学习研讨活动；二是中共党员的政协委员和政协负责人，可以参加中央党校和地方党校举办的培训班；三是非中共党员的政协委员和政协负责人，可以参加中央社会主义学院和地方社会主义学院举办的培训班；四是可以参加全国政协干部培训中心或地方政协举办的各类培训班、读书班、研讨班。

184. 政协全体会议期间委员如何接受记者采访？

政协全体会议期间，接受记者采访是委员的一项民主权利，也是会议发扬民主、扩大宣传的重要形式。委员接受记者采访主要有两种形式，即由会议新闻管理机构（一般设新闻中心）组织的记者招待会和委员在住地或其他场合接受记者的个别采访。委员接受记者的个别采访时应注意以下几点：

（1）为保证会议正常进行，在举行会议、活动时，委员一般不接受中外记者的现场个别采访。

（2）会议休息期间或在委员住地，记者要求采访委员时，应由小组秘书或新闻联络员征得委员本人同意后负责协调安排。如委员本人愿意，也可直接接受境内记者的采访。

（3）香港、澳门特别行政区委员在住地接受境内记者采访，应由住地新闻联络员负责联系或由委员告知住地新闻联络员。

（4）境外记者采访委员须向会议新闻中心政协新闻组申请，在征得委员同意后，由住地新闻联络员具体安排。如境外记者已直接征得委员本人同意，也须提醒其向政协新闻组办理申请手续后，方可安排采访。

（5）委员在接受采访前，应首先了解记者的姓名和单位，并请记者事先告诉主要采访题目和采访提纲。

（6）委员接受记者采访，应按照大会提出的有关要求，注意保守机密，不向境外记者提供大会简报和有关会议材料，对不愿回答的问题可予婉拒。

（7）委员接受记者采访时遇到重要情况或突发事件，应及时向政协大会秘书处新闻组反映，不明确的问题不轻率表态。

185. 全国政协办公厅对组织京外委员活动有何办法？

为进一步发挥全国政协委员，尤其是京外全国政协委员的作用，全国政协办公厅制定了《关于进一步发挥全国政协委员尤其京外委员作用的意见（试行）》（政厅发〔2004〕32号）。主要内容有：

（1）全国政协办公厅委托担任全国政协委员的京外省级政协主席为当地全国政协委员活动召集人，负责联系当地全国政协委员，并组织开展视察、考察、调研等活动。省级政协安排一位副秘书长为当地全国政协委员活动联络员，协助召集人做好委员参加各项活动的组织协调工作。

（2）按照全国政协办公厅的统一安排，委托省级政协每五年组织当地的全国政协委员进行一次跨省考察；每年组织一次在本省、自治区、直辖市内的视察。

（3）应当地党委、政府及有关部门的邀请，地方政协可组织当地的全国政协委员进行视察或专题调研，以及听取他们关于社情民意的反映，发挥他们在地方改革开放和社会主义现代化建设中的作用。

（4）请地方政协组织政协委员视察、专题调研和参观活动时，邀请住当地有关的全国政协委员参加。

（5）请各省、自治区、直辖市政协举行全体会议和常务委员会会议时，邀请当地有关的全国政协委员列席，并享有发言权。

（6）请地方政协举行重大纪念活动、委员联谊活动时，邀请当地有关的全国政协委员参加。

（7）请地方政协组织有关文件的阅读、传达和学习活动时，按规定邀请当地的全国政协委员参加。

（8）请地方政协根据情况，将印发政协委员的刊物、资料和专题报告等，同时印发给当地的全国政协委员。

（9）请地方政协加强与当地全国政协委员的联系，为委员搞好服务。可代表全国政协办公厅在重大节日时向委员进行慰问活动等。

（10）请地方政协按当地全国政协委员人数和专业情况，组成若干活动小组，由担任全国政协委员的省、自治区、直辖市政协主席或副主席和当地的全国政协常委为小组召集人，根据全国政协的工作安排和当地的实际情况，自行选题，开展活动。对居住过于分散，距省会较远的全国政协委员，组织他们参加所在地政协的有关活动。

京外全国政协委员参加活动除委托地方政协组织的上述形式外，全国政协到地方组织会议、视察、专题调查时，可吸收相关的当地全国政协委员参加。

京外全国政协委员的活动经费，由全国政协办公厅根据国家规定的有关标准，拨至各省、自治区、直辖市政协。不足部分各地财政部门根据全国政协办公厅、财政部《关于切实解决地方政协活动经费的通知》（全办发〔1995〕35号）精神，给予必要保证。

七、地方政协

186. 中共中央对地方政协的重要作用是如何论述的?

中共中央 1995 年第 7 号文件指出：地方政协是中国人民政治协商会议的重要组成部分，是实现共产党领导的多党合作和政治协商制度在地方的重要机构，在我国政治生活和社会生活中发挥着重要的作用。

187. 地方政协组织的基本状况如何?

截至 2015 年年底，政协各级地方委员会总数已发展到 3215 个，委员总数为 699015 人。具体情况见附录五。

188. 人民政协历史上第一批地方委员会是何时建立的?

人民政协的第一批地方委员会是 1950 年下半年至 1951 年上半年建立的。

1950 年 6 月 23 日，政协第一届全国委员会第二次会议根据《中国人民政治协商会议组织法》关于在中心城市、重要地区及省会设立地方委员会的规定，通过了《关于地方委员会的决定》，规定在普选的省、市人民代表大会召开以前，由省、市各界人民代表会议所产生的省、市协商委员会代行政协地方委员会的职权。到 1951 年上半年，全国各级协商委员会与政协全国委员会发生联系的有 98 个省、市单位。

189. 人民政协各级组织之间是什么关系?

《中国人民政治协商会议章程》规定：中国人民政治协商会议全国委员会对地方委员会的关系和地方委员会对下级地方委员会的关系是指导关系。

1954 年 12 月 19 日，毛泽东在《关于政协的性质和任务的谈话提纲》中讲到关于政协组织上下关系问题时说：政协组织的上下关系，不成为领导与被领导的关系，究竟如何搞，还要创造经验。1954年12月4日，周恩来在《关于政协章程和政协第二届全国委员会委员名单问题》的讲话中曾就政协上下级之间的关系作过概括和解释，他指出，人民政协“上下之间有指导和被指导、指示和接受指示、报告和接受报告的关系”。

190. 全国政协对地方政协工作的指导方式有哪些？

全国政协对地方政协工作的指导方式主要有：

（1）全国政协制定、修改和解释《中国人民政治协商会议章程》，对各级地方政协的组织和工作提供规范；就重大问题通过共同性决议，要求各级政协组织和委员遵守与履行。

（2）邀请地方政协负责同志参加全国政协全体会议、常务委员会会议，向他们通报全国政协的工作思路、重点内容和主要做法，对地方政协工作起示范作用。

（3）通过印发文件和其他形式，传达中央有关政协、统战工作的方针、政策和中央领导同志的讲话精神等。

（4）召开地方政协工作经验座谈会、专门委员会工作会议等，总结和交流地方政协的工作经验，研究共同性问题，推广有普遍意义的工作经验。

（5）与地方政协加强联系与协作，在共同举办活动中相互借鉴、相互促进。

（6）通过报纸、杂志、网络，组织对地方政协工作的采访报道、组织政协好新闻评选，以及政协全体会议期间组织对地方政协负责人的集体采访等形式，加强对地方政协工作的宣传。

（7）定期举办培训班，对地方政协领导和地方政协机关工作者进行培训。

191. 中共中央对地方政协主席列席同级党委常委会议有何规定？

1986年中共中央办公厅转发中共全国政协机关党组《关于全国地方政协工作座谈会情况的报告》的通知指出：“对不是同级党委常委的地方政协的党员主席或党组书记，要请他们列席有关的常委会和其他重要会议。”习仲勋同志代表中共中央在这次座谈会的讲话中指出："党委在召开常委会议和其他重要会议时，要请主持政协工作的党员负责干部（主席或副主席）列席。"

1995年1月13日中共中央发出第13号通知，对这个问题作了进一步的明确规定，指出："不是同级党委常委的地方政协的党员主席或党组书记，可请他们列席党委常委会议和其他有关重要会议。"2006年2月8日《中共中央关于加强人民政协工作的意见》再次强调了这一规定。

192. 中共中央对政协负责人列席政府全体会议有何规定？

1995年1月13日中共中央发出的第13号通知，对政协负责人列席政府全体会议问题作出了明确规定，指出："国务院和地方政府召开全体会议和有关会议时，可视需要邀请政协有关领导列席。"2006年2月8日《中共中央关于加强人民政协工作的意见》再次强调了这一规定。

193. 中共中央对地方政协的机构设置和人员编制有何原则规定？

中共中央1995年第7号文件对地方政协的机构设置和人员编制提出了两条原则：一是地方各级政协机构的改革，要有利于加强和完善共产党领导的多党合作和政治协商制度，有利于巩固和发展新时期的爱国统一战线；二是政协专门委员会的设置要符合综合、精干的原则，其办事机构要综合设置；着力压缩机关超编人员，减少后勤服务人员的比例，充实业务工作力量，改善干部结构，提高干部素质。

194. 全国政协办公厅、财政部对解决地方政协活动经费有何要求？

全国政协办公厅、财政部1995年4月22日向各省、自治区、直辖市及16个计划单列市政协办公厅、财政厅（局）发出通知，要求切实解决地方政协活动经费的问题。通知内容如下：

中共中央〔1995〕13号通知指出：人民政协是我国人民爱国统一战线的

组织，是共产党领导的多党合作和政治协商的重要机构，是我国政治生活中发扬社会主义民主的重要形式。各级党委要为政协开展工作积极创造条件，对政协干部编制、活动经费等方面存在的困难，要切实帮助解决。

几年来，地方政协紧密围绕党委和政府的中心任务，认真履行政治协商、民主监督和参政议政职能，在推动各地方改革开放和社会主义现代化建设事业中，发挥了重要作用。请地方财政部门会同当地政协组织，认真贯彻落实中共中央通知精神。对政协的活动经费，政协全体会议、常务委员会会议以及委员视察、调研等专项业务经费，视财力的可能给予必要保证。

地方各级政协要继续发扬勤俭节约、艰苦奋斗的优良传统，加强支出管理，节约经费开支。

195. 全国政协对地方政协制作印章有何规定？

全国政协对地方政协制作印章的规定如下：政协各级委员会及所属各单位的印章一律为圆形。

政协各省、自治区、直辖市（含副省级市，下同）委员会的印章，直径5厘米，中央刊会徽，会徽外刊机关名称，自左而右环行。上述地方委员会各直属机构的印章，直径4.5厘米，中央刊会徽，会徽外刊机关名称，自左而右环行。上述地方委员会机关各办事机构的印章，直径4.2厘米，中央刊五角星，五角星外刊机关名称，自左而右环行。

政协各自治州、县、自治县、市、市辖区委员会的印章，直径4.5厘米，中央刊会徽，会徽外刊机关名称，自左而右环行。上述地方委员会各直属机构的印章，直径4.2厘米，上述地方委员会各办事机构的印章，直径4厘米，中央刊五角星，五角星外刊机关名称，自左而右环行。

民族自治地方委员会的印章，应当并刊汉文和相应的民族文字。

196. 县级政协委员会有哪些特点？

县级政协委员会是人民政协的基层组织，它们主要有以下几个特点：

一是地域特色明显。同全国政协、省级政协和市级政协相比，县级政协组织一般体现当地社会构成的特点。由于地域不同，县级政协在界别设置和委员构成上也不尽相同，例如内陆地区、沿海地区、民族地区县级政协在组织构成上都各有自己的特色。这些差异决定了县级政协工作的侧重点有所不同。

二是同实际工作联系紧密。在当地党委和政府的统一部署下，县级政协在履行主要职能的同时，一般都直接参与为经济建设和社会发展服务的活动，例如协助企业扭亏为盈，帮助农民脱贫致富，为经济建设牵线搭桥，引进人才、资金和项目，促进科技教育事业发展等。

三是活动方式灵活多样。许多县级政协在开好例会，组织好视察、调研活动的基础上，创造了一些行之有效的活动方式，比如成立委员学习小组，开展经常性的学习活动；在一些基层单位建立政协工作联系点，帮助解决实际问题；通过走访委员联络感情，充分调动委员参政议政的积极性；注意同有关部门配合，努力做好参政议政成果的转化工作；等等。

四是同基层群众联系直接。县级政协委员发挥身在基层的优势，更直接、更及时地宣传政策、沟通情况、化解矛盾、收集和反映社情民意。

八、加强新时代人民政协党的建设

197. 为什么要加强新时代人民政协党的建设？

人民政协作为统一战线的组织、多党合作和政治协商的机构、人民民主的重要实现形式，是国家治理体系的重要组成部分，是具有中国特色的制度安排。中国共产党领导是中国特色社会主义最本质的特征，也是人民政协这一制度安排和政治组织最本质的特征。在政协各级组织和各项活动中，党是居于领导地位的，坚持中国共产党领导是人民政协必须恪守的根本政治原则。

当前，中国特色社会主义进入了新时代，我们党必须统揽伟大斗争、伟大工程、伟大事业、伟大梦想，其中起决定性作用的是党的建设新的伟大工程。将新时代坚持和发展中国特色社会主义这场伟大社会革命进行到底，把我们党通过自我革命建设得更加坚强有力，这对人民政协坚持党的领导，强化政协党组织在政协工作中的政治领导力、思想引领力、群众组织力、社会号召力，提出了新的更高要求。同时要清醒认识到，人民政协党的建设同新时代新使命新要求还不完全适应，特别是存在思想认识不到位、组织设置不健全、政协特点不突出、党员委员作用发挥不充分等问题，需要从实际出发切实加以解决。加强新时代人民政协党的建设，对于更好坚持人民政协这一制度安排，坚持和完善中国共产党领导的多党合作和政治协商制度这一新型政党制度，巩固和发展最广泛的爱国统一战线，坚持和巩固中国共产党的领导地位和长期执政地位，不断推进国家治理体系和治理能力现代化，坚持和发展中国特色社会主义，具有重大而深远的意义。

198. 加强新时代人民政协党的建设工作的总体要求是什么？

加强新时代人民政协党的建设的总体要求是：全面贯彻习近平新时代中国特色社会主义思想和党的十九大精神，以党章为根本遵循，按照新时代党的建设总要求，坚持和加强党的全面领导，坚持党要管党、全面从严治党，以党的政治建设为统领，全面推进人民政协党的政治建设、思想建设、组织建设、作风建设、纪律建设，把制度建设贯穿其中，深入推进反腐败斗争，不断提高党的建设质量，改进工作方式方法，发挥各级政协党组在政协工作中的领导核心作用、基层党组织的战斗堡垒作用、政协组织中共产党员的先锋模范作用，把党中央决策部署和对政协工作的要求落实下去，把海内外中华儿女实现中华民族伟大复兴中国梦的智慧和力量凝聚起来，共同为实现党的十九大确定的目标任务而奋斗。

新时代人民政协党的建设必须坚持党的领导，把握政协性质定位，发挥好协商民主这一实现党的领导重要方式的作用，保证党的理论和路线方针政策贯彻落实；坚持全面从严治党，落实管党治党责任，把政协党组织和党员队伍建设好；坚持民主集中制，确保政协党组织的活力和党的团结统一；坚持政协党组发挥领导核心作用与政协组织依照法律和政协章程履行职责相统一，把党的主张通过民主程序转化为政协组织的决定，更加广泛地凝聚共识、凝聚力量；坚持从实际出发，突出政协特色，积极探索创新，以党的建设推进新时代人民政协事业发展。

199. 新时代人民政协党的政治建设的首要任务是什么？

政协党的政治建设的首要任务是坚决维护习近平总书记的核心地位，坚决维护党中央权威和集中统一领导。各级政协党组要全面肩负起实现党对人民政协领导的重大政治责任，发挥好把方向、管大局、保落实的重要作用，确保把党中央大政方针和决策部署不折不扣贯彻落实到政协全部工作之中。

200. 如何改进人民政协党的作风？

政协党的作风建设是政协作风建设的关键，要严格贯彻落实中央八项规定及其实施细则精神，坚决反对形式主义、官僚主义、享乐主义和奢靡之风。

各级政协党组织和共产党员要坚持求真务实、真抓实干，做转作风改作风的表率。持续改进视察考察工作，选题广泛征求意见，严格执行不准搞迎来送往、层层陪同，不准违反规定吃吃喝喝，不准接受礼品、纪念品、土特产，不准接受超标准接待，不准搞高消费娱乐、健身活动等要求。坚持简约俭朴办会，科学安排会期、规模，不搞与会议无关的活动。切实改进文风，各种文件力求简明扼要、具体可行，会议发言提倡开门见山、言之有物。不断改进调查研究方式方法，严格控制团组规模，优化队伍组成，深入基层、深入群众、深入实际，着力提高调查研究质量，坚决克服重调查轻研究的现象，坚决防止图形式、走过场。政协组织中的党员领导干部和党员委员要自身正、自身净、自身硬，弘扬党的统战工作的优良传统作风，在同党外人士打交道时，坚持相互尊重、平等待人，以民主的作风、良好的形象团结人影响人，决不能居高临下、颐指气使。

各级政协党组织和共产党员要坚持党的群众路线，密切同政协委员的联系。各级政协党组要建立健全走访看望委员制度以及接待和处理委员来信来访制度。全国政协党组成员要带头落实到地方调研听取住当地全国政协委员意见建议、联系政协专门委员会和界别等制度。

九、全国政协工作机构与职责

201. 全国政协办公厅的历史沿革与现状是怎样的?

全国政协办公厅是全国政协的办事机构，其前身是1949年10月政协第一届全国委员会第一次会议召开后设立的政协全国委员会秘书处，下设若干科（室、组）。1980年12月30日，经第五届全国政协常委会第十四次会议决定成立全国政协办公厅，下设秘书处、外事处、人事处和信访处。

1983年，办公厅被明确定为正部级机构，下设秘书局、服务局、人事局、外事局、学委会工作组办公室（1988年改为专门委员会办公室）、文史资料研究委员会办公室（文史资料出版社）、研究室、人民政协报社8个局级机构和机关党委；提案委员会办公室、祖国统一联谊委员会办公室2个办公厅直属处级机构。

1994年机构改革后，办公厅下设秘书局、专门委员会综合一局（提案）、二局（经济、科技）、三局（教科文、医卫体）、四局（法制、妇青、民族、宗教）、台港澳侨联络局、外事局、研究室、人事局、机关事务管理局、离退休干部局等11个行政局级机构和机关党委。人民政协报社、中国文史出版社、全国政协干部培训中心和中协服务开发中心4个事业单位。

1995年办公厅内设机构调整，成立了全国政协信息资料中心。研究室与新闻办公室一个机构两块牌子。原专门委员会办事机构调整为8个，即：提案委员会办公室（一局）、经济委员会办公室（二局）、科教文卫体委员会办公室（三局）、妇青与法制委员会办公室（1996年更名为社会和法制委员会办公室，四局）、民族和宗教委员会办公室（五局）、文史和学习委员会办公室（中国文史出版社）、台港澳侨委员会办公室（六局）和外事委员会办公室（外事局）。根据中编办字（1999）94号文件，增设了人口资源环境委员会办公室。

2002年机构改革后，全国政协办公厅下设1个副部级机构、15个行政局级机构和5个事业单位。一个副部级机构是：研究室（内设理论局、信息局、新闻局）。15个行政局级机构是：秘书局、提案委员会办公室（一局）、经济委员会办公室（二局）、人口资源环境委员会办公室（三局）、教科文卫体委员会办公室（四局）、社会和法制委员会办公室（五局）、民族和宗教委员会办公室（六局）、港澳台侨委员会办公室（七局）、外事委员会办公室（全国政协办公厅外事局，八局）、文史资料委员会办公室（九局，与中国文史出版社合并，一个机构，两块牌子）、联络局（挂信访局牌子）、人事局、机关事务管理局、老干部局、机关党委。5个事业单位是：人民政协报社、中国文史出版社、全国政协干部培训中心（北戴河管理局）、机关服务局和中协服务开发中心。

经中央编办批准：分别于2002年9月成立中国政协杂志社，2004年12月成立全国政协办公厅信息中心两个事业单位；2005年5月文史资料委员会办公室（九局）更名为文史和学习委员会办公室（九局），仍与中国文史出版社一个机构两块牌子；2005年9月中协服务开发中心更名为全国政协办公厅服务开发中心；2006年5月，文史和学习委员会办公室（九局）作为行政机构与事业单位中国文史出版社分开，不再为一个机构两块牌子。2010年4月，外事委员会办公室与办公厅外事局分设。2010年7月，中国文史出版社不再列入事业单位序列，核销其事业编制，转制为企业；2011年6月，研究室新闻局调整为全国政协办公厅内设正局级机构；2011年10月，设立中国政协文史馆。

2015年3月，中央纪委驻全国政协机关纪检组成立；2017年服务局、服务开发中心合并，成立机关服务局；2018年，成立农业和农村委员会办公室。

202. 全国政协专委会的历史沿革是怎样的？

政协专门委员会的前身是工作组。1949年10月18日，根据周恩来提议，经政协第一届全国委员会常务委员会第一次会议通过，政协全国委员会成立了政治法律组、财政经济组、文化教育组、外交组、国防组、民族事务组、华侨事务组、宗教事务组共8个工作组。后来随着形势和任务的不断变化，工作组的名称和规模有所变化，数量由8个发展到15个。与此同时还相继成立了个别专门委员会，如：二届成立了学习委员会、地方工作委员会；三届成立了联络委员会和文史资料研究委员会；六届成立了提案委员会、外事委员会等。

1988 年 6 月，全国政协七届常委会第二次会议决定，在原有工作组和专委会的基础上，组建 14 个专门委员会，即：提案委员会、学习委员会、文史资料委员会、经济委员会、教育文化委员会、科学技术委员会、医药卫生体育委员会、法制委员会、民族委员会、宗教委员会、妇女青年委员会、华委员会、祖国统一联谊委员会、外事委员会。

1995 年 3 月 15 日，全国政协八届常委会第十二次会议决定，将专委会由 14 个调整为 8 个，分别是：提案委员会、经济委员会、科教文卫体委员会、妇青与法制委员会、民族和宗教委员会、文史和学习委员会、台港澳侨联络委员会和外事委员会。

1998 年 3 月 16 日，全国政协九届常委会第一次会议决定成立人口资源环境委员会，全国政协专门委员会由 8 个变为 9 个，即：提案委员会、经济委员会、人口资源环境委员会、教科文卫体委员会、社会和法制委员会、民族和宗教委员会、文史资料委员会、港澳台侨委员会、外事委员会。

2013 年 3 月 13 日，全国政协十二届常委会第一次会议决定设立 9 个专门委员会，即：提案委员会、经济委员会、人口资源环境委员会、教科文卫体委员会、社会和法制委员会、民族和宗教委员会、港澳台侨委员会、外事委员会、文史和学习委员会。

2018 年 3 月 16 日，全国政协十三届常委会第一次会议决定成立农业和农村委员会，全国政协专门委员会由 9 个变为 10 个，即：提案委员会、经济委员会、农业和农村委员会、人口资源环境委员会、教科卫体委员会、社会和法制委员会、民族和宗教委员会、港澳台侨委员会、外事委员会、文化文史和学习委员会。

203. 专门委员会的性质和任务是什么？

根据政协章程规定，政协全国委员会根据工作需要设立若干专门委员会。专门委员会是在常务委员会和主席会议领导下的工作机构。

根据《中国人民政治协商会议全国委员会专门委员会通则》规定，专门委员会的主要任务是：团结和联系委员及各族、各界人士，学习、宣传国家的方针政策，积极反映社情民意；就国家的大政方针以及政治、经济、文化和社会生活中的重要问题，人民群众普遍关心的问题，选择其中具有综合性、全局性、前瞻性的课题，深入开展调查研究，提出意见、建议和提案；维护社会稳定和民族团结，促进祖国和平统一，加强同各国人民的友好往来与合作；组织各种活动，积极为委员知情出力、履行职责创造条件；根据政协全国委员会全体会议和常务委员会的决议精神，制订年度工作计划。年度末向常务委员会提交工作报告。

204. 全国政协办公厅下设行政工作机构的主要职责是什么？

研究室（副部级机构，下设理论局、信息局）

负责研究统一战线和人民政协的理论、政策，对全国政协履行职能的重要问题和重要工作提出建议；组织起草全国政协的重要文稿；参与重点调研课题的协调和重要调研报告的修改；综合、报送政协委员和其他方面反映的社情民意；研究、交流地方政协的工作经验。

秘书局

负责政协全国委员会全体会议、常务委员会会议、主席会议、常务委员专题座谈会、秘书长会议、秘书长办公会议和其他重要会议的会务工作及会议有关决定事项的具体组织实施；承办全国政协及办公厅的重大活动；落实全国政协及办公厅领导同志的重要指示，并负责督办；负责与中共中央、全国人大、国务院有关部门的工作联系；负责全国政协的值班工作；协调全国政协机关各部门的工作；负责各专门委员会专题调研时间、地点的协调；起草和审核办公厅重要文稿；负责全国政协机关文电处理、机要保密、档案工作；负责全国政协机关网络安全和信息化领导小组办公室及全国政协互联网门户网络、全国政协微信公众号工作；负责机关各单位工作任务完成情况的督查工作；负责全国政协领导同志专职秘书的联系和管理工作。

各专门委员会办公室

提案委员会办公室（一局）、经济委员会办公室（二局）、农业和农村委员会（三局）、人口资源环境委员会办公室（四局）、教科卫体委员会办公室（五局）、社会和法制委员会办公室（六局）、民族和宗教委员会办公室（七局）、港澳台侨委员会办公室（八局）、外事委员会办公室（九局）、文化文史和学习委员会办公室（十局）。

专门委员会办事机构的职责是：负责专门委员会制定、实施工作计划的具体组织服务工作；负责专门委员会会议、活动的组织协调和日常工作；联系相关界别委员及代表人士，综合、反映专门委员会、委员和相关界别的意见、建议；负责专门委员会各类文稿的起草以及调研成果的转化跟踪工作；负责专门委员会与中共中央和国家机关相关部门、地方政协相关专门委员会的工作联系。

提案委员办公室还负责政协委员提案的征集、初审和交办的具体工作；起草报请政协全国委员会全体会议审议的提案工作情况的报告以及相应决议草案、提案审查情况的报告。

港澳台侨委员会办公室还负责组织港澳地区全国政协委员的视察、调研及与港澳台侨同胞的有关组织和代表人士的联络工作。

文化文史和学习委员会办公室还负责文史资料的征集、整理、研究和编辑工作，组织政协委员、有关统战人士撰写“三亲”（亲历、亲见、亲闻）史料；负责组织全国政协委员学习马列主义、毛泽东思想、邓小平理论和“三个代表”重要思想、科学发展观、习近平新时代中国特色社会主义思想，掌握科学观测分析问题的立场、观点和方法，牢牢把握正确的政治方向，学习中国共产党的基本理论、基本路线、基本方略、各项方针、政策以及时事政治，统一思想，增进共识，牢固树立“四个意识”，坚定“四个自信”，不断巩固团结奋斗的共同思想政治基础，学习统一战线和人民政协的理论、方针和政策，学习政协章程和有关规章制度，学习政协履职过程中的生动实践和阶段性成果等，不断增强履职的本来和能力，学习社会主义市场经济与依法治国的基本理论、基本知识和现代科学知识，增强为改革开放和社会主义现代化建设服务的才能；负责全国政协常委学习讲座和全国政协委员的学习培训工作。

联络局（挂信访局牌子）

负责政协委员视察、学习、调研、座谈等活动的组织服务工作；了解委员履行职责的情况，反映委员的意见、建议；负责文史专员和特定联系对象的联络服务工作；负责无党派界委员的日常联络工作；负责全国政协书画室、全国政协京昆室开展活动与联谊的服务工作；负责政协委员和人民群众来信来访处理工作。

新闻局

负责承办全国政协新闻舆论工作和人民政协对外宣传工作；组织协调全国政协重要会议、活动的新闻报道工作，起草和审核重要新闻稿件；协调、指导全国政协办公厅网络宣传工作；对办公厅所属新闻出版单位进行政策和业务指导；联系地方政协新闻宣传工作。

外事局

负责全国政协对外交往活动的组织、协调和实施工作；负责安排全国政协主席、副主席、秘书长等领导同志的外事活动；负责全国政协出访团组和外国来访团组接待的组织、协调和实施工作；负责协调和归口管理全国政协各专门委员会及办公厅各行政事业单位的对外交往活动；承担全国政协主办的国际性会议和联系有关国际组织的服务性工作；负责对外国有关组织的调查研究及资料搜集整理工作；负责中国经济社会理事会的对外交流工作。

人事局

负责全国政协机关机构编制、干部人事管理工作；指导、协调机关所属事业单位的干部人事工作；负责干部教育培训规划的拟定及其组织实施；办理全国政协机关出国（境）人员的政审手续；协同有关部门参与全国政协委员的协商推荐、届中增补等具体工作；承办专门委员会人员组成和调整的程序性工作。

机关事务管理局

负责全国政协履行职能、开展活动的后勤保障工作；负责全国政协委员、地方政协负责同志来北京的接待服务；负责全国政协机关、各民主党派中央、全国工商联等单位的有关经费管理、基建和审计工作；负责机关的安全保卫工作；协调和管理机关的后勤事务。

机关党委

负责全国政协机关党组织的思想、组织、作风建设和纪律检查工作；负责机关精神文明建设的日常工作；领导机关工、青、妇等群众组织。

205.《人民政协报》的性质和办报方针是什么？

《人民政协报》是全国政协的机关报，是全国统一战线系统最权威最有影响力的媒体。《人民政协报》经中共中央书记处批准于 1983 年 4 月 6 日正式创刊，时任全国政协主席邓小平题写报名。

《人民政协报》的办报方针是："立足统战，面向社会。"在这个方针下，《人民政协报》高举社会主义和爱国主义旗帜，围绕团结和民主两大主题积极宣传中国共产党领导的多党合作和政治协商制度，宣传党的统一战线和人民政协的理论、方针、政策，宣传各级政协组织和委员、各民主党派和工商联及其成员围绕国家大政方针参政议政，为推进改革开放和社会主义现代化建设、为促进祖国和平统一和对外交往所作的突出贡献和先进事迹。

《人民政协报》一版为要闻版；二版为政协新闻版；三版为统战新闻版和新闻关注版；四版为国内国际新闻版；五至十二版为专刊和周刊，设有《民意周刊》《生态周刊》《科技周刊》《文化周刊》《学术周刊》《华夏周末》《健康周刊》《财经周刊》《民营周刊》《春秋周刊》《慈善周刊》《教育周刊》《两岸经合周刊》《休闲周刊》等周刊以及《科技前沿》《民族宗教》《学习与探索》《美术摄影》《华声》《宝藏》等专版。

《人民政协报》创刊时为周一刊，1985 年 1 月改为周二刊，1994 年 1 月改为周三刊，1997 年 1 月改为周六刊，现周一至周六每天 12 版。除在内地发行外，还向台湾、香港、澳门和世界各地发行。

报社办有人民政协网，网址：www.rmzxb.com，并与全国政协书画室合作出版《画界》杂志。人民政协报社在 33 个省、自治区、直辖市和副省级市设立记者站。

206. 中国文史出版社的性质和出版范围是什么？

中国文史出版社是全国政协办公厅主管主办的出版机构，成立于 1980 年 1 月 19 日。出版范围主要是：出版人民政协系统所征集的我国近现代史资料，有关统一战线、人民政协、民主党派的资料、论述、工作手册；著名爱国人士的诗集、文集、年谱、画册；根据文史资料编写的纪实性人物传记；政协大会、常务委员会议、主席会议和各专门委员会会议资料、调查研究报告（不包括各种文件）等；以政协委员及其联系的各界人士为对象，出版有关社会科学、文化、文学艺术方面的著作、工具书；有选择地出版台、港、澳和海外有关文化交流和统战工作的图书；出版《纵横》《中国经济社会论坛》《财新周刊》和《中国改革》杂志等。

作为政协系统唯一的专业出版机构和以文史资料为出版特色的国家级出版社，建社 30 多年来，始终坚持正确的出版方向，坚持把社会效益放在首位、实现社会效益和经济效益的有机统一；坚持出版社的性质定位，坚持服务人民政协、服务政协委员、服务文史资料工作；弘扬社会主义核心价值观，传播人类文明的优秀成果，广泛凝聚实现中华民族伟大复兴的正能量，为促进统一战线和人民政协事业的发展，为繁荣社会主义文化事业，作出了应有的贡献。

2010 年，中国文史出版社由事业单位转为中央文化企业，仍由全国政协办公厅主管主办，由财政部代表国务院履行出资人资产监管职责。2018 年，进行公司制改制，加快构建有文化特色的现代企业制度，形成有效制衡的公司法人治理结构和灵活高效的市场化经营机制，推动企业做强做优做大。

207.《纵横》杂志的性质和办刊方针是什么？

《纵横》杂志是由全国政协办公厅主管、中国文史出版社主办的文史月刊。创刊于 1983 年 6 月，是全国第一份集中发表回忆文章的期刊，也是人民政协第一份公开出版发行的杂志。创办这样一份刊物的目的，是用历史知识启发、教育后代，进行爱国主义、革命传统及共产主义理想教育，更好地发挥文史资料鉴往知今、鉴往知来的社会作用。

《纵横》自创刊以来，得到历届全国政协领导以及社会各界人士的关心和支持。30 多年来，《纵横》始终坚持正确的舆论导向，立足自身性质定位，以“亲历、亲见、亲闻”的特色和视角，如实记录和反映中国现当代史上的重大历史事件、重要历史人物和社会百态人生。以其史料性、可读性、权威性，成为社会各界了解文史资料的窗口，发挥了人民政协文史资料“存史、资政、团结、育人”的社会功能。截至 2018 年 6 月，《纵横》杂志共编辑出版 342 期。

为积极推进传统媒体和新兴媒体的融合发展，探索“互联网＋纵横（文史资料）”知识服务的模式，近几年来，《纵横》通过微信公众号、微店，建设纵横期刊库，努力实现纸质杂志与新媒体的融合。

208.《中国政协》杂志的性质和办刊方针是什么？

《中国政协》杂志是全国政协主管、全国政协办公厅主办的时政类期刊。为半月刊，每月 15 日、30 日出版。全年 24 期，其中 4 期与中国人民政协理论研究会合作编辑出版《中国政协 · 理论研究》。

《中国政协》杂志的前身是 1951 年由周恩来批准创办的《政协会刊》。该刊“文革”中停办，1978 年邓小平批示复刊。2000 年 1 月，经全国政协和有关部门批准，《政协会刊》与《地方政协通讯》《学习与参考资料》等内部刊物合并，《中国政协》杂志创刊，公开出版发行，时任全国政协主席李瑞环题写刊名。2002 年 12 月成立中国政协杂志社。2011 年 1 月起，正式出版半月刊。

《中国政协》杂志设编委会，编委会主任为全国政协副主席兼秘书长，副主任为全国政协常务副秘书长、全国政协相关副部级干部和杂志社总编辑，编委为全国政协办公厅相关局室主要负责人。

《中国政协》杂志坚持“立足政协、服务统战、面向社会”的办刊宗旨，牢牢把握正确的政治方向，深入宣传中国共产党领导的多党合作和政治协商制度、人民政协在我国民主政治建设中的地位和作用、各级政协组织的履职实践和政协委员的风采，是统战政协系统宣传舆论的主阵地。2013 年、2015 年，《中国政协》杂志连续被评为“全国百强报刊”。2015 年，《中国政协》荣获“2014—2015 中国报刊广告投放价值排行榜全国 30 强”。

杂志共设七个版块：资讯版块，报道全国政协重要会议、全国政协领导的重要活动和高端声音；主题策划版块，配合中共中央和全国政协的重要工作部署，发挥人民政协智力密集优势，进行深度集中报道，释疑解惑、凝聚共识；政协理论版块，立足民主政治研究前沿，宣传人民政协理论研究的最新成果；履职版块，报道全国各级政协组织履职活动和工作亮点，深入交流政协工作经验，助推政协的工作实践；声音版块，真实反映政协委员关注国计民生、社会发展的真知灼见和睿智之言；人物版块，展示广大政协委员的独特贡献、多彩人生、传奇故事；副刊版块，刊发名人大家原创性的精品佳作。

《中国政协》杂志在增强权威性和指导性上进行积极探索，注重在提升杂志的格调和品位上下功夫。近年来，杂志加大了言论的分量，在重要历史节点和重要活动时，通过刊发本刊社论、本刊评论员和本刊编辑部文章，及时传递权威声音，配以独家深入报道，对重大方针政策进行深入解读，受到全国政协领导、政协委员和社会各界的广泛好评。

中国政协杂志社致力推进媒体融合发展，2012 年创办的门户网站“中国政协传媒网”坚持“网站向杂志借力，杂志向网站延伸”的理念，设有新闻、履职、理论、人物、文化、健康、书画七大频道和视频库、资料库、图片库三大库，集新闻热点、杂志在线浏览于一体。2014 年 1 月新版开通。2015 年 2 月，“中国政协杂志”微信公众号正式上线。本刊已经形成了刊网合一、多媒体融合的发展格局，有力拓展了政协新闻宣传的形式和载体。

中国政协杂志社注重加强党的建设和精神文明建设，注重提升员工素质和能力，注重建设团结和谐的团队文化，2015 年被评为“首都文明单位”。

209. 中国政协文史馆的性质和工作职责是什么？

中国政协文史馆是全国政协办公厅直属事业单位，位于北京市西城区金融街，毗邻政协礼堂。

中国政协文史馆地面十层、地下四层，总建筑面积为 23000 平方米，建筑风格与全国政协办公楼群、政协礼堂相互呼应，共同构成既有历史文化内涵又有现代特色的标志性建筑群。

中国政协文史馆是人民政协光辉历程和重要成就的展示窗口，是文史资料和政协文化的研究园地，是人民政协与社会各界及海内外人士的交流平台。

中国政协文史馆肩负着：宣传和展示中国共产党领导的多党合作和政治协商制度及其实践成果，宣传和展示人民政协的光辉历程和历史贡献，展示政协组织和委员履行职能的成果，加深观众对中国特色基本政治制度的了解；征集、收藏、研究、展示、利用人民政协的文史资料（手稿、照片、书刊、音像）和书画作品；开展文史资料、政协理论、政协文化学术研究和交流活动，编辑出版文史资料书刊等职责。

中国政协文史馆现举办《人民政协光辉历程展》和《人民政协文史资料展》。《人民政协光辉历程展》通过200多件珍贵文物和900多张历史照片，采用雕塑、书画、场景再现等形式，运用声光电等现代科技手段，真实展现人民政协植根于社会主义革命、建设和改革的伟大实践，融汇于实现中华民族伟大复兴的历史进程。《人民政协文史资料展》通过300多幅图片，300多件（份）文献资料、名人手稿，1万多册出版物等，全方位展示人民政协文史资料事业50多年的发展历程和社会作用。现收藏有数亿字的文史资料手稿、图书以及大量的照片、字画、音像等藏品，是集征集、收藏、研究、展示、交流等功能于一体的国家级文史馆。

210. 全国政协互联网门户网站主要登载哪些内容？

全国政协互联网门户网站于2017年12月27日正式改版上线，前身是旧版中国政协网。门户网站是全国政协对外宣传的重要窗口，是为人民政协各参加单位、政协委员、机关干部以及社会公众提供信息化服务的重要平台。门户网站坚持服务政协、面向社会原则，牢牢把握新时代人民政协工作网络化、信息化发展方向，正在努力建设国内一流、影响力大的中央机关门户网站。

门户网站主页分为标题导航、政协要闻、专题活动、工作动态、图片视频、委员履职、党派工作、地方政协、机关建设、理论资料和外部链接等区域，主要发布全国政协履职活动和机关工作信息。门户网站信息发布和日常建设由秘书局网络信息工作处负责，信息中心提供技术支持。

全国政协互联网门户网站的网址是：www.cppcc.gov.cn。

211. 中国人民政协理论研究会的任务是什么？

中国人民政协理论研究会是在政协全国委员会领导下，从事中国共产党领导的多党合作和政治协商制度、人民政协理论研究和宣传的全国性学术团体，于2006年12月20日在北京成立。

中国人民政协理论研究会以马克思列宁主义、毛泽东思想、邓小平理论、“三个代表”重要思想、科学发展观、习近平新时代中国特色社会主义思想为指导，贯彻党的基本理论、基本路线、基本方略，贯彻理论联系实际的原则和“百花齐放、百家争鸣”的方针，努力探讨人民政协理论和实践中的重要课题，积极开展中国共产党领导的多党合作和政治协商制度、人民政协理论与实践的研究，为巩固和发展最广泛的爱国统一战线、促进人民政协事业的发展，为实现“两个一百年”奋斗目标、实现中华民族伟大复兴的中国梦而奋斗。

中国人民政协理论研究会的主管单位为政协全国委员会办公厅，登记管理机关为中华人民共和国民政部，接受政协全国委员会办公厅的管理和中华人民共和国民政部的业务指导、监督。其业务范围是：制定人民政协理论研究规划，确定理论研究方向和课题；组织、推动人民政协理论和实际问题的研究、讨论，建立和扩大人民政协理论研究队伍；组织会员之间的协作，交流学术思想和理论研究信息，评选优秀研究成果；开展人民政协理论政策的宣传，编辑出版刊物和资料；反映人民政协理论工作者的要求，维护会员的正当权益；接受委托开展咨询和培训工作；开展对外交流和国际学术活动。

中国人民政协理论研究会现有理事197人，常务理事80人，现任会长由第十三届全国政协副主席张庆黎担任。

中国人民政协理论研究会下设秘书处。秘书处设有办公室、调研部、会员部和会刊编辑部等工作机构。

中国人民政协理论研究会会刊为《中国政协·理论研究》（季刊），由政协全国委员会主管，中国人民政协理论研究会主办，是面向国内外发行的大型学术理论刊物。《中国政协·理论研究》融政治性、学术性、实践性于一体，以马克思列宁主义、毛泽东思想、邓小平理论、“三个代表”重要思想、科学发展观、习近平新时代中国特色社会主义思想为指导，展示人民政协理论的最新研究成果，推进人民政协理论研究工作的发展。《中国政协·理论研究》由中国政协杂志社负责出版。

212. 中国经济社会理事会是一个什么样的组织?

中国经济社会理事会是全国政协领导下的综合研究经济社会问题的全国性社团组织，是经济社会理事会和类似组织国际协会正式成员，也是其领导机构管理委员会成员，于2001年7月成立，每届任期5年。中国经济社会理事会工作宗旨是加强高端智库、沟通桥梁、咨询平台“三位一体”建设，发挥研究、咨询、服务和联络功能，做好议政建言和对外交往工作，积极服务于国家改革发展全局。

在国内事务方面，中国经济社会理事会主要是围绕国家经济社会发展重大理论和实践问题开展调查研究，为党和政府科学决策提供参考。“中国经济社会论坛”每年召开一次，已成为经济社会领域重大问题资政建言的重要平台。

对外工作方面，中国经济社会理事会致力于发展同经济社会理事会和类似组织国际协会及各成员组织的交流合作，加强同国外相关机构、智库和知名人士之间的交往，开展多领域、多渠道、多层次的友好交往。

213. 中国宗教界和平委员会的宗旨与任务是什么?

中国宗教界和平委员会（简称“中宗和”）1994年7月2日在北京成立，是由中国佛教、道教、伊斯兰教、天主教、基督教界代表人士为主组成的，具有独立法人资格的非营利性的全国性社会团体。第一任主席赵朴初，第二任主席丁光训。第三、第四任主席帕巴拉·格列朗杰。

“中宗和”宗旨是坚持友好、和平、发展、合作的原则，发扬中国宗教界爱国爱教和崇尚和平的优良传统，积极促进各宗教团体的团结和睦，发展同各国宗教界及世界性、地区性和各国宗教和平组织之间的交流与合作，维护祖国核心利益，促进世界和平与共同发展。工作范围主要为开展同世界各宗教和平组织的友好交往，宣传我国宗教政策和宗教信仰自由的实际情况；参与世界各宗教和平组织举办的活动，提高我国宗教界的国际地位；坚持“一个中国”原则，在世界宗教领域维护祖国统一，反对一切分裂祖国制造暴力和恐怖的行径及活动；抵御境外势力利用宗教对我国进行的渗透。

“中宗和”于1994年加入世界宗教和平会议（“世宗和”）、1996年加入亚洲宗教和平会议（“亚宗和”）。“中宗和”是上述两组织里代表中国的成员组织。“中宗和”与“世宗和”、“亚宗和”签署有关文件，为维护我国核心利益发挥了重要作用，并通过与外国跨宗教和平组织建立双边交流机制，加强友好交往，工作日趋活跃。

全国政协办公厅为其业务主管单位。

214. 全国政协京昆室的任务是什么？经常开展哪些活动？

全国政协京昆室经第六届全国政协主席邓颖超批准，于 1986 年 1 月正式成立。其宗旨是充分发挥全国政协拥有一批著名京昆表演艺术家的优势，以戏曲艺术为媒介，联谊委员、联系海外、广交朋友，同时，通过履行人民政协“政治协商、民主监督、参政议政”职能，积极推动中国戏曲艺术传承和发展，为现代化建设和祖国统一事业服务。

京昆室主任现由全国政协副主席卢展工担任，第九届全国政协副主席万国权，第十届全国政协副主席王选、周铁农，第十一届全国政协副主席孙家正曾先后担任京昆室主任。京昆室成员主要由全国政协委员中的戏曲艺术家组成。

京昆室自成立以来，围绕振兴京剧、昆曲和推动地方戏曲艺术传承与发展，弘扬中华优秀传统文化，坚定文化自信，做了大量卓有成效的工作。联系协同有关方面整理、编辑、出版了《中国昆曲精选剧目曲谱大成》；组织京昆室成员积极参与了历时 21 载、70 多个单位、3 万余人次通力合作完成的中国京剧音配像工程。近年来，紧紧围绕将戏曲纳入公共文化服务体系、充分发挥戏曲在弘扬和践行社会主义核心价值观中的重要作用、戏曲非物质文化遗产的传承与保护、少数民族戏曲艺术传承与发展等议题开展深入调研，积极向有关部门建言献策，一些调研成果被党政有关部门采纳，取得实效；扩大与港澳台地区的文化交流，先后在澳门、香港、台湾和北京成功举办了两岸四地中国戏曲艺术传承与发展论坛；积极服务文化“走出去”战略，先后就民族传统艺术的保护和传承情况、戏剧表演体系情况、戏剧艺术的保护和传承情况，组团出访乌克兰、俄罗斯、希腊、意大利、英国、德国、瑞士、法国；举办戏曲艺术系列讲座，拓展了联系委员、戏曲界及各界的渠道和平台，等等。

以京剧、昆曲为代表的中国戏曲，具有鲜明的民族特色和独特的美学特征，是人类宝贵的非物质文化遗产，是中华传统优秀文化的瑰宝，承载着中华民族活态文化基因。京昆室将联合海内外各界人士，为中国戏曲艺术的保护、传承和发展做出应有的贡献。

215. 全国政协书画室的任务是什么？经常开展哪些活动？

全国政协书画室成立于1985年，其主要任务是联系和团结书画界的全国政协委员，发挥他们的特殊优势，推动以书画会友、翰墨传情为特色的统战工作，为弘扬中国的传统书画艺术发挥积极的作用。全国政协副主席赵朴初、张思卿和全国政协常委刘海粟、启功曾分别担任过全国政协书画室的名誉主任和主任。全国政协书画室现任主任为全国政协副主席马飚。

全国政协书画室经常开展的活动有：举办书画系列讲座，有计划在国内外举办中国传统书画艺术展，召开美术理论研讨会，为政协委员书画家等举办个人作品展览，邀请港澳书画家到内地和祖国大陆交流书画艺术，组织书画界的政协委员考察采风调研，编辑出版书画册等。

全国政协书画室举办过的影响较大活动有："当代国画优秀作品展"，"团结·和谐——庆祝人民政协成立六十五周年美术书法作品展"，与湖南省政协办公厅、湖南省文联共同举办"潇湘灵韵·当代湖南国画（山水）作品展"，与云南省政协共同举办"云南风民族情"书画作品展，与外交部驻澳门特区特派员公署、澳门特区民政总署在澳门共同主办"中国梦·濠江情——中国名家书画澳门展"，联合台盟中央等单位共同举办以"两岸一家亲共圆中国梦"为主题的海峡两岸国画艺术交流展，联合中国书协、中国书协香港分会共同举办"香江翰墨中华情——2014香港名家书法精品展"，与中国残联在中国政协文史馆共同举办"放飞梦想，共奔小康——首届全国残疾人书画展"。

216. 全国政协办公厅无党派办公室的主要职责是什么？

全国政协办公厅无党派办公室是由第六、七届全国政协副主席缪云台倡议，于1985年成立的，当时由一位全国政协副秘书长直接领导，行政建制上曾先后设置在全国政协办公厅服务局和秘书局内。2002年全国政协机关机构改革后，办公厅增设了联络局，并在该局专门设立了无党派办公室，其主要职责是日常联系无党派人士界全国政协委员，组织开展无党派人士界别考察活动，负责无党派人士界委员参加政协会议活动的组织服务，为委员履行职责、参政议政做好各项服务工作。

无党派办公室承担的具体工作主要有：全体会议期间小组秘书工作，包括中央领导同志参加小组讨论与委员共商国是活动的组织服务，小组讨论记录和简报整理，有关会务组织和后勤服务工作；无党派人士界别在全体会议及有关常委会议和专题协商会议上的口头发言、无党派人士界别提案的选题征集、意见整理和文稿服务；紧密围绕全国政协年度协商计划和重要会议议题，组织无党派人士界别考察活动，通过考察报告、信息专报、大会发言等形式转化考察成果；整理委员年度提交提案和大会发言、参加界别考察活动和双周协商座谈会等活动情况，反馈给委员本人和所在单位；本届和往届无党派人士界委员生日祝福和看望慰问工作等。

217. 全国政协的干部培训基地在哪里？工作职责是什么？

全国政协干部培训中心为全国政协办公厅正局（厅）级事业单位。培训基地坐落于景色秀丽，气候宜人的海滨城市秦皇岛北戴河。这个基地是在六届全国政协主席邓颖超的关怀下，于1985年动工兴建，并在1987年投入使用。起初为供给关系在全国政协机关的政协委员和机关离退休干部休养度假的场所，随着新时期人民政协事业的不断发展，全国政协1994年成立干部培训中心。

干部培训中心（北戴河管理局）承担全国政协专门委员会、办公厅有关部门举办的专题研讨班、培训班，承担重点以省、自治区、直辖市、副省级市政协主席、副主席、秘书长、副秘书长和专委会主任、副主任，地级市、地区、盟、自治州政协主席、副主席，以及全国政协机关干部为对象的培训，承担省、自治区、直辖市、副省级市、地级市、地区、盟、自治州政协委托对地方政协委员和政协机关干部的培训。

暑休服务对象有：历届全国政协领导、机关领导和供给关系在全国政协机关的历届政协委员，供给关系在各民主党派中央、全国工商联的政协委员、人大代表（含往届人大常委），全国政协机关离退休干部，各民主党派中央、全国工商联机关干部，全国政协机关干部职工。

附录一

中华人民共和国宪法

（序言节选）

（1982年12月4日第五届全国人民代表大会第五次会议通过 1982年12月4日全国人民代表大会公告公布施行 根据1988年4月12日第七届全国人民代表大会第一次会议通过的《中华人民共和国宪法修正案》、1993年3月29日第八届全国人民代表大会第一次会议通过的《中华人民共和国宪法修正案》、1999年3月15日第九届全国人民代表大会第二次会议通过的《中华人民共和国宪法修正案》、2004年3月14日第十届全国人民代表大会第二次会议通过的《中华人民共和国宪法修正案》和2018年3月11日第十三届全国人民代表大会第一次会议通过的《中华人民共和国宪法修正案》修正）

社会主义的建设事业必须依靠工人、农民和知识分子，团结一切可以团结的力量。在长期的革命、建设、改革过程中，已经结成由中国共产党领导的，有各民主党派和各人民团体参加的，包括全体社会主义劳动者、社会主义事业的建设者、拥护社会主义的爱国者、拥护祖国统一和致力于中华民族伟大复兴的爱国者的广泛的爱国统一战线，这个统一战线将继续巩固和发展。中国人民政治协商会议是有广泛代表性的统一战线组织，过去发挥了重要的历史作用，今后在国家政治生活、社会生活和对外友好活动中，在进行社会主义现代化建设、维护国家的统一和团结的斗争中，将进一步发挥它的重要作用。中国共产党领导的多党合作和政治协商制度将长期存在和发展。

附录二

中共中央关于加强人民政协工作的意见

（摘要）

（2006年2月8日）

中国人民政治协商会议是中国人民爱国统一战线的组织，是中国共产党领导的多党合作和政治协商的重要机构，是我国政治生活中发扬社会主义民主的重要形式。人民政协成立以来，为建立和巩固新生的人民政权、促进社会主义革命和建设、推动改革开放和社会主义现代化建设，作出了重大贡献。在全面建设小康社会、加快推进社会主义现代化的新的发展阶段，提高党的执政能力、发展社会主义民主政治、构建社会主义和谐社会、推进中国特色社会主义伟大事业，必须大力加强人民政协工作，充分发挥人民政协的作用。

一、人民政协事业是中国特色社会主义事业的重要组成部分

人民政协是中国共产党把马克思列宁主义统一战线理论、政党理论和民主政治理论同中国具体实践相结合的伟大创造，是中国共产党同各民主党派、人民团体和各族各界人士风雨同舟、团结奋斗的伟大成果。中国共产党历来高度重视和关心人民政协事业的发展。以毛泽东同志为核心的党的第一代中央领导集体，提出了一系列具有独创性的重要思想，有力地指导了人民政协事业的创立和发展；以邓小平同志为核心的党的第二代中央领导集体，提出了新时期人民政协的性质和任务，全面开创了新时期人民政协事业的新局面；以江泽民同志为核心的党的第三代中央领导集体，对人民政协事业提出了许多重要的新思想、新观点、新论断，推动了人民政协事业的发展。党的十六

大以来，以胡锦涛同志为总书记的党中央，对新世纪新阶段人民政协事业的发展提出了明确要求，作出了新的重要部署，把人民政协事业继续推向前进。

中国共产党领导的多党合作和政治协商制度是我国的一项基本政治制度。要坚持走中国特色社会主义政治发展道路，立足我国国情，总结实践经验，借鉴人类政治文明的有益成果，绝不照搬西方政治制度的模式。人民政协是实行中国共产党领导的多党合作和政治协商制度的重要政治形式和组织形式。要认真贯彻中国共产党同各民主党派和无党派人士长期共存、互相监督、肝胆相照、荣辱与共的方针，促进参加人民政协的各党派和无党派人士的团结合作，充分体现和发挥我国社会主义政党制度的特点和优势。

人民政协是我国政治体制的重要组成部分，在我国政治生活中具有不可替代的作用。在我们这个幅员辽阔、人口众多的社会主义国家里，关系国计民生的重大问题，在中国共产党领导下进行广泛协商，体现了民主与集中的统一。人民通过选举、投票行使权利和人民内部各方面在重大决策之前进行充分协商，尽可能就共同性问题取得一致意见，是我国社会主义民主的两种重要形式。坚持和完善人民政协这种民主形式，既符合社会主义民主政治的本质要求，又体现了中华民族兼容并蓄的优秀文化传统，具有鲜明的中国特色。发展社会主义民主政治，建设社会主义政治文明，要善于运用人民政协这一政治组织和民主形式。

人民政协是中国共产党领导的各党派、各团体、各民族、各阶层大团结大联合的组织。人民政协的基本属性、主要职能、组织构成、工作原则和活动方式，与构建社会主义和谐社会的要求是完全一致的，同构建社会主义和谐社会的各项工作是紧密相连的。构建社会主义和谐社会，必须充分发挥人民政协的作用。

人民政协在新世纪新阶段的任务是：高举爱国主义、社会主义旗帜，在热爱中华人民共和国、拥护中国共产党的领导、拥护社会主义事业、共同致力于中华民族伟大复兴的政治基础上，进一步巩固和发展爱国统一战线，把全体社会主义劳动者、社会主义事业的建设者、拥护社会主义的爱国者和拥护祖国统一的爱国者都团结起来，同心同德，群策群力，为推进社会主义经济建设、政治建设、文化建设、社会建设，为实现祖国完全统一，为维护世界和平、促进共同发展而奋斗。

人民政协工作必须坚持的原则是：坚持以马克思列宁主义、毛泽东思想、邓小平理论和“三个代表”重要思想为指导，坚持中国共产党的领导，坚持在宪法和法律范围内开展工作，坚持社会主义初级阶段的基本路线、基本纲领、基本经验，坚持团结和民主两大主题，坚持科学发展观、把促进发展作为人民政协履行职能的第一要务，坚持把实现和维护最广大人民的根本利益作为人民政协工作的出发点和落脚点。人民政协的主要职能是政治协商、民主监督、参政议政。要支持政协围绕团结和民主两大主题履行职能，把加强团结和发扬民主贯穿于政协工作的各个方面，推进政治协商、民主监督、参政议政的制度化、规范化和程序化。

二、认真搞好人民政协的政治协商

人民政协的政治协商是中国共产党领导的多党合作的重要体现，是党和国家实行科学民主决策的重要环节，是党提高执政能力的重要途径。

把政治协商纳入决策程序，就国家和地方的重要问题在决策之前和决策执行过程中进行协商，是政治协商的重要原则。各级党委要高度重视人民政协的政治协商，统一部署和协调，并认真组织实施。

人民政协政治协商的主要内容是：国家和地方的大政方针以及政治、经济、文化和社会生活中的重要问题；各党派参加人民政协工作的共同性事务，政协内部的重要事务以及有关爱国统一战线的其他重要问题。

人民政协政治协商的主要形式有：政协全体会议，常务委员会会议，主席会议，常务委员专题协商会，政协党组受党委委托召开的座谈会，秘书长会议，各专门委员会会议，根据需要召开由政协各组成单位和各界代表人士参加的内部协商会议。

三、积极推进人民政协的民主监督

人民政协的民主监督是我国社会主义监督体系的重要组成部分，是在坚持四项基本原则的基础上通过提出意见、批评、建议的方式进行的政治监督。它是参加人民政协的各党派团体和各族各界人士通过政协组织对国家机关及其工作人员的工作进行的监督，也是中国共产党在政协中与各民主党派和无党派人士之间进行的互相监督。对于我们党来说，更加需要接受来自各个方面的监督。

人民政协民主监督的主要内容是：国家宪法、法律和法规的实施，重大方针政策的贯彻执行，国家机关及其工作人员的工作，参加政协的单位和个人遵守政协章程和执行政协决议的情况。

人民政协民主监督的主要形式有：政协全体会议、常委会议、主席会议向党委和政府提出建议案；各专门委员会提出建议或有关报告；委员视察、委员提案、委员举报、大会发言、反映社情民意或以其他形式提出批评和建议；参加党委和政府有关部门组织的调查和检查活动；政协委员应邀担任司法机关和政府部门特约监督人员等。

各级党委和政府要认真倾听来自人民政协的批评和建议，自觉接受民主监督。要完善民主监督机制，在知情环节、沟通环节、反馈环节上建立健全制度，畅通民主监督的渠道。党委和政府的监督机构以及新闻媒体要密切与人民政协的联系，加强工作协调和配合，提高民主监督的质量和成效。要切实发挥政协提案、建议案在民主监督方面的作用，对政协的提案和建议案要认真办理，及时给予正式答复。

四、深入开展人民政协的参政议政

人民政协的参政议政是人民政协履行职能的重要形式，也是党政领导机关经常听取参加人民政协的各民主党派、人民团体和各族各界人士的意见和建议，切实做好工作的有效方式。人民政协的参政议政是对政治、经济、文化和社会生活中的重要问题以及人民群众普遍关心的问题，开展调查研究，反映社情民意，进行协商讨论，通过调研报告、提案、建议案或其他形式，向党和国家机关提出意见和建议。

人民政协要选择经济社会发展中具有综合性、全局性、前瞻性的课题，深入调查研究，开展咨询论证，提出意见和建议。要运用包容各界、联系广泛、人才聚集的有利条件，了解和反映社会不同阶层、不同群体的愿望和要求。人民政协的重要考察活动及重大外事活动要请参加政协的民主党派有关负责人参加，政协专门委员会要积极开展与参加政协的各党派团体的联合调研。要建立健全人民政协参政议政的各项工作制度，形成合理有效的工作机制。

各级党委和政府要加强与人民政协的联系和沟通，为人民政协参政议政创造良好条件。对政协提出的重要意见和建议，要认真研究、积极采纳。党委和政府有关部门要密切同政协专门委员会的协作和配合，对他们的工作提供必要的支持和帮助。

五、切实抓好人民政协的自身建设

各民主党派和无党派人士是人民政协的重要组成部分。要充分发挥人民政协作为中国共产党领导的多党合作和政治协商的重要机构的作用，支持各民主党派和无党派人士参与国家重大方针政策的讨论协商及其履行职责的各种活动。尊重和保障各民主党派在政协的各种会议上以本党派名义发表意见的权利；尊重和保障各民主党派和无党派人士开展视察、提出提案、举报、反映社情民意以及参与调查和检查活动的权利；保证民主党派成员和无党派人士在政协委员、常务委员和政协领导成员中占有较大比例；政协各专门委员会要有民主党派和无党派人士参加；政协机关中应有一定数量的民主党派和无党派人士担任专职领导职务，并做到有职、有权、有责。

由界别组成是人民政协组织的显著特色。要根据界别的特点和要求开展活动，充分调动各界别参政议政的积极性，认真探索发挥界别作用的方法和途径。要适应改革开放和经济社会发展的实际情况，研究并合理设置界别，扩大团结面，增强包容性。要通过界别渠道密切联系群众，努力协调关系、化解矛盾、理顺情绪，增进社会各阶层和不同利益群体的和谐。

政协委员是人民政协履行职能的主体。要认真组织政协委员的学习和培训，促进政协委员提高自身素质，遵守政协章程，履行委员职责，密切联系群众，积极参加政协组织的会议和活动。要尊重和依法保护政协委员的各项民主权利，为他们发挥作用提供方便。政协委员所在单位要支持其参加政协活动，保障其各项待遇不因参加政协活动而受到影响。

大力加强人民政协的机关建设。要重视政治理论学习，坚持以邓小平理论和“三个代表”重要思想为指导，牢固树立和全面落实科学发展观，弘扬与时俱进和改革创新精神，大兴求真务实之风，提高全局观念、服务意识和政策水平。要适应壮大爱国统一战线和发展社会主义民主政治的要求，完善为政协履行职能服务的各项工作制度，提高工作水平和效率。要着眼于统一战线和人民政协事业的长远发展，高度重视并切实加强人民政协组织的干部队伍建设，配备好工作班子，加强干部选拔、交流和任用，加大干部培训工作、挂职锻炼的力度，努力造就一支政治坚定、作风优良、学识丰富、业务熟练的高素质政协工作干部队伍。

六、加强和改善党对人民政协的领导

按照党总揽全局、协调各方的原则，进一步加强和改善党对人民政协的领导，支持人民政协依照章程独立负责、协调一致地开展工作。各级党委要深刻认识人民政协工作的重要性，认真贯彻《中共中央关于进一步加强中国共产党领导的多党合作和政治协商制度建设的意见》，善于运用人民政协这一政治组织和民主形式为实现党的总任务、总目标服务。

要把政协工作纳入重要议事日程，听取政协党组的工作汇报，及时研究并统筹解决人民政协工作中的重大问题。党委和政府负责同志在政协全体会议期间参加讨论、共商国是和在政协常委会议期间通报情况、听取意见，应形成制度。不是同级党委常委的地方政协党员主席或党组书记，可请他们列席党委常委会议和其他有关重要会议。国务院和各级地方政府召开全体会议和有关会议时，可视需要邀请政协有关领导同志列席。各级党委和政府对政协干部交流、活动经费等方面存在的问题，要切实帮助解决。各级党委要把是否重视人民政协工作、能否发挥好人民政协的作用作为检验领导水平和执政能力的一项重要内容。

发挥政协组织中共产党员的先锋模范作用。政协委员中的共产党员和政协机关中的共产党员，要增强政治责任感，努力提高自身修养和能力，积极贯彻党的方针政策，带头遵守政协章程，继承和发扬党的统一战线和人民政协的优良传统，广交、深交党外朋友，努力成为合作共事的模范、发扬民主的模范、廉洁奉公的模范。

努力创造全党全社会重视和支持人民政协工作的新局面。各级党委要积极组织并大力推动关于人民政协的理论研究、宣传和教育工作，把人民政协理论列入各级党校、行政学院、干部学院、社会主义学院的教学计划。要有计划、有重点地组织新闻媒体宣传中国共产党领导的多党合作和政治协商制度，宣传人民政协的性质、地位和作用，以及各级政协组织履行职能的情况，形成有利于人民政协事业发展的良好氛围。

附录三

中共中央关于加强社会主义协商民主建设的意见

（2015年1月5日）

社会主义协商民主是中国社会主义民主政治的特有形式和独特优势，是党的群众路线在政治领域的重要体现，是深化政治体制改革的重要内容。为深入贯彻落实党的十八大和十八届三中、四中全会精神，推进协商民主广泛多层制度化发展，建设社会主义政治文明，推进国家治理体系和治理能力现代化，现就加强社会主义协商民主建设提出如下意见。

一、加强协商民主建设的重要意义

协商民主是在中国共产党领导下，人民内部各方面围绕改革发展稳定重大问题和涉及群众切身利益的实际问题，在决策之前和决策实施之中开展广泛协商，努力形成共识的重要民主形式。

（1）发展历程。社会主义协商民主是中国共产党和中国人民的伟大创造，源自中国共产党领导人民进行革命、建设、改革的长期实践。党的十八大和十八届三中全会深刻总结我国社会主义民主政治建设的经验和规律，作出健全社会主义协商民主制度、推进协商民主广泛多层制度化发展的重大战略部署。协商民主在我国具有深厚的文化基础、理论基础、实践基础、制度基础，为发展中国社会主义民主政治丰富了形式，拓展了渠道，增加了内涵。

（2）重要意义。当前，我国正处在全面建成小康社会的决定性阶段。面对改革开放进程中利益格局深刻调整的新形势，面对社会新旧矛盾相互交织的新变化，面对市场经济条件下思想观念多元多样的新情况，面对世界范围内不同政治发展道路竞争博弈的新挑战，加强协商民主建设，有利于扩大公民有序政治参与、更好实现人民当家作主的权利，有利于促进科学民主决策、推进国家治理体系和治理能力现代化，有利于化解矛盾冲突、促进社会和谐稳定，有利于保持党同人民群众的血肉联系、巩固和扩大党的执政基础，有利于发挥我国政治制度优越性，增强中国特色社会主义道路自信、理论自信、制度自信。

二、加强协商民主建设的指导思想、基本原则和渠道程序

（3）指导思想。加强协商民主建设，必须贯彻落实党的十八大和十八届三中、四中全会精神，高举中国特色社会主义伟大旗帜，以马克思列宁主义、毛泽东思想、邓小平理论、“三个代表”重要思想、科学发展观为指导，深入贯彻落实习近平总书记系列重要讲话精神，坚持和完善我国根本政治制度和基本政治制度，以保证人民当家作主为根本，构建程序合理、环节完整的协商民主体系，推进协商民主广泛多层制度化发展，为发展中国社会主义民主政治注入新的活力，为实现“两个一百年”奋斗目标、实现中华民族伟大复兴的中国梦凝聚智慧和力量。

（4）基本原则。加强协商民主建设，必须坚持党的领导、人民当家作主、依法治国有机统一，贯彻民主集中制，坚定不移走中国特色社会主义政治发展道路。坚持围绕中心、服务大局，促进经济持续健康发展，维护社会和谐稳定。坚持依法有序、积极稳妥，确保协商民主有制可依、有规可守、有章可循、有序可遵。坚持协商于决策之前和决策实施之中，增强决策的科学性和实效性。坚持广泛参与、多元多层，更好保障人民群众的知情权、参与权、表达权、监督权。坚持求同存异、理性包容，切实提高协商质量和效率。

（5）协商渠道。继续重点加强政党协商、政府协商、政协协商，积极开展人大协商、人民团体协商、基层协商，逐步探索社会组织协商。发挥各协商渠道自身优势，做好衔接配合，不断健全和完善社会主义协商民主制度。各类协商要根据自身特点和实际需要，合理确定协商内容和方式。

（6）协商程序。从实际出发，按照科学合理、规范有序、简便易行、民主集中的要求，制定协商计划、明确协商议题和内容、确定协商人员、开

展协商活动、注重协商成果运用反馈，确保协商活动有序务实高效。

三、继续加强政党协商

发挥中国特色社会主义政党制度优势，坚持长期共存、互相监督、肝胆相照、荣辱与共，加强中国共产党同民主党派的政治协商，搞好合作共事，巩固和发展和谐政党关系。

（7）继续探索规范政党协商形式。完善协商的会议形式，就党和国家重要方针政策、重大问题召开专题协商座谈会，由中共中央主要负责同志主持；就重要人事安排在酝酿阶段召开人事协商座谈会，由中共中央负责同志主持；就民主党派的重要调研课题召开调研协商座谈会，由中共中央负责同志主持，邀请相关部门参加；根据工作需要，召开协商座谈会，沟通思想、交换意见、通报重要情况，由中共中央负责同志或委托有关部门主持。完善中共中央负责同志与民主党派中央负责同志约谈形式。完善中共中央与民主党派中央书面沟通协商形式。

（8）完善民主党派中央直接向中共中央提出建议制度。民主党派中央每年以调研报告、建议等形式直接向中共中央提出意见和建议。民主党派中央负责同志可以个人名义向中共中央和国务院直接反映情况、提出建议。中共中央政治局常委、委员开展的国内考察调研以及重要外事活动，可根据需要、经统一安排邀请民主党派中央负责同志参加。

（9）加强政党协商保障机制建设。健全知情明政机制，有关部门定期提供相关材料，组织专题报告会，协助民主党派优化考察调研选题。加强政府有关部门、司法机关与民主党派的联系，视情邀请民主党派列席有关会议、参加专项调研和检查督导工作。完善协商反馈机制，中共中央将协商意见交付有关部门办理，有关部门及时反馈落实情况。支持民主党派加强协商能力建设。

无党派人士是政治协商的重要组成部分，工商联是具有统战性的人民团体和民间商会，有关部门要为无党派人士和工商联参加协商做好联络服务。

各省（自治区、直辖市）、市（地、州、盟）党委要结合实际，对开展政党协商作出具体安排。

四、积极开展人大协商

人民代表大会制度是保证人民当家作主的根本政治制度。各级人大要依法行使职权，同时在重大决策之前根据需要进行充分协商，更好汇聚民智、听取民意，支持和保证人民通过人民代表大会行使国家权力。

（10）深入开展立法工作中的协商。制定立法规划、立法工作计划，要广泛听取各方面的意见和建议。健全法律法规起草协调机制，加强人大专门委员会、工作委员会与相关方面的沟通协商。健全立法论证、听证、评估机制，探索建立有关国家机关、社会团体、专家学者等对立法中涉及的重大利益调整论证咨询机制。拓宽公民有序参与立法途径，健全法律法规草案公开征求意见和公众意见采纳情况反馈机制。对于法律关系复杂、意见分歧较大的法律法规草案，要进行广泛深入的调研、论证、协商，在各方面基本取得共识基础上再依法提请表决。

（11）发挥好人大代表在协商民主中的作用。健全法律法规规章起草征求人大代表意见制度，增加人大代表列席人大常委会会议人数，更好发挥人大代表在立法协商中的作用。提高代表议案建议质量，有关方面要加强与代表的沟通协商，增强议案建议办理实效。建立健全代表联络机构、网络平台等形式，密切代表同人民群众联系。

鼓励基层人大在履职过程中依法开展协商，探索协商形式，丰富协商内容。

五、扎实推进政府协商

围绕有效推进科学民主依法决策加强政府协商，增强决策透明度和公众参与度，解决好人民最关心最直接最现实的利益问题，推进政府职能转变，提高政府治理能力和水平。

（12）探索制定并公布协商事项目录。政府根据法律法规规定和工作实际，探索制定并公布协商事项目录。列入目录的事项，要进行沟通协商。未列入目录的事项，根据实际需要进行沟通协商。

（13）增强协商的广泛性针对性。坚持社会公众广泛参与，加强与人大代表、政协委员以及民主党派、无党派人士、工商联等的沟通协商。专业事项坚持专家咨询论证。涉及经济社会发展重大问题、重大公共利益或重大民生的，重视听取社会各方面的意见和建议，吸纳社会公众特别是利益相关方参与协商。涉及特定群体利益的，加强与相关人民团体、社会组织以及群众代表的沟通协商。

（14）完善政府协商机制。做好政府信息公开工作，为各方面参与政府协商创造条件。完善意见征集和反馈机制，在立法、设定决策议题、进行决策时广泛听取意见，及时反馈意见采纳情况。规范听证机制，听证会依法公开举行，及时公开相关信息。建立健全决策咨询机制，完善咨询程序，提高咨询质量和公信力。完善人大代表议案建议和政协提案办理联系机制，建立和完善台账制度，将建议和提案办理纳入政府年度督查工作计划，办理结果逐步向社会公开。

六、进一步完善政协协商

充分发挥人民政协作为协商民主重要渠道和专门协商机构的作用，坚持团结和民主两大主题，推进政治协商、民主监督、参政议政制度建设，不断提高人民政协协商民主制度化、规范化、程序化水平。

（15）明确政协协商的主要内容。主要包括国家和地方的大政方针以及政治、经济、文化和社会生活中的重要问题，各党派参加人民政协工作的共同性事务，政协内部的重要事务，以及有关爱国统一战线的其他重要问题等。

（16）完善政协会议及其他协商形式。改进政协通过会议进行协商的形式，适当增加专题议政性常委会议和专题协商会次数，完善协商座谈会制度。更加灵活、更为经常地开展专题协商、对口协商、界别协商、提案办理协商，探索网络议政、远程协商等新形式。增加集体提案比重，提高提案质量，建立交办、办理、督办提案协商机制。通过协商会议、建议案、视察、提案、反映社情民意信息等形式提出意见和建议，积极履行民主监督职能。

（17）加强政协协商与党委和政府工作的有效衔接。规范协商议题提出机制，认真落实由党委、人大、政府、民主党派、人民团体等提出议题的规定，探索由界别和委员联名提出议题。规范年度协商计划的制定，由党委常委会会议专题讨论并列入党委年度工作要点。健全知情明政制度，相关部门定期通报有关情况，为政协委员履职提供便利、创造条件。规范党委和政府领导及部门负责人参加政协协商活动。完善协商成果采纳、落实和反馈机制。

（18）加强人民政协制度建设。政协全国委员会研究制定规范政治协商、民主监督、参政议政的具体意见。深入开展调查研究，在条件成熟时对政协界别适当进行调整。完善委员推荐提名工作机制，优化委员构成。研究制定政协委员管理的指导性意见。在政协建立健全委员联络机构，完善委员联络制度。

七、认真做好人民团体协商

围绕做好新形势下党的群众工作开展协商，更好组织和代表所联系群众参与公共事务，有效反映群众意愿和利益诉求，发挥人民团体作为党和政府联系人民群众的桥梁和纽带作用。

（19）建立完善人民团体参与各渠道协商的工作机制。对涉及群众切身利益的实际问题，特别是事关特定群体权益保障的，有关部门要加强与相关人民团体协商。政协要充分发挥人民团体及其界别委员的作用，积极组织人民团体参与协商、视察、调研等活动，密切各专门委员会和人民团体的联系。

（20）组织引导群众开展协商。人民团体要健全直接联系群众工作机制，及时围绕涉及所联系群众切身利益的问题开展协商。拓展联系渠道和工作领域，把联系服务新兴社会群体纳入工作范围，增强协商的广泛性和代表性。积极发挥对相关领域社会组织的联系服务引领作用，搭建相关社会组织与党委和政府沟通交流的平台。

八、稳步推进基层协商

涉及人民群众利益的大量决策和工作，主要发生在基层。要按照协商于民、协商为民的要求，建立健全基层协商民主建设协调联动机制，稳步开展基层协商，更好解决人民群众的实际困难和问题，及时化解矛盾纠纷，促进社会和谐稳定。

（21）推进乡镇、街道的协商。围绕本地城乡规划、工程项目、征地拆迁以及群众反映强烈的民生问题等，组织有关方面开展协商。加强乡镇、街道对行政村、社区协商活动的指导。跨行政村或跨社区的重要决策事项，根据需要由乡镇、街道乃至县（市、区、旗）组织开展协商。

（22）推进行政村、社区的协商。坚持村（居）民会议、村（居）民代表会议制度，规范议事规程。积极探索村（居）民议事会、村（居）民理事会、恳谈会等协商形式。重视吸纳利益相关方、社会组织、外来务工人员、驻村（社区）单位参加协商。通过协商无法解决或存在较大争议的问题或事项，应提交村（居）民会议或村（居）民代表会议决定。

（23）推进企事业单位的协商。健全以职工代表大会为基本形式的企事业单位民主管理制度。畅通职工表达合理诉求渠道，健全各层级职工沟通协商机制。积极推动由工会代表职工与企业就调整和规范劳动关系等重要决策事项进行集体协商。逐步完善以劳动行政部门、工会组织、企业组织为代表的劳动关系三方协商机制。

探索开展社会组织协商。坚持党的领导和政府依法管理，健全与相关社会组织联系的工作机制和沟通渠道，引导社会组织有序开展协商，更好为社会服务。

九、加强和完善党对协商民主建设的领导

党的领导是中国特色社会主义最本质的特征。加强协商民主建设，必须坚持党的领导，充分发挥党总揽全局、协调各方的领导核心作用，把握正确方向，形成强大合力，确保有序高效开展。

（24）高度重视协商民主建设。各级党委要充分认识加强协商民主建设的重大意义，把协商民主建设纳入总体工作部署和重要议事日程，对职责范围内各类协商民主活动进行统一领导、统一规划、统一部署。要做到协商于决策之前和决策实施之中，根据各方面的意见和建议来决定和调整决策和工作，从制度上保障协商成果落地，使决策和工作更好顺乎民意、合乎实际。党委领导同志要以身作则，带头学习掌握协商民主理论，熟悉协商民主工作方法，把握协商民主工作规律，努力成为加强协商民主建设的积极组织者、有力促进者、自觉实践者，通过推进协商民主改善党的领导、加强党的领导、巩固党的执政地位。

（25）建立健全党领导协商民主建设的工作制度。建立党委统一领导、各方分工负责、公众积极参与的领导体制和工作机制。各级党委要按照民主集中制原则，坚持民主基础上的集中和集中指导下的民主相统一，确保协商依法开展、有序进行，防止议而不决、决而不行。加强统筹协调，认真研究制定协商计划，解决协商民主建设的重大问题，支持人大、政府、政协、党派团体、基层组织和社会组织依照法律法规和各自章程开展协商，有计划有步骤地推进协商活动。加强对协商民主建设落实情况的监督检查。

（26）支持鼓励协商民主建设探索创新。协商民主建设是一个不断发展的过程。各级党委要加强领导和组织协调，鼓励探索创新，通过各种途径、各种渠道、各种方式进行广泛协商，建立健全提案、会议、座谈、论证、听证、公示、评估、咨询、网络、民意调查等多种协商方式。尊重群众首创精神，注重实践经验提炼总结，并适时上升为制度规范。加强中国特色新型智库建设，建立健全决策咨询制度。加强协商民主理论研究，不断丰富和发展社会主义协商民主理论体系。研究制定协商民主建设党内法规。

（27）营造协商民主建设良好氛围。各级党委要自觉把协商民主建设贯穿于各领域，坚持有事多协商，遇事多协商，做事多协商。健全党内民主制度，以党内民主带动和促进协商民主发展。党委宣传部门和主要新闻媒体，要加强正确舆论引导，普及协商民主知识，宣传协商民主理论和实践，树立协商民主建设先进典型，发挥好示范引领作用。

各地区各相关部门要根据本意见，结合实际，制定具体实施办法。

附录四

关于加强人民政协协商民主建设的实施意见

（2015 年 6 月 15 日）

人民政协是社会主义协商民主的重要渠道和专门协商机构，是国家治理体系的重要组成部分。为深入贯彻落实党的十八大和十八届三中、四中全会精神，按照《中共中央关于加强社会主义协商民主建设的意见》，现就进一步加强人民政协协商民主建设提出如下实施意见。

一、加强人民政协协商民主建设的重要意义、指导思想和重要原则

1. 重要意义。人民政协协商民主是在中国共产党领导下，参加人民政协的各党派团体、各族各界人士履行政治协商、民主监督、参政议政职能，围绕改革发展稳定重大问题和涉及群众切身利益的实际问题，在决策之前和决策实施之中广泛协商、凝聚共识的重要民主形式。

社会主义协商民主是中国共产党和中国人民的伟大创造。人民政协协商民主是社会主义协商民主的重要组成部分。1949 年中国人民政治协商会议第一届全体会议的召开，标志着中国共产党领导的多党合作和政治协商制度正式确立。1954 年第一届全国人民代表大会召开后，人民政协作为中国共产党领导的多党合作和政治协商机构、作为统一战线组织继续发挥重要作用。改革开放以来，人民政协的性质、作用被庄严载入宪法，党中央对加强人民政协工作作出一系列重要部署。党的十八大和十八届三中、四中全会强调，健全社会主义协商民主制度，推进协商民主广泛多层制度化发展，为人民政协事业发展指明了方向。

人民政协以宪法、政协章程和相关政策为依据，以中国共产党领导的多

党合作和政治协商制度为保障，集协商、监督、参与、合作于一体，是各党派团体和各族各界人士发扬民主、参与国是、团结合作的重要平台，是适合中国国情、具有鲜明中国特色的制度安排。充分发挥人民政协作为协商民主重要渠道和专门协商机构的作用，有利于广纳群言、广谋良策、广聚共识，有利于促进党和政府决策科学化、民主化，有利于更好实现人民当家作主，有利于化解矛盾、促进社会和谐稳定，有利于推进国家治理体系和治理能力现代化。

2. 指导思想。加强人民政协协商民主建设，必须贯彻落实党的十八大和十八届三中、四中全会精神，高举中国特色社会主义伟大旗帜，以马克思列宁主义、毛泽东思想、邓小平理论、“三个代表”重要思想、科学发展观为指导，深入贯彻落实习近平总书记系列重要讲话精神，坚持围绕协调推进“四个全面”战略布局，坚持和完善中国共产党领导的多党合作和政治协商制度，坚持团结和民主两大主题，把协商民主贯穿履行职能全过程，重点推进政治协商、民主监督、参政议政制度化、规范化、程序化，拓展协商内容、丰富协商形式、规范协商程序、增加协商密度、提高协商成效，广泛凝聚各党派团体、各族各界人士的智慧和力量，为实现“两个一百年”奋斗目标、实现中华民族伟大复兴的中国梦作出更大贡献。

3. 重要原则。加强人民政协协商民主建设，必须坚持党的领导，坚定不移走中国特色社会主义政治发展道路；坚持宪法和政协章程确定的人民政协性质定位，始终围绕中心、服务大局；坚持协商于决策之前和决策实施之中，切实提高协商实效；坚持民主协商、平等议事、求同存异、体谅包容，努力营造良好协商氛围。

二、明确政协协商的内容

4. 政协协商的主要内容。国家大政方针和地方的重要举措以及政治、经济、文化和社会生活中的重要问题，各党派参加人民政协工作的共同性事务，政协内部的重要事务，以及有关爱国统一战线的其他重要问题等。

5. 制定政协年度协商计划。党委会同政府、政协制定年度协商计划，对明确规定需要协商的事项必须经协商后提交决策实施。政协专题议政性常务委员会会议议题、专题协商会议题及其他协商形式的重要议题，应列入年度协商计划，做到协商议题和协商形式相匹配。

建立健全制定年度协商计划的工作机制。政协办公厅（室）在广泛征求政协参加单位、政协委员和有关部门意见的基础上，形成年度协商计划草案。党委办公厅（室）会同政府办公厅（室）、政协办公厅（室）修改完善年度协商计划草案。经政协主席会议审议后，报党委常委会会议确定。

6. 在实践中丰富协商内容。鼓励各级政协根据形势发展，围绕党和国家中心工作，结合实际丰富协商内容，拓宽协商范围。政府起草一些重要法律法规的过程中，视情可在政协听取意见。充分发挥政协委员、民主党派、工商联、无党派人士、人民团体等在立法协商中的作用。

三、规范政协协商的形式

7. 完善政协全体会议协商制度。政协全体会议期间，党委、人大常委会、政府和人民法院、人民检察院领导同志出席开幕会、闭幕会，参加界别联组和委员小组讨论；党委和政府有关领导同志听取大会发言；有关部门负责同志参加界别联组和委员小组讨论、听取意见。可安排跨界别联组讨论；界别联组和小组会议应安排时间讨论界别提案、推荐界别大会发言。规范会议活动程序和机制。完善大会发言遴选机制，提高发言质量。改进会议成果报送工作，如实反映委员意见建议。

8. 健全专题议政性常务委员会会议制度。全国政协一般每年召开 2 次专题议政性常务委员会会议，地方政协可视情安排。会议按专题分组讨论，进行大会发言。根据议题需要，政协邀请党政有关领导同志出席会议通报情况，听取意见，并可与委员互动交流；邀请有关部门负责同志到会听取意见，参加讨论。会议成果以政协党组报告、大会发言专报、政协信息等多种形式报送党委和政府及有关部门。

9. 规范专题协商会。全国政协一般每年召开 2 次专题协商会，地方政协可视情安排。根据议题需要，政协邀请党政分管相关工作的领导同志及有关部门负责同志，出席会议，听取意见，与委员互动交流。组织相关委员和专家学者参加。会议发言应充分反映政协专门委员会专题调研、委员视察、界别调研和民主党派调研等成果。会后，相关意见建议以政协党组报告、政协信息等形式报送党委和政府及有关部门。

10. 完善双周协商座谈会制度。全国政协应选择内容具体、针对性强的问题作为双周协商座谈会的议题，部分重要议题列入政协年度协商计划。视情每年召开若干次双周协商座谈会。根据议题需要，政协邀请有关部门负责同志参加并介绍情况。优化参会人员结构，以委员中的民主党派成员和无党派人士为主，视情邀请有关专家学者参加。会前，全国政协相关专门委员会和有关方面应深入开展调研。会后，及时将会议主要内容、形成的共识和重要意见建议，以信息专报等形式报送党委和政府及有关部门参阅。推动协商过程和协商成果公开，增加影响力和共识度。地方政协可结合实际，对协商座谈会等活动作出安排。

11. 开展对口协商和界别协商。政协各专门委员会与对口联系的有关部门以议题为纽带建立健全对口联系工作机制，开展对口协商。加强走访交流，建立信息共享机制，确定对口协商议题。对口部门根据情况邀请政协相关专门委员会参加重要工作会议或重要活动，政协组织的视察和调研活动可邀请对口部门参加。

充分发挥界别在视察、调研、提案、大会发言、反映社情民意信息等工作中的作用。完善政协领导同志和专门委员会联系界别的制度。专门委员会根据工作整体部署组织界别委员开展专题调研，举行界别协商会、座谈会等活动。政协主席会议成员根据工作需要参加界别协商活动。健全政协办公厅（室）和专门委员会服务界别协商的工作机制和保障机制。

12. 健全提案办理协商制度。修订提案审查工作细则，严格立案标准，提高提案质量。加大专门委员会和界别提交提案力度，增加集体提案比重。建立交办、办理、督办提案协商机制。在提案交办环节，建立共同交办机制，召开提案交办会，做好落实责任的协商。在提案办理环节，建立健全联系沟通、办理询问、研讨交流机制，把沟通协商作为提案办理的必经环节。在提案督办环节，建立健全跟踪督查和成果反馈机制，做好成果转化的协商。建立和完善台账制度，把提案办理纳入政府年度督查计划。完善提案办理考核评价机制，逐步将提案办理工作纳入绩效考核体系。落实提案及办理结果公开的有关规定。制定政协提案办理协商办法。落实政协办公厅（室）和专门委员会参与重点提案遴选与督办的工作制度。全国政协完善主席办公会议协商督办重点提案的做法。

13. 拓展协商形式。政协在党委和政府重大决策形成过程中及时召开专题座谈会，有关方面负责同志到会听取意见建议。在视察、考察、专题调研等活动中开展协商。通过视察报告、调研报告、提案、建议案等形式开展协商。整合现有网络资源，探索网络议政、远程协商等新形式。

四、加强政协协商与党委和政府工作的有效衔接

14. 规范协商议题提出机制。认真落实由党委、人大、政府、民主党派、人民团体等提出议题的规定。建立党委同政府、政协重点协商议题会商机制，议题可由党委和政府交办，可由党委召开的秘书长联席会议研究提出，可由政协与党委和政府及有关部门沟通协商提出。建立政协内部选题机制，通过常务委员会会议、专门委员会会议以及座谈会、发函等形式征集议题，积极探索由界别、委员联名、委员小组提出议题。

15. 健全知情明政制度。党委召开的有关重要工作会议可安排政协领导同志参加。国务院或地方政府召开全体会议和有关会议，可视情邀请政协有关领导同志列席。有关部门召开的重要会议可视情邀请政协有关方面负责同志参加。建立相关部门定期通报情况制度，为政协委员履行职责提供便利、创造条件。政协全体会议召开前，根据需要可组织情况通报会，请有关部门通报年度工作情况。协商活动举办前，有关部门应提供需要协商的相关材料。组织委员视察调研，可邀请有关部门同志介绍情况、交换意见。

16. 完善协商成果采纳、落实和反馈机制。党委会同政府、政协制定协商成果采纳、落实和反馈办法。协商后形成的视察报告、调研报告、政协信息、大会发言专报、重要提案摘报等成果，党政领导同志作出批示的，应及时告

知政协办公厅（室）；对领导同志要求有关部门落实的，应将落实情况抄送政协办公厅（室）。

五、加强人民政协制度建设

17. 政协全国委员会研究制定规范政治协商、民主监督、参政议政的具体意见。认真贯彻《中共中央关于加强人民政协工作的意见》对政治协商、民主监督、参政议政的规定。加强政治协商的制度建设，把政治协商作为重要环节纳入决策程序，明确党委、政府和政协在协商活动中的职责。

适时制定民主监督的专项规定，完善民主监督的组织领导、权益保障、知情反馈、沟通协调机制。重视发挥协商会议、视察、提案、建议案、专题调研、大会发言、反映社情民意信息、委员举报等在民主监督中的作用。政协各种协商活动特别是专题议政性常务委员会会议、专题协商会、协商座谈会等，增加民主监督内容，加大民主监督力度。政协办公厅（室）和专门委员会应开展监督性的视察和专题调研。参加有关部门组织的调查和检查活动。政协可应有关行政执法部门邀请推荐特约监督员。密切与党委和政府监督机构以及新闻媒体的联系，加强工作协调和配合。总结推广专题民主监督、民主评议的做法。

建立健全参政议政的各项工作制度，加强和改进经常性工作。修订专门委员会通则，发挥专门委员会在政协工作中的基础作用。修订视察工作条例。做好党委和政府委托政协开展的重大课题调研和邀请委员参与的重大项目研究论证，集中优势资源，发挥委员主体作用，形成整体合力，提出高质量的意见建议。

18. 研究制定规范委员履职工作的指导性意见。进一步明确委员的权利和义务，规范委员履职服务管理，建立委员履职档案，实行委员履职情况统计，将委员履职情况作为换届时继续提名的重要参考；严格会议请假制度，委员出席会议和参加活动的情况书面通知本人并在一定范围通报；探索建立委员每届任期内就履职情况向本级政协报告的制度。强化廉洁自律，逐步建立委员履职的利益冲突回避机制，制定委员违反政协章程的处理办法。

19. 在政协建立健全委员联络机构，完善委员联络制度。建立覆盖全体委员的联系网络，充分发挥政协参加单位、专门委员会、界别、机关、所在地全国政协委员活动召集人等联络服务委员的作用。完善发挥全国政协委员作用的意见。各级政协领导考察调研，可视情与当地同级政协委员座谈。政协的视察考察和专题调研活动可安排当地相关同级政协委员参加。全国政协定期向京外委员和港澳地区委员通报工作情况。建立健全与委员联络的具体机构，明确职责，做好委员日常联络工作，为委员履行职责提供服务管理，依法维护委员依照政协章程履行职责的权利；配合专门委员会，联系政协参加单位和界别召集人，及时通报政协会议精神和工作情况；做好接待委员信访的工作。

六、提高政协协商能力

20. 提高政治把握能力。完善政协常务委员会会议和主席会议学习制度，组织委员专题学习研讨。加强委员对党的路线方针政策和宪法法律的学习，在履行职责的实践中，提高运用科学理论分析判断形势，运用法治思维和法治方式研究解决问题的能力和水平，坚定理想信念，增进政治认同。

21. 提高调查研究能力。坚持问题导向，重视调查研究，制定加强和改进调研工作实施办法。视察和专题调研课题应与政协年度协商计划和政协重点工作相衔接，由主席会议或主席办公会议统筹审定。优化调研队伍构成，采取集中调研、分散调研、蹲点调研等形式摸清真实情况。加强对调研成果的研究论证。加强人民政协智库建设，整合各级政协组织、政协委员等各方面智力资源，发挥中国经济社会理事会、中国宗教界和平委员会、中国人民政协理论研究会作用。

22. 提高联系群众能力。坚持党的群众路线，建立健全社情民意表达和汇集分析机制，畅通和拓宽各界群众的利益诉求表达渠道，积极反映社情民意。修订政协反映社情民意信息工作条例。密切政协各专门委员会与人民团体等界别的联系，积极组织委员参与协商、视察、调研等活动，及时向有关部门反映其提供的相关信息和意见建议。有条件的地方可推广委员联系点、委员网上信箱等联系群众的新形式。委员应主动向群众宣传党的路线方针政策，解疑释惑，引导群众理性有序合法表达诉求。

23. 提高合作共事能力。完善工作机制，搭建更多平台，加强政协组织与党委统战部门的沟通协调，为民主党派委员和无党派人士委员在政协履行职能、协商议政、发挥作用创造条件。建立政协主席、副主席联系各界别委员制度。强化政协开展统战工作的职责要求。政协委员中的共产党员和政协机关中的共产党员应广交、深交党外朋友。在工作中既增进对党的路线方针政策的共识，又包容不同意见的存在和表达，提高合作共事的质量和水平。

七、加强和完善党对人民政协协商民主建设的领导

24. 高度重视人民政协协商民主建设。中国共产党的领导是人民政协事业发展进步的根本保证。人民政协事业要沿着正确方向发展，就必须毫不动摇坚持中国共产党的领导。按照党总揽全局、协调各方的原则，支持人民政协依照宪法法律和政协章程独立负责、协调一致地开展工作。各级党委要充分认识加强人民政协协商民主建设的重大意义，认真贯彻落实《中共中央关于加强社会主义协商民主建设的意见》，善于运用人民政协这一政治组织和民主形式为实现党的总任务、总目标服务。

25. 建立健全党领导人民政协协商民主建设的工作制度。各级党委应把人民政协协商民主建设纳入总体工作部署和重要议事日程，及时研究并统筹解决工作中的重大问题。按照党委统一领导、各方分工负责的原则，统筹制定加强党委和政府工作与政协协商有效衔接的相关制度。支持政协制定并实施政治协商、民主监督、参政议政的专项制度。建立健全党委常委会会议听取政协党组工作汇报，讨论政协常务委员会工作报告和年度协商计划等的制度。深入研究发挥政协界别作用的思路和办法，拓展有序政治参与空间。深入开展调查研究，在条件成熟时对政协界别适当进行调整。完善委员推荐提名工作机制，优化委员构成。改进委员产生机制，严把委员素质关，真正把代表性强、议政水平高、群众认可、德才兼备的优秀人士吸收到委员队伍中来。加强政协机关领导班子和干部队伍建设，加强干部选拔、交流和任用，加大

干部培训学习、挂职锻炼的力度。加强对人民政协协商民主建设落实情况的监督检查。

26. 发挥政协党组领导核心作用。政协党组肩负着实现党对人民政协领导的重大政治责任，要发挥领导核心作用，坚定不移贯彻执行党关于人民政协的方针政策，把党的有关重大决策和工作部署贯彻到政协全部工作中去。按照民主集中制原则，确保协商依法开展、有序进行。健全政协重大工作向党委报告制度。认真落实党风廉政建设主体责任，抓好委员队伍建设和政协机关干部队伍建设，强化正风肃纪、反腐倡廉。

27. 营造全党全社会重视和支持人民政协协商民主建设的良好氛围。坚持“不打棍子、不扣帽子、不抓辫子”的方针，营造畅所欲言、各抒己见、理性有度、合法依章的良好协商氛围。大力推动关于人民政协协商民主的理论研究，将其列入各级党校、行政学院、干部学院、社会主义学院的教学计划。把对人民政协协商民主的宣传列入各级党委宣传部门的工作计划，积极宣传各级政协和政协委员履职的生动实践，形成有利于推进人民政协协商民主建设的良好环境。

附录五

中国人民政治协商会议章程

（1982 年 12 月 11 日中国人民政治协商会议第五届全国委员会第五次会议通过　根据 1994 年 3 月 19 日中国人民政治协商会议第八届全国委员会第二次会议通过的《中国人民政治协商会议章程修正案》、2000 年 3 月 11 日中国人民政治协商会议第九届全国委员会第三次会议通过的《中国人民政治协商会议章程修正案》、2004 年 3 月 12 日中国人民政治协商会议第十届全国委员会第二次会议通过的《中国人民政治协商会议章程修正案》和 2018 年 3 月 15 日中国人民政治协商会议第十三届全国委员会第一次会议通过的《中国人民政治协商会议章程修正案》修订）

目　录

总　纲

中国人民在长期的革命、建设、改革进程中，结成了由中国共产党领导的、以工农联盟为基础的，有各民主党派、无党派人士、人民团体、少数民族人士和各界爱国人士参加的，由全体社会主义劳动者、社会主义事业的建设者、拥护社会主义的爱国者、拥护祖国统一和致力于中华民族伟大复兴的爱国者组成的，包括香港特别行政区同胞、澳门特别行政区同胞、台湾同胞和海外侨胞在内的最广泛的爱国统一战线。

中华人民共和国宪法规定：中国共产党领导的多党合作和政治协商制度将长期存在和发展。

中国人民政治协商会议是中国人民爱国统一战线的组织，是中国共产党领导的多党合作和政治协商的重要机构，是我国政治生活中发扬社会主义民主的重要形式，是国家治理体系的重要组成部分，是具有中国特色的制度安排。团结和民主是中国人民政治协商会议的两大主题。一九四九年九月，中国人民政治协商会议第一届全体会议代行全国人民代表大会的职权，代表全国人民的意志，宣告中华人民共和国的成立，发挥了重要的历史作用。一九五四年第一届全国人民代表大会召开后，中国人民政治协商会议继续在国家的政治生活和社会生活以及对外友好活动中进行了许多工作，作出了重要的贡献。一九七八年十二月中国共产党十一届三中全会以来，在拨乱反正、巩固和发展安定团结的政治局面，实现国家工作中心向经济建设转移，推进改革开放和社会主义现代化建设，争取实现包括台湾在内的祖国统一，反对霸权主义、维护世界和平的斗争中，中国人民政治协商会议进一步发挥了重要作用。

中华人民共和国成立以后，我国各族人民在中国共产党的领导下，消灭了剥削制度，建立了社会主义制度，推进社会主义建设，进行改革开放新的伟大革命，开辟了中国特色社会主义道路。我国社会阶级状况发生了根本的变化。工农联盟更加巩固。知识分子同工人、农民一样是社会主义事业的依靠力量。在人民革命、建设、改革事业中同中国共产党一道前进、一道经受考验并作出重要贡献的各民主党派，已经成为各自所联系的一部分社会主义劳动者、社会主义事业的建设者和拥护社会主义的爱国者的政治联盟，是中国特色社会主义参政党，日益发挥其重要作用。全国各民族已经形成平等团结互助和谐的社会主义民族关系。宗教界的爱国人士积极参加祖国的社会主义建设。非公有制经济人士、新的社会阶层人士等是中国特色社会主义事业的建设者。香港特别行政区同胞、澳门特别行政区同胞、台湾同胞和海外侨胞热爱祖国，拥护祖国统一，支援祖国建设事业。国家事业不断发展，我国的爱国统一战线具有更强大的生命力，仍然是中国人民团结战斗、建设祖国和统一祖国的一个重要法宝，它将更加巩固，更加发展。

二〇一二年十一月中国共产党第十八次全国代表大会以来，在新中国成立特别是改革开放以来长期努力的基础上，国家事业发生了历史性变革，中国特色社会主义进入了新时代。我们比历史上任何时期都更接近、更有信心和能力实现中华民族伟大复兴的目标。在现阶段，我国社会主要矛盾是人民日益增长的美好生活需要和不平衡不充分的发展之间的矛盾。但我国仍处于并将长期处于社会主义初级阶段的基本国情没有变，我国是世界最大发展中国家的国际地位没有变。由于国内的因素和国际的影响，我国人民同国内外的敌对势力和敌对分子的斗争还将是长期的，阶级斗争还将在一定范围内长期存在，但已经不是我国社会的主要矛盾。我国各族人民的根本任务是，在中国共产党的领导下，沿着中国特色社会主义道路，坚持社会主义初级阶段的基本路线，以经济建设为中心，坚持四项基本原则，坚持改革开放，自力更生，艰苦创业，把我国建设成为富强民主文明和谐美丽的社会主义现代化强国。中国人民政治协商会议要在马克思列宁主义、毛泽东思想、邓小平理论、“三个代表”重要思想、科学发展观、习近平新时代中国特色社会主义思想指引下，高举爱国主义、社会主义旗帜，坚定中国特色社会主义道路自信、理论自信、制度自信、文化自信，坚持大团结大联合，坚持一致性和多样性统一，在热爱中华人民共和国、拥护中国共产党的领导、拥护社会主义事业、共同致力于实现中华民族伟大复兴中国梦的政治基础上，进一步巩固和发展爱国统一战线，调动一切积极因素，团结一切可能团结的人，找到最大公约数，画出最大同心圆，同心同德，群策群力，按照中国特色社会主义事业“五位一体”总体布局和“四个全面”战略布局，维护和发展安定团结的政治局面，不断促进社会主义物质文明、政治文明、精神文明、社会文明、生态文明的协调发展，为实现“两个一百年”奋斗目标、实现中华民族伟大复兴的中国梦而奋斗。

中国共产党领导的多党合作和政治协商制度是我国的一项基本政治制

度，是具有中国特色的社会主义政党制度。中国人民政治协商会议是实行中国共产党领导的多党合作和政治协商制度的重要政治形式和组织形式。中国人民政治协商会议根据中国共产党同各民主党派和无党派人士长期共存、互相监督、肝胆相照、荣辱与共的方针，促进参加中国人民政治协商会议的各党派、无党派人士的团结合作，充分体现和发挥我国社会主义新型政党制度的特点和优势。

协商民主是我国社会主义民主政治的特有形式和独特优势。中国人民政治协商会议是社会主义协商民主的重要渠道和专门协商机构，要聚焦国家中心任务，把协商民主贯穿履行职能全过程，完善协商议政内容和形式，着力增进共识、促进团结，在推动协商民主广泛多层制度化发展、推进国家治理体系和治理能力现代化中发挥不可替代的作用。

中国人民政治协商会议的一切活动以中华人民共和国宪法为根本的准则。

中国人民政治协商会议全国委员会和地方委员会，依法维护其参加单位和个人依照本章程履行职责的权利。

第一章　工作总则

第一条　中国人民政治协商会议全国委员会和地方委员会，依照中国人民政治协商会议章程进行工作。

第二条　中国人民政治协商会议全国委员会和地方委员会的工作原则是：坚持中国共产党领导，坚持人民政协性质定位，坚持大团结大联合，坚持发扬社会主义民主。

第三条　中国人民政治协商会议全国委员会和地方委员会的主要职能是政治协商、民主监督、参政议政。

政治协商是对国家大政方针和地方的重要举措以及经济建设、政治建设、文化建设、社会建设、生态文明建设中的重要问题，在决策之前和决策实施之中进行协商。中国人民政治协商会议全国委员会和地方委员会可根据中国共产党、人民代表大会常务委员会、人民政府、民主党派、人民团体的提议，举行有各党派、团体的负责人和各族各界人士的代表参加的会议，进行协商，亦可建议上列单位将有关重要问题提交协商。

民主监督是对国家宪法、法律和法规的实施，重大方针政策、重大改革举措、重要决策部署的贯彻执行情况，涉及人民群众切身利益的实际问题解决落实情况，国家机关及其工作人员的工作等，通过提出意见、批评、建议的方式进行的协商式监督。

参政议政是对政治、经济、文化、社会生活和生态环境等方面的重要问题以及人民群众普遍关心的问题，开展调查研究，反映社情民意，进行协商讨论。通过调研报告、提案、建议案或其他形式，向中国共产党和国家机关提出意见和建议。

第四条 中国人民政治协商会议全国委员会和地方委员会应制定年度协商计划。专题议政性常务委员会会议议题、专题协商会议题及其他协商形式的重要议题，应列入年度协商计划，做到协商议题和协商形式相匹配。要综合运用各种形式，集协商、监督、参与、合作于一体，完善以全体会议为龙头，以专题议政性常务委员会会议和专题协商会为重点，以协商座谈会、对口协商会、提案办理协商会等为常态的协商议政格局。

第五条 中国人民政治协商会议全国委员会和地方委员会贯彻中国共产党的基本理论、基本路线、基本方略，坚持以人民为中心的发展思想，坚持全面依法治国，宣传和执行国家的宪法、法律、法规和各项方针、政策，推动社会力量积极参加社会主义物质文明、政治文明、精神文明、社会文明、生态文明的建设事业，更好满足人民日益增长的美好生活需要，更好推动人的全面发展、社会全面进步。

第六条 中国人民政治协商会议全国委员会和地方委员会坚持公有制为主体、多种所有制经济共同发展的基本经济制度。毫不动摇地巩固和发展公有制经济，毫不动摇地鼓励、支持、引导非公有制经济发展。坚持按劳分配为主体、多种分配方式并存的分配制度。坚持发展社会主义市场经济，贯彻新发展理念，建设现代化经济体系，发挥市场在资源配置中的决定性作用，更好发挥政府作用，促进社会生产力的解放和发展，逐步实现全体人民共同富裕。

第七条 中国人民政治协商会议全国委员会和地方委员会密切联系各方面人士，反映他们及其所联系的群众的意见和要求，对国家机关和国家工作人员的工作提出建议和批评，协助国家机关进行机构改革和体制改革，改进工作，提高工作效率，克服形式主义、官僚主义、享乐主义和奢靡之风，加强廉政建设。

第八条 中国人民政治协商会议全国委员会和地方委员会调整和处理统一战线各方面的关系和中国人民政治协商会议内部合作的重要事项。

第九条 中国人民政治协商会议全国委员会和地方委员会坚持中国特色社会主义文化发展道路，通过各种形式，传承和弘扬中华优秀传统文化，继承革命文化，发展社会主义先进文化，弘扬民族精神和时代精神，培育和践行社会主义核心价值观，开展爱祖国、爱人民、爱劳动、爱科学、爱社会主义的公德以及革命的理想、道德和纪律的宣传教育工作。

第十条 中国人民政治协商会议全国委员会和地方委员会坚持发展科学、繁荣文化的百花齐放、百家争鸣的方针，密切联系国家机关和其他有关组织，在政治、法治、经济、教育、科学技术、文化艺术、新闻出版、医药卫生、体育、环境等方面开展调查研究等活动，广开言路，广开才路，充分发挥委员的专长和作用。

中国人民政治协商会议全国委员会和地方委员会推动和协助社会力量兴办各种有利于中国特色社会主义建设的事业。

第十一条 中国人民政治协商会议全国委员会和地方委员会组织委员视察、考察和调查，了解情况，就各项事业和群众生活的重要问题进行研究，通过建议案、提案、社情民意信息和其他形式向国家机关和其他有关组织提出建议和批评。

第十二条 中国人民政治协商会议全国委员会和地方委员会推动委员自觉学习马克思列宁主义、毛泽东思想、邓小平理论、“三个代表”重要思想、科学发展观、习近平新时代中国特色社会主义思想，组织学习时事政治，学习交流业务和科学技术知识，增强政治把握能力、调查研究能力、联系群众能力、合作共事能力。

第十三条 中国人民政治协商会议全国委员会和地方委员会宣传和参与

贯彻执行国家关于统一祖国的方针政策，积极开展同台湾同胞和各界人士的联系，坚决反对一切分裂国家的活动，促进祖国统一大业的实现。

全面准确贯彻“一国两制”、“港人治港”、“澳人治澳”、高度自治的方针，严格依照宪法和基本法办事，加强同香港特别行政区同胞、澳门特别行政区同胞的联系和团结，鼓励他们为保持香港、澳门长期繁荣稳定，为建设祖国和统一祖国作出贡献。

第十四条 中国人民政治协商会议全国委员会和地方委员会宣传和协助贯彻执行国家的人才强国战略和知识分子政策，尊重劳动、尊重知识、尊重人才、尊重创造，以利于充分发挥各类人才和知识分子在社会主义现代化建设中的作用。

第十五条 中国人民政治协商会议全国委员会和地方委员会宣传和协助贯彻执行国家的民族政策，反映少数民族的意见和要求，促进发展民族地区的经济、文化、社会和生态保护事业，维护少数民族的合法权利和利益，坚持和完善民族区域自治制度，深化民族团结进步教育，铸牢中华民族共同体意识，加强各民族交往交流交融，巩固和发展平等团结互助和谐的社会主义民族关系， 为促进各民族共同团结奋斗、共同繁荣发展，增进各族人民的大团结和维护祖国的统一贡献力量。

第十六条 中国人民政治协商会议全国委员会和地方委员会宣传和协助贯彻执行国家的宗教信仰自由政策，支持政府依法管理宗教事务，坚持独立自主自办的原则，积极引导宗教与社会主义社会相适应，坚持我国宗教的中国化方向，团结宗教界爱国人士和宗教信仰者为祖国的建设和统一贡献力量。

第十七条 中国人民政治协商会议全国委员会和地方委员会宣传和协助贯彻执行国家的侨务政策，加强同归侨、侨眷和海外侨胞的联系和团结，鼓励他们为祖国的建设事业和统一祖国的大业作出贡献。

第十八条 中国人民政治协商会议全国委员会和地方委员会宣传和协助贯彻执行国家的外交政策，根据具体情况，积极主动地开展人民外交活动，加强同各国人民的友好往来和合作，推动构建人类命运共同体。

第十九条 中国人民政治协商会议全国委员会和地方委员会根据统一战线组织的特点进行关于中国近代以来文史资料的征集、研究和出版工作。

第二十条 中国人民政治协商会议全国委员会加强同地方委员会的联系，沟通情况，交流经验，指导工作，研究地方委员会带共同性的问题。

第二章 组织总则

第二十一条 中国人民政治协商会议设全国委员会和地方委员会。

中国人民政治协商会议全国委员会对地方委员会的关系和地方委员会对下级地方委员会的关系是指导关系。

第二十二条 中国人民政治协商会议全国委员会由中国共产党、各民主党派、无党派人士、人民团体、各少数民族和各界的代表，香港特别行政区同胞、澳门特别行政区同胞、台湾同胞和归国侨胞的代表以及特别邀请的人士组成，设若干界别。

中国人民政治协商会议地方委员会的组成，根据当地情况，参照全国委员会的组成决定。

第二十三条 凡赞成本章程的党派和团体，经中国人民政治协商会议全国委员会常务委员会协商同意，得参加中国人民政治协商会议全国委员会。参加地方委员会者，由各级地方委员会按照本条上述规定办理。

第二十四条 参加中国人民政治协商会议全国委员会或地方委员会的单位和个人，都有遵守和履行本章程的义务。

第二十五条 中国人民政治协商会议地方委员会对全国委员会的全国性的决议，下级地方委员会对上级地方委员会的全地区性的决议，都有遵守和履行的义务。

第二十六条 中国人民政治协商会议全国委员会和地方委员会全体会议的议案，应经全体委员过半数通过。常务委员会的议案，应经常务委员会全体组成人员过半数通过。各参加单位和个人对会议的决议，都有遵守和履行的义务。如有不同意见，在坚决执行的前提下可以声明保留。

第二十七条 参加中国人民政治协商会议全国委员会和地方委员会的单位和个人，有通过本会会议和组织充分发表各种意见、参加讨论国家大政方针和各该地方重大事务的权利，对国家机关和国家工作人员的工作提出建议和批评的权利，以及对违纪违法行为检举揭发的权利，参加有关部门组织的调查和检查活动。

第二十八条 参加中国人民政治协商会议全国委员会和地方委员会的单位和个人，有声明退出的自由。

第二十九条 参加中国人民政治协商会议全国委员会和地方委员会的单位和个人，如果严重违反中国人民政治协商会议章程或全体会议和常务委员会的决议，由全国委员会常务委员会或地方委员会常务委员会分别依据情节给予警告处分，或撤销其参加中国人民政治协商会议全国委员会或地方委员会的资格。

受警告处分或撤销参加资格的单位或个人，如果不服，可以请求复议。

第三章 委 员

第三十条 中国人民政治协商会议全国委员会委员和地方委员会委员应热爱祖国，拥护中国共产党的领导和社会主义事业，维护民族团结和国家统一，遵守国家的宪法和法律，保守国家秘密，廉洁自律， 在本界别中有代表性，有社会影响和参政议政能力。

第三十一条 中国人民政治协商会议全国委员会委员经相关程序后，须由中国人民政治协商会议全国委员会常务委员会协商决定。地方委员会委员经相关程序后，须由各级地方委员会常务委员会协商决定。

第三十二条 中国人民政治协商会议全国委员会委员和地方委员会委员应当依照本章程积极履行职责，认真行使权利。

第三十三条 中国人民政治协商会议全国委员会委员和地方委员会委员，在本会会议上有表决权、选举权和被选举权；有对本会工作提出意见、批评、建议的权利。

第三十四条 中国人民政治协商会议全国委员会委员和地方委员会委员要密切联系群众，了解和反映他们的愿望和要求，参加本会组织的会议和活动。

第三十五条 中国人民政治协商会议全国委员会委员和地方委员会委员

应当正确处理个人职业活动与履行职责的关系，不得利用委员身份牟取个人、小团体和特定关系人的利益。

第三十六条 中国人民政治协商会议全国委员会和地方委员会应当加强委员履职管理，建立委员履职档案，采取适当方式通报履职情况。

第三十七条 对严重损害国家和人民利益的，因严重违纪违法被给予组织处理、处分或被判刑以及涉嫌违纪违法正在接受调查处理的，在身份上弄虚作假的等，不得提名或继续提名为委员人选。

第三十八条 因工作变动或其他原因不宜继续担任委员的，本人应当辞去委员。对违反社会道德或存在与委员身份不符行为的，应当及时约谈或函询，经提醒仍不改正的，应当责令其辞去委员。

第三十九条 对违纪违法的委员，中国人民政治协商会议全国委员会常务委员会或地方委员会常务委员会应当依照法律和有关规定作出相应处理。

第四章　全国委员会

第四十条 每届中国人民政治协商会议全国委员会的参加单位、委员名额和人选及界别设置，经上届全国委员会主席会议审议同意后，由常务委员会协商决定。

每届全国委员会任期内，有必要增加或者变更参加单位、委员名额和决定人选时，经本届主席会议审议同意后，由常务委员会协商决定。

第四十一条 中国人民政治协商会议全国委员会每届任期五年。如遇非常情况，由常务委员会以全体组成人员的三分之二以上的多数通过，得延长任期。

第四十二条 中国人民政治协商会议全国委员会设主席，副主席若干人和秘书长。

第四十三条 中国人民政治协商会议全国委员会全体会议每年举行一次。常务委员会认为必要时，得临时召集。

第四十四条 中国人民政治协商会议全国委员会全体会议行使下列职权：

（一）修改中国人民政治协商会议章程，监督章程的实施；

（二）选举全国委员会的主席、副主席、秘书长和常务委员，决定常务委员会组成人员的增加或者变更；

（三）协商讨论国家的大政方针以及经济建设、政治建设、文化建设、社会建设、生态文明建设中的重要问题，提出建议和批评；

（四）听取和审议常务委员会的工作报告、提案工作情况报告和其他报告；

（五）讨论本会重大工作原则、任务并作出决议。

第四十五条　中国人民政治协商会议全国委员会设常务委员会主持会务。

常务委员会由全国委员会主席、副主席、秘书长和常务委员组成，其候选人由参加中国人民政治协商会议全国委员会的各党派、团体、各民族和各界人士协商提名，经全国委员会全体会议选举产生。

常务委员会每年至少举行两次专题议政性会议。

第四十六条　中国人民政治协商会议全国委员会常务委员会行使下列职权：

（一）解释中国人民政治协商会议章程，监督章程的实施；

（二）召集并主持中国人民政治协商会议全国委员会全体会议；每届第一次全体会议前召开全体委员参加的预备会议，选举第一次全体会议主席团，由主席团主持第一次全体会议；

（三）组织实现中国人民政治协商会议章程规定的任务；

（四）执行全国委员会全体会议的决议；

（五）全国委员会全体会议闭会期间，审查通过提交全国人民代表大会及其常务委员会或国务院的重要建议案；

（六）协商决定全国委员会委员；

（七）根据秘书长的提议，任免中国人民政治协商会议全国委员会副秘书长；

（八）决定中国人民政治协商会议全国委员会工作机构的设置和变动，并任免其领导成员。

第四十七条　中国人民政治协商会议全国委员会主席主持常务委员会的

工作。副主席、秘书长协助主席工作。

主席、副主席、秘书长组成主席会议，处理常务委员会的重要日常工作。

主席会议受常务委员会的委托，主持下一届第一次全体会议预备会议。

第四十八条 中国人民政治协商会议全国委员会设副秘书长若干人，协助秘书长进行工作。设立办公厅，在秘书长领导下进行工作。

第四十九条 中国人民政治协商会议全国委员会根据工作需要，设立若干专门委员会及其他工作机构，由常务委员会决定。专门委员会在工作中应发挥基础性作用。

第五章　地方委员会

第五十条 省、自治区、直辖市设中国人民政治协商会议的省、自治区、直辖市委员会；自治州、设区的市、县、自治县、不设区的市和市辖区，凡有条件的地方，均可设立中国人民政治协商会议各该地方的地方委员会。

第五十一条 每届中国人民政治协商会议地方委员会的参加单位、委员名额和人选及界别设置，经上届地方委员会主席会议审议同意后，由常务委员会协商决定。

每届地方委员会任期内，如有必要增加或者变更参加单位、委员名额和决定人选，经本届地方委员会主席会议审议同意后，由常务委员会协商决定。

第五十二条 中国人民政治协商会议的省、自治区、直辖市、自治州、设区的市、县、自治县、不设区的市和市辖区的地方委员会每届任期五年。

第五十三条 中国人民政治协商会议各级地方委员会设主席，副主席若干人和秘书长。

第五十四条 中国人民政治协商会议各级地方委员会的全体会议每年至少举行一次。

第五十五条 中国人民政治协商会议各级地方委员会全体会议行使下列职权：

（一）选举地方委员会的主席、副主席、秘书长和常务委员，决定常务委员会组成人员的增加或者变更；

（二）听取和审议常务委员会的工作报告、提案工作情况报告和其他报告；

（三）讨论并通过有关的决议；

（四）参与对国家和地方事务的重要问题的讨论，提出建议和批评。

第五十六条　中国人民政治协商会议各级地方委员会设常务委员会主持会务。

常务委员会由地方委员会主席、副主席、秘书长和常务委员组成，其候选人由参加各该地方委员会的各党派、团体、各民族和各界人士协商提名，经全体会议选举产生。

第五十七条　中国人民政治协商会议地方委员会常务委员会行使下列职权：

（一）召集并主持地方委员会全体会议；每届第一次全体会议前召开全体委员参加的预备会议，选举第一次全体会议主席团，由主席团主持第一次全体会议；

（二）组织实现中国人民政治协商会议章程规定的任务和全国委员会所作的全国性的决议以及上级地方委员会所作的全地区性的决议；

（三）执行地方委员会全体会议的决议；

（四）地方委员会全体会议闭会期间，审议通过提交同级地方人民代表大会及其常务委员会或人民政府的重要建议案；

（五）协商决定地方委员会委员；

（六）根据秘书长的提议，任免地方委员会的副秘书长；

（七）决定地方委员会工作机构的设置和变动，并任免其领导成员。

第五十八条　中国人民政治协商会议各级地方委员会的主席主持常务委员会的工作。副主席、秘书长协助主席工作。

主席、副主席、秘书长组成主席会议，处理常务委员会的重要日常工作。

主席会议受常务委员会的委托，主持下一届第一次全体会议预备会议。

第五十九条　中国人民政治协商会议各级地方委员会可以按照需要设副秘书长一人至数人，协助秘书长进行工作。

第六十条　省、自治区、直辖市的地方委员会设立办公厅，专门委员会及其他工作机构的设置，按照当地实际情况和工作需要，由常务委员会决定。

自治州、设区的市、县、自治县、不设区的市和市辖区的地方委员会的工作机构的设置，按照当地实际情况和工作需要，由常务委员会决定。

第六章　会　徽

第六十一条　中国人民政治协商会议会徽为一颗五角星、齿轮和麦穗、四面红旗和缎带、中国地图和地球、“1949”和“中国人民政治协商会议”组成的图案。

第六十二条　中国人民政治协商会议会徽中，一颗五角星表示中国共产党领导；齿轮和麦穗表示以工农联盟为基础；四面红旗和缎带表示各党派、各团体、各民族、各阶层的大团结大联合；中国地图和地球表示全国人民包括香港特别行政区同胞、澳门特别行政区同胞、台湾同胞和海外侨胞的团结；“1949”和“中国人民政治协商会议”分别为诞生时间、名称。

第六十三条　中国人民政治协商会议各参加单位和个人都要维护会徽的尊严。要按照规定制作和使用会徽。

附录六

政协全国委员会历届名誉主席、主席和副主席、秘书长

一届：

主　　席：毛泽东

副 主 席：周恩来　李济深　沈钧儒　郭沫若　陈叔通

秘 书 长：李维汉

二届：

名誉主席：毛泽东

主　　席：周恩来

副 主 席：宋庆龄(女)　董必武　李济深　张　澜　郭沫若　彭　真　沈钧儒　黄炎培　何香凝（女）　李维汉　李四光　陈叔通　章伯钧　陈嘉庚　班禅额尔德尼·确吉坚赞　包尔汉

秘 书 长：邢西萍

三届：

名誉主席：毛泽东

主　　席：周恩来

副 主 席：彭　真　李济深　郭沫若　沈钧儒　黄炎培　李维汉　李四光　陈叔通　陈嘉庚　包尔汉　陈　毅　康　生　帕巴拉·格列朗杰　阿沛·阿旺晋美　何香凝（女）

秘 书 长：徐　冰[①]

---

① 徐冰原名邢萍舟，笔名西萍。

四届：

名誉主席：毛泽东

主　　席：周恩来

副主席：彭　真　陈　毅　叶剑英　黄炎培　陈叔通
刘澜涛　宋任穷　徐　冰　高崇民　蔡廷锴
韦国清　邓子恢　李四光　傅作义　滕代远
谢觉哉　沈雁冰　李烛尘　帕巴拉·格列朗杰
许德珩　李德全(女)　马叙伦

秘书长：平杰三

五届：

主　　席：邓小平

副主席：乌兰夫　韦国清　彭　冲　赵紫阳　郭沫若
宋任穷　沈雁冰　许德珩　欧阳钦
史　良(女)　朱蕴山　季　方　康克清（女）
王首道　杨静仁　张　冲　帕巴拉·格列朗杰
周建人　庄希泉　胡子昂　荣毅仁　童第周
刘澜涛　陆定一　李维汉　胡愈之　王昆仑
班禅额尔德尼·确吉坚赞　何长工　肖　克
程子华　杨秀峰　沙千里　包尔汉　周培源
钱昌照　刘　斐　董其武

秘书长：齐燕铭
刘澜涛（1979年7月五届二次会议当选副主席和秘书长）

六届：

主　　席：邓颖超（女）

副主席：杨静仁　刘澜涛　陆定一　程子华
康克清(女)　季　方　庄希泉　帕巴拉·格列朗杰
胡子昂　王昆仑　钱昌照　董其武　陶峙岳

周叔弢　杨成武　肖　华　陈再道　吕正操
周建人　周培源　包尔汉　缪云台　王光英
邓兆祥　费孝通　赵朴初　叶圣陶　屈　武
巴　金　马文瑞　茅以升　刘靖基　华罗庚
王恩茂　钱学森　雷洁琼(女)　汪　锋　钱伟长

秘书长： 彭友今
周绍铮（1986 年 4 月六届四次会议当选）

七届：

主　席： 李先念

副主席： 王任重　阎明复　方　毅　洪学智　谷　牧
杨静仁　康克清(女)　帕巴拉·格列朗杰　胡子昂
钱昌照　周培源　缪云台　王光英　邓兆祥
赵朴初　屈　武　巴　金　马文瑞　刘靖基
王恩茂　钱学森　钱伟长　胡　绳　孙晓村
程思远　卢嘉锡　钱正英（女）苏步青
司马义·艾买提　侯镜如　丁光训　叶选平

秘书长： 周绍铮
宋德敏（1991 年 4 月七届四次会议当选）

八届：

主　席： 李瑞环

副主席： 叶选平　吴学谦　杨汝岱　王兆国
阿沛·阿旺晋美　赛福鼎·艾则孜　洪学智
杨静仁　周培源　邓兆祥　赵朴初　巴　金
刘靖基　钱学森　钱伟长　胡　绳
钱正英(女)　苏步青　侯镜如　丁光训　董寅初
孙孚凌　安子介　霍英东　马万祺
朱光亚（1994 年 3 月八届二次会议当选）

万国权（1994 年 3 月八届二次会议当选）

何鲁丽（女，1996 年 3 月八届四次会议当选）

秘 书 长： 宋德敏

朱　训（1994 年 3 月八届二次会议当选）

九届：

主　　席： 李瑞环

副 主 席： 叶选平　杨汝岱　王兆国　阿沛·阿旺晋美

赵朴初　巴　金　钱伟长　卢嘉锡　任建新

宋　健　李贵鲜　陈俊生　张思卿

钱正英(女) 丁光训　孙孚凌　安子介　霍英东

马万祺　朱光亚　万国权　胡启立　陈锦华

赵南起　毛致用　白立忱　经叔平　罗豪才

张克辉　周铁农　王文元

秘 书 长： 郑万通

十届：

主　　席： 贾庆林

副 主 席： 王忠禹　廖　晖　刘延东(女) 阿沛·阿旺晋美

巴　金　帕巴拉·格列朗杰　李贵鲜　张思卿

丁光训　霍英东　马万祺　白立忱　罗豪才

张克辉　周铁农　郝建秀(女) 陈奎元

阿不来提·阿不都热西提　徐匡迪　李兆焯

黄孟复　王　选　张怀西　李　蒙

董建华（2005 年 3 月十届三次会议当选）

张梅颖（女，2005 年 3 月十届三次会议当选）

张榕明（女，2005 年 3 月十届三次会议当选）

秘 书 长： 郑万通

十一届：

主　　席：贾庆林

副主席：王　刚　廖　晖　杜青林　阿沛·阿旺晋美
帕巴拉·格列朗杰　马万祺　白立忱　陈奎元
阿不来提·阿不都热西提　李兆焯　黄孟复
董建华　张梅颖（女）张榕明（女）钱运录　孙家正
李金华　郑万通　邓朴方　万　钢
林文漪（女）厉无畏　罗富和　陈宗兴
王志珍（女）

秘书长：钱运录（兼）

十二届：

主　　席：俞正声

副主席：杜青林　令计划[①]　韩启德　帕巴拉·格列朗杰
董建华　万　钢　林文漪（女）罗富和　何厚铧
张庆黎　李海峰（女）苏　荣[②]　陈　元　卢展工
周小川　王家瑞　王正伟　马　飚　齐续春
陈晓光　马培华　刘晓峰　王钦敏
梁振英（2017 年 3 月十二届五次会议当选）

秘书长：张庆黎（兼）

十三届：

主　　席：汪　洋

副主席：张庆黎　刘奇葆　帕巴拉·格列朗杰　董建华
万　钢　何厚铧　卢展工　王正伟　马　飚
陈晓光　梁振英　夏宝龙　杨传堂　李　斌

---

① 2015 年 2 月 28 日，全国政协十二届常委会第九次会议通过关于免去令计划政协第十二届全国委员会副主席职务、撤销其全国政协委员资格的决定。

② 2014 年 6 月 25 日，全国政协十二届常委会第六次会议经过表决，通过了关于免去苏荣第十二届全国政协副主席职务、撤销其全国政协委员资格的决定。

巴特尔	汪永清	何立峰	苏　辉	郑建邦
辜胜阻	刘新成	何　维	邵　鸿	高云龙

秘 书 长：夏宝龙（兼）

附录七　地方各级政协组织和委员数统计表（截至2015年底）

	省（自治区、直辖市）		副省级市		设区的市（州、盟、地区）		县（不设区的市、市辖区）		合计	
	组织数	委员数	组织数	委员数	组织数	委员数	组织数	委员数	组织数	委员数
北京	1	758			16	4735			17	5493
天津	1	778			15	3496	1	261	17	4535
河北	1	768			11	5278	170	35237	182	41283
山西	1	576			11	3926	119	20022	131	24524
内蒙古	1	526			12	3285	102	15449	115	19260
辽宁	1	868	2	1179	12	4838	100	21557	115	28442
吉林	1	598	1	548	8	2916	60	14731	70	18793
黑龙江	1	722	1	630	12	4042	132	23352	146	28746
上海	1	835			16	4948	1	243	18	6026
江苏	1	770	1	522	12	5314	98	26011	112	32617
浙江	1	735	2	1018	9	3774	90	20433	102	25960
安徽	1	739			16	6350	105	20790	122	27879
福建	1	700	1	407	8	3181	84	17013	94	21301

	省（自治区、直辖市）		副省级市		设区的市（州、盟、地区）		县（不设区的市、市辖区）		合计	
	组织数	委员数	组织数	委员数	组织数	委员数	组织数	委员数	组织数	委员数
江西	1	697			11	4204	100	20429	112	25330
山东	1	856	2	1142	15	6468	137	33394	155	41860
河南	1	897			18	7313	161	35546	180	43756
湖北	1	720	1	588	16	5828	99	23027	117	30163
湖南	1	749			14	5323	125	27499	140	33571
广东	1	967	2	1134	19	7407	119	28836	141	38344
广西	1	706			14	4934	110	18769	125	24409
海南	1	396			3	764	15	2194	19	3354
重庆	1	853			22	5530	16	4335	39	10718
四川	1	874	1	632	20	7397	183	35512	205	44415
贵州	1	605			9	3496	88	15922	98	20023
云南	1	644			16	5428	129	24546	146	30618
西藏	1	598			7	1401	74	3716	82	5715
陕西	1	641	1	569	9	2921	107	14580	118	18711
甘肃	1	588			14	4112	86	12404	101	17104
宁夏	1	439			5	1258	21	2538	27	4235
青海	1	393			8	1659	43	5630	52	7682
新疆	1	519			14	2095	102	11534	117	14148
合计	31	21558	15	8369	392	133621	2777	535510	3215	699015